동국대학교 불교기록문화유산아카이브사업단(ABC)
본서는 문화체육관광부 지원으로 동국대학교 불교학술원에서 간행하였습니다.

한글본 한국불교전서 조선 46
용담집 · 극암집

2018년 12월 20일 초판 1쇄 인쇄
2018년 12월 31일 초판 1쇄 발행

지은이 용담 조관 · 극암 사성
옮긴이 성재헌 · 이대형
펴낸이 한태식
펴낸곳 동국대학교출판부

주소 04620 서울시 중구 필동로 1길 30
전화 02-2260-3483~4
팩스 02-2268-7851
Homepage http://dgpress.dongguk.edu
E-mail book@dongguk.edu
출판등록 제2-163(1973. 6. 28)
편집디자인 나라연
인쇄처 (주)네오프린텍

© 2018, 동국대학교(불교학술원)

ISBN 978-89-7801-941-5 93220

값 26,000원

이 책의 무단 전재나 복제 행위는 저작권법 제98조에 따라 처벌받게 됩니다.

한글본 한국불교전서 조선 46

용담집
龍潭集
용담 조관 | 성재헌 옮김

극암집
克庵集
극암 사성 | 이대형 옮김

동국대학교출판부

차례

용담집 龍潭集

용담집 해제 / 9
용담집 서序 / 29
서書 용담집 / 32

용담집 ········ 36

용담 대사 행장行狀 / 263
발문 / 271
후록 / 272
발문 / 273
간기 / 275

찾아보기 / 285

극암집 克庵集

극암집 해제 / 291
극암집 서序 / 305
극암집 서序 / 308

극암집 제1권 ········ 313
극암집 제2권 ········ 407
극암집 제3권 ········ 451

세가 자서世家自序 494

[부록] 가장家狀 496

극암집 발跋 / 500
극암집 후서後敍 / 502

찾아보기 / 514

용담집

| 龍潭集* |

용담 조관龍潭慥冠
성재헌 옮김

---

* ㉜ 동국대학교東國大學校에서 소장한 건륭乾隆 33년(1768) 지리산智異山 대암암臺巖庵
  간본刊本을 저본으로 하였다.

용담집龍潭集 해제

김 미 선
청주대학교 국어교육과 부교수

1. 개요와 서지적 특징

서명 : 『용담집龍潭集』

저자 : 용담 조관龍潭慥冠(1700~1762)

편자 : 혜암惠庵

판형 : 목판본

발행사항 : 진주晉州 대암암臺巖庵, 영조英祖 44년(1768) 각각刻, 1917년 후쇄後刷

형태사항 : 불분권不分卷 1책(57장), 사주쌍변四周雙邊, 반곽半郭 19.9×15.5cm, 유계有界, 반엽半葉 10행行 20자字, 내향內向 2엽 화문어미花紋魚尾; 28.4×18.7cm

표제表題 : 용담집龍潭集

서序 : 무자 중하 남애기인 신순민 지戊子仲夏南崖畸人申舜民識

간기刊記 : 건륭 삼십삼년 무자 구월 일…감로사 영각중乾隆三十三年戊子九月 日…甘露寺影閣中

지질紙質 : 저지楮紙

소장기관 : 동국대학교 중앙도서관(고서/대출 불가/열람 가능)

청구기호 : B218.081 조16O

『용담집龍潭集』은 조선 후기 용담 조관龍潭慥冠(1700~1762) 선사의 문집이다. 신순민申舜民의 서문에 보면, "용담 스님은 시를 숭상하지는 아니하였지만 성정性情을 읊은 것을 볼 수 있다."라고 하여, 그가 작시 활동을 하였음을 보여 주고 있다.

용담 스님이 열반한 후에 그의 제자인 혜암 윤장惠庵玧藏이 용담 선사의 행장을 짓고 여러 곳에 흩어져 있던 시와 문들을 수집하였고, 최재경崔載卿이 이를 선사繕寫하여 지리산의 대암암臺巖庵에서 판각한 후 감로사甘露寺로 옮겨 와서 간행하였다.

문집은 모두 1책 49장이며, 용담의 시詩와 문장(文)이 수록되어 있다. 시는 오언절구 45제題 47수首, 칠언절구 78제 86수, 오언율시 24제 24수, 칠언율시 52제 55수로 모두 199제 212수이며, 이 가운데 칠언절구가 가장 많다. 문장은 3편이 실려 있는데, 유촉문·중창기·통문이 각 1편씩이다.

권두에는 신순민의 「용담집龍潭集 서序」와 홍계희洪啓禧의 「서書 용담집龍潭集」이 실려 있고, 작자의 친필을 그대로 판각하였다. 권말에는 최재경의 「발문跋文」, 윤장玧藏의 「용담 대사 행장龍潭大師行狀」과 「후록後錄」, 한성漢惺의 「발문跋文」이 실려 있고, 용담 선사의 친필 서간문인 「답상총양대사答詳聰兩大師」와 「파근조실중波根祖室中」 2편이 수록되어 있으며, 용담의 친필을 그대로 판각하였다.

현재 동국대학교 도서관에도 『용담집』이 소장되어 있는데, 영조 44년(1768)에 지리산의 대암암에서 판각을 하고 감로사로 옮겨 와 간행한 것이지만, 「용담집 서」와 「서 용담집」의 편집 순서가 다르다. 이 외에 다른 판본은 아직 발견되지 않고 있다.

『용담집』의 편찬 경위는 신순민의 「용담집 서」와 한성의 「발문」을 통해 짐작할 수 있다. 신순민의 서문에 보면, 신순민은 용담 대사를 직접 보지는 못하였으나 그의 제자인 국태國泰 스님과 오랫동안 교유하면서 스승의 훌륭한 점을 많이 듣게 되었다고 한다. 국태가 고향에 근친을 갈 때, 용담 대사가 직접 지어 준 시를 보고 출가한 스님이 효에 대해 이야기한 것을 매우 이상하게 생각하였는데, 용담의 완전한 원고를 찾아보게 되면서 용담의 시 작품 속에서 충과 효 사상을 볼 수 있었다고 하였다. 그리고 그의 작품을 통해 용담 대사가 이미 공사상空思想에 통달하였음을 알 수가 있었고, 이미 입적하였기 때문에 그것에 대해 물을 수가 없는 현실을 안타깝게 여겼다고 하였다.

한성은 「발문」에서 산재되어 있는 용담 대사의 시구詩句를 그의 문인 혜암이 수집하여 자신에게 발문을 써 줄 것을 요청하였다고 적고 있다. 그는 "용담 선사는 평소 어머니에 대한 효심이 지극하여 노모의 상을 당했을 때에는 강론도 철회하였고, 또한 정토의 법문을 좋아하였으니, 이러한 마음이 하물며 시구에는 어떠하였겠는가?"라고 하였고, 용담의 시에서는 "충과 효를 볼 수 있고, 그 충과 효는 곧 도道와 같다."라고 하였다. 그리고 그는 "시는 마음속에 있는 것을 밖으로 표출한 것으로 성정性情에서 나오는 것인데, 용담 대사의 성정을 읊은 시는 도를 떠나서 이야기할 수 없으므로 용담 대사의 시를 전하는 일은 그의 도를 전하는 것이다."라고 하였다. 또 "만약 후학들이 대사의 시를 보게 된다면, 그의 도를 만날 수 있을 것이므로 마땅히 문집이 세상에 간행되어야 한다."고 하였다. 용담의 문인인 혜암이 그의 시와 문을 수집하여 간행한 『용담집』은 그의 도를 알 수 있는 중요한 단서가 된다고 하겠다.

2. 저자

『용담집』의 저자 용담 조관의 자는 무회無懷이고, 속성은 김씨金氏이며, 본관은 남원南原이다. 윤장의 「용담 대사 행장」을 살펴보면, 어머니 서씨徐氏가 용이 승천하는 꿈을 꾸고 대사를 잉태하여 4월 초파일에 출생을 하였고, 「후록」에 따르면 매년 초파일에 감로사甘露寺와 파근사波根寺 및 실상사實相寺에서 대사의 탄신 다례茶禮를 올린다고 하였다.

그는 태어나면서 골상이 특이하고 빼어났고 어려서부터 영특하고 예리하였다. 9세에 공부를 시작하여 눈으로 보는 것은 모두 암기하였고 15세 이전에 이미 유가의 공부를 마쳤다고 한다. 때때로 글을 짓는 장소에 가면 항상 첫손에 꼽히어 마을에서 기이한 신동이라고 일컬었다. 16세 때 아버지를 여의고 피눈물을 흘리면서 삼년상을 치른 후에 세속의 무상함을 느끼고 출가할 뜻을 가지게 되었다.

그가 19세 때 어머니께 출가하기를 간청하자, 어머니는 억지로 뜻을 막을 수 없음을 알고 허락하였다. 마침내 감로사의 상흡尚洽 스님에게 머리를 깎고 태허太虛 스님에게 구족계를 받았다. 이때 마을의 유생들이 이 소식을 듣고 탄식하면서 "호랑이가 깊은 산속으로 들어갔으니, 장차 큰 울림이 있겠다."라고 하여 큰스님이 될 것을 이미 예견하였다고 한다. 22세에 화엄사華嚴寺로 가서 처음으로 상월霜月 스님을 만났는데, 상월 스님이 그를 한번 보고 그릇이 깊다고 하였다.

24세에 영남과 호남 지역을 두루 다니며 훌륭한 스승을 참방하였다. 영해影海·낙암洛庵·설봉雪峰·남악南岳·회암晦庵·호암虎巖 등의 화상을 만나 그 밑에서 공부하고 선禪의 묘처에 이르게 되어 명성이 빛났다. 그는 "사향이 봄 산을 지나가니, 그 향기를 막기가 어렵도다. 운수 행각을 이미 끝마쳤으니, 반조返照로 자신의 공부를 삼으리라."라고 하면서, 붓과 벼루를 바위 위에 던져 버리고 견성암見性菴으로 들어갔다. 그는 이곳에서 『기신론起信論』을 읽다가 어느 날 밤에 갑자기 불법을 깨치고 신묘한 마음이 밝게 되었다고 한다. 그 후 3일이 지나고 꿈속에서 신동神童이 책 한 상자와 편지 열 장을 주었는데, 편지의 겉면에 '진곡震谷'이라고 쓰여 있었다. 산을 진동시킨다는 것은 동방에 명성을 떨칠 징조를 뜻함이었는지, 그는 꿈에서 깬 뒤에 더욱 명철함을 얻었고, 그때 호남의 월저 도안月渚道安의 제자인 명진 수일冥眞守一 스님이 찾아와 서로 문답하면서 신기神機가 투합하였다고 한다.

그는 33세에 영원암靈源菴에 들어가 동진東晉 때의 혜원慧遠 스님처럼 두문불출할 것을 결심하고, 암자의 모퉁이에 직접 흙으로 가은암佳隱庵을 지어 평생의 수행처로 삼아 극기공부에 더욱 힘쓰고자 하였다. 그러나 여러 승려들의 간청으로 뜻을 이루지 못하고, 회문산廻門山 심원사深源寺와 동락산動樂山 도림사道林寺와 지리산의 여러 암자에서 『선문염송禪門拈頌』과 원돈圓頓의 법, 즉 원만하여 신속하게 성불成佛하는 법이라는 '법화法華의 묘법妙法'을 20년 동안 가르쳤다.

1749년 겨울에 상월 화상의 의발을 전수받게 되면서, 이때를 전후하여 깨친 것이 많았다. 1751년 봄에 문도들을 모아 놓고, "내가 공부한 것은 지명知命 글자에 불과할 뿐이니, 어찌 부끄럽지 않겠는가?"라고 말하고, 시를 한 수 지어 그 뜻을 밝히고 강론을 마쳤다. 1758년에 제자들이 다시 강론을 청하여 대암臺庵에서 다시 강론을 하다가 다음 해 겨울에 잠시 그만두었다. 이러한 용담 대사의 모습은 의연하고 성품과 도량은 넓었고, 일을 처리하는 데 부드럽고 대중을 대할 때에는 너그러웠으며, 어떠한 일에도 구애받지 않았다. 1762년 6월 27일 실상사에서 세수 63세, 법랍 44세로 입적하였다.

홍계희의 「서 용담집」에는 파근사에서 용담 선사가 설법을 할 때, 100여 명의 학승들이 경전을 가지고 더 가르쳐 주기를 청하였고, 어둡고 깊은 것까지 연구하는 스님의 의도가 의젓하였으며, 이러한 일은 유가에는 없는 일이라고 하였다. 그가 입적한 후에 사리 5과가 나와 감로사와 파근사 및 실상사에 탑을 세워 봉안하였다. 용담 대사의 사승 법맥은 청허 휴정淸虛休靜(1520~1604) → 편양 언기鞭羊彦機(1581~1644) → 풍담 의심楓潭義諶(1592~1665) → 월저 도안月渚道安(1638~1715) → 설암 추붕雪巖秋鵬(1651~1706) → 상월 새봉霜月璽篈(1687~1767) → 용담 조관 → 혜암 윤장 → 성암聖巖 → 죽암竹庵 → 규암 낭성圭庵朗成으로 이어진다.

이와 같이 용담 대사는 청허 휴정의 법맥을 계승하여 이미 유년 시절에 기동奇童이라고 칭송되었으며, 15세 이전에 유가의 여러 경전 공부를 끝마쳤고, 19세에 출가하면서 마을 사람들에 의해 큰스님이 될 것으로 예견되었다. 그는 한국 불교사에서 선·교·율의 삼학三學을 두루 갖추었고, 또한 시문을 통해 도의 경지를 펼쳐 시선일여詩禪一如를 몸소 실천한 수행자였다.

그의 이러한 사상적 면모는 『용담집』에 그대로 잘 드러나 있으며, 수행의 결과인 도道의 선미禪味, 수행의 법열法悅, 효심의 성정性情을 시문의 언어로 승화시켜 불교 문학사에서 한 위치를 차지한다고 하겠다. 지금까지 그는 한국 불교사에서 중요한 인물로 거론되지는 않았지만 앞으로 새롭게 조명해야 할 승려라고 할 수 있겠다.

3. 내용 및 성격

『용담집』은 목판본으로 1책 49장에 199제 212수의 시와 3편의 문장이 수록되어 있다.

권두에는 신순민의 「용담집 서」와 홍계희의 「서 용담집」이 있고, 권말에는 최재경의 「발문」, 윤장의 「용담 대사 행장」과 「후록」, 한성의 「발문」이 실려 있으며, 용담 선사의 친필 서간문 2편이 수록되어 있다. 용담 대사의 문집에 수록된 시의 내용은 다음과 같다.

1) 오언절구 : 총 45제 47수
2) 칠언절구 : 총 78제 86수
3) 오언율시 : 총 24제 24수
4) 칠언율시 : 총 52제 55수

이러한 용담 대사의 시에 대해서는 신순민의 「용담집 서」와 홍계희의 「서 용담집」에서 거론하였다. 홍계희의 「서 용담집」에서는, 용담은 평소에 시문을 좋아하지 않았고, 때로 지은 것이 있다고 하더라도 지금은 흩어지고 없어진 것이 많다고 하였다. 신순민은 용담의 시 세계를, "용담은 선종禪宗의 승려인데, 제자 국태가 속가의 집에 근친을 간다고 하자 이별의 예에 임하여 감동하는 눈물이 계속 흐르더라. 지어 준 시를 보고 내가 매우 이상하게 여겼다."라고 하였다.

다음은 용담의 인사시人事詩인 〈고향으로 돌아가는 국태 사미에게 주다(贈國泰沙彌還鄕)〉이다.

부처님은 정토의 업을 말씀하셨고	佛言淨土業
세상에서는 효를 으뜸으로 여기지	於世孝爲先
이제 떠나는 우리 스님 보내자니	今送吾師去
헤어짐 맞아 흐르는 뜨거운 눈물	臨分感涕連

신순민은 출가한 사람은 이미 속세에 대한 인연을 끊은 처지인데, 용담이 사미승의 근친에 대해 이러한 마음을 드러낸 시를 써 준 것을 의아하게 생각하였다. 용담은 16세에 아버지를 여의고 삼년상을 치른 후 출가를 하였는데, 효심을 극진하게 실천하다가 불가에 귀의한 그가 제자가 집을

찾아간다고 하였을 때, 인간 본연의 마음이 발동한 것은 당연한 것이라고 하겠다. 불가에서는 정업을 닦는 일이 곧 속가에서 부모님을 공경하는 일과 같은 것이라고 하였으니, 이것은 어찌 용담 대사가 속세의 정분을 끊지 못하여 감정을 드러낸 것이라고 하겠는가? 이것은 정업을 닦는 일이 효행과 같다는 불가의 불이不二 사상의 묘체를 잘 드러낸 것이다. 이를 통해 출가한 수행자로서 인간의 근원적인 마음에 가까운 대승적 구도자의 자세를 지녔음을 확인할 수 있다.

또한 신순민은 서문에서, 용담은 시를 숭상하지는 않았지만 성정의 참됨을 시를 통해 표현하였다고 말하면서 "선가는 세상을 떠나 산에 들어가고 생각을 망령된 것이라 하며, 선악의 구별 없이 일체를 물리치고 끊어 공空에 돌아가는 것인데, 제자가 고향에 가는 것을 보고 무슨 감회가 있었겠는가? 과연 용담 선사가 공의 경지에 이르지 못하여 그러하였겠느냐?"라고 하였다. 그리고 "궁상각치우의 오음 육률이 신령스럽게 응하여 착오가 없는 것은 그 속이 텅 비어 있기 때문이다."라고 하면서 용담이 성정을 표현한 것이야말로 진정으로 진공묘유眞空妙有를 터득한 경지라고 평가하였다.

용담의 선리시禪理詩인 〈한가한 거처에서 즉흥으로 읊다(閑居卽事)〉이다.

산비가 부슬부슬 내리는 곳	山雨濛濛處
재잘재잘 산새가 떠들 때	喃喃鳥語時
마음의 생성과 소멸 반조하자니	返觀心起滅
바람에 흔들리는 늙은 소나무 가지	風動老松枝

윤장의 「용담 대사 행장」에 보면, 용담은 24세에 호남의 여러 훌륭한 스승들을 참방하여 갑자기 터득한 후에는 '반조返照'의 수행을 위해 붓과 벼루를 모두 부수어 버렸다고 하였다. 또 용담의 서간문인 「답상총양대사答

詳聰兩大師」에는 "반관返觀공부에 생소한 사람들은 그 수행의 경지가 다른 사람들 틈에 끼어들지 못할 것이다."라고 하면서 은산철벽에서의 한 걸음 진일보한 선 수행 방법으로 반관·반조를 들고 있다. 이러한 선사로서의 수행이 위의 시에 그대로 나타나 있으니, 그의 시는 용담 자신의 수행과 사상의 결과물이라고 할 수 있다.

다음은 용담의 선취시禪趣詩인 〈유거라는 시의 운을 따라(次幽居韻)〉이다.

작은 개울가에 새로 지은 초가집	新開茅屋小溪邊
소나무 대나무 의연한 하나의 별천지	松竹依然別一天
복사꽃 심지 않은 깊은 까닭 있으니	不種桃花深有以
혹시라도 이 소식 세간에 전해질까 봐	恐將消息世間傳

윤장의 「용담 대사 행장」에 따르면, 용담이 33세에 영원암에 들어가 동진의 혜원 스님처럼 두문불출할 것을 결심하고 암자의 모퉁이에 가은암을 짓고 평생의 수행처로 삼아 반관의 극기공부에 더욱 힘썼다고 하였는데, 가은암을 짓고 은거하려는 그의 뜻이 이 시에 잘 드러나 있는 것으로 보인다. 동시에 자연에 의지하여 자연과 함께하며 무소유와 대자유의 거리낌 없는 무애의 삶을 살고자 했던 선사의 면모가 느껴지는 작품이다. 이러한 용담의 인간적 삶의 진솔함과 수행자로서의 번득이는 선의 사상은 많은 시를 통해 확인할 수 있다.

4. 가치

용담의 존재는 그동안 한국 불교사 또는 불교 문학사에서 뚜렷하게 불교 사상과 문학사적 위상이 알려진 인물은 아니었다. 그러나 이 문집을 통하여 용담이 이미 출가하기 전에 유가서를 독파하였고, 19세에 출가하여 청허 휴정과 편양 언기의 법맥을 계승하였으며, 영남과 호남 등 여러 지역을 두루 다니면서 영해·낙암·설봉·남악·회암·호암 등의 화상을 만나 공부함으로써 선의 묘처에 이르게 되어 명성이 빛났음을 알게 되었다.

용담은 유교와 불교에 능통하여 유가의 '극기공부克己工夫'와 '지명知命'에 힘썼으며, 나아가 불가의 '반관返觀'과 '반조返照'의 수행을 통해 공空 사상을 크게 깨달았으니, 이 문집을 통해 그의 불교 사상사적 특성을 조명할 수 있겠다.

그리고 『용담집』에는 인사시와 선리시 및 선취시 등의 '시선일여詩禪一如'의 경지를 보여 주는 작품이 수록되어 있다. 한성이 「발문」에서 용담의 성정을 읊은 시는 이미 도道를 떠나 이야기할 수 없다면서, "용담 대사의 시를 전하는 일이 용담의 도를 전하는 길이고, 후학들이 대사의 시를 접하게 된다면 그의 도를 만날 수 있을 것이다."라고 한 것처럼 『용담집』의 각종 시는 유불불이儒彿不二의 성정을 노래한 것이다. 따라서 이것들은 그의 수행의 결과로 빚어진 선시이므로 불교 사상과 문학 분야에서 연구하여 그 위상을 정립시킬 필요가 있는 귀중한 자료라고 하겠다.

차례

용담집龍潭集 해제 / 9
일러두기 / 27
용담집龍潭集 서序 / 29
서書 용담집龍潭集 / 32

주 / 35

오언절구五言絶句-45편
한가한 거처에서 즉흥으로 읊다 閑居卽事 36
회포를 서술하다 述懷 37
노 생원에게 보냅니다 寄盧生員 38
회포를 서술하다 述懷 39
삼가 명진 화상의 시에 차운하여 謹次冥眞和尙 40
우 장실에게 드립니다 贈宇丈室 41
뉴암이란 호를 회기 스님에게 드립니다 以杻庵號贈會器師 42
체안 선자를 보내며 送體安禪子 43
선문으로 들어온 죽암 휘 도우를 칭찬하다 歎竹庵徽道友入禪 44
물가에서 우연히 읊다 臨水偶吟 45
또 又 46
밖에서 찾는 승려를 탄식하다 歎僧外求 47
호서의 정 도우를 보내며 送湖西淨道友 48
방문한 사람을 보고 見人來訪 49
월암 장로께 드립니다 贈月巖長老 50
환해 장실에게 드립니다 贈幻海丈室 51
우진 사미를 보내며 送宇眞沙彌 52
바람결에 우연히 읊다 因風偶吟 53
덕성 상인께 드립니다 贈德星上人 54
개울가에서 벗에게 보이다 臨溪示友 55

호서의 우 상인을 보내며 送湖西宇上人 56
지홍 사미에게 주다 贈志洪沙彌 57
『미타경』을 써서 가져온 지 상인께 감사하며 드립니다 謝贈知上人書彌陀經來 58
선문으로 들어온 흘 상인을 보내며 送屹上人入禪 59
또 又 60
치영 사미를 보내며 送致永沙彌 61
현 선사에게 드립니다 贈賢禪師 62
자주 방문해 준 명봉 스님에게 감사하며 謝名鳳師頻訪 63
회포를 서술하다 述懷 64
금강산으로 여행 가는 채심 스님을 보내며 送采心師遊金剛山 65
금강산 태고암 題金剛山太古窟 66
사서를 보다 우연히 읊다 看史偶吟 67
원주의 처사 원규의 청에 보답하며 賽原州元處士圭之請 68
체안과 경화 두 스님에게 드립니다 贈體安景貨兩師 69
새로 입실한 황암에게 드립니다 贈黃庵新入室 70
회포를 서술하여 문도에게 보이다 述懷示徒 71
낙성의 나그네에게 드립니다 贈洛城客 72
운서 수재에게 보냅니다 寄雲瑞秀才 73
잠·제·기 세 분의 상인께~ 寄岑弟奇三上人【丁丑春. 以宗任赴. 在於表忠時.】 74
자현 사미에게 보답하며 賽自賢沙彌 75
향산 원 상인에게 드립니다 贈香山圓上人 76
속세로 향할 계획을 가진 승수 상인에게~ 戒示勝修上人有向俗之計 77
개골산 관 상인에게 드립니다 贈皆骨山寬上人 78
문도에게 보이다 示徒【盖欲明本心者. 當審諦推察. 遇聲遇色未起覺觀時. 心何所之~ 】 79
고향으로 돌아가는 국태 사미에게 주다 贈國泰沙彌還鄕 80
준학 사미에게 경계하며 주다 戒贈峻學沙彌 81
최 처사【대선】에게 드립니다 贈崔處士【大善】 82

칠언절구 七言絶句 -78편

홍류동【부르는 운에 따라】紅流洞【呼韻】 83
〈유거〉라는 시의 운을 따라 次幽居韻 84

바람결에 우연히 읊다 因風偶吟 85

각 도우에게 보내다 寄覺道友 86

남원 수령께 올립니다 呈南原倅 87

유 장군이 이름을 지은 곳을 지나며 過劉將軍題名處 88

길에서 객사한 포인 도우를 애도하며 哭抱仁道友客死途中 89

기성 장로에게 보냅니다 寄箕城長老 90

회포를 서술하다 述懷 91

벽송사에 도착하여 회암 화상의 유적에 느낀 바가 있어 到碧松感晦庵和尙遺跡 92

삼 두타에게 드립니다 贈森頭陁 93

회포를 서술하다 述懷 94

또 又 95

기성 장로에게 보냅니다 寄箕城長老 96

중백운암 題中白雲 97

만폭동 題萬瀑洞 98

정양사 題正陽寺 99

동운 장실에게 감사하며 드립니다 謝贈東雲丈室 100

부모님 생각 思親 101

잠에서 깨어 睡覺 102

상월 화상께 올립니다 上霜月和尙 103

새벽에 읊다 曉吟 104

흰 구름은 무슨 일로 멋대로 왔다 갔다 白雲何事自去來 105

열 도우와 이별하며 드립니다 贈別悅友 106

불두화 노래 詠佛頭花 107

병으로 떠나는 윤언 사미에게 주다 贈允彥沙彌病行 108

우연히 읊다 偶吟 109

최 수재에게 드립니다 贈崔秀才 110

행각하는 스님께 드립니다 贈行脚僧 111

또 又 112

총 상인을 보내며 送聰上人 113

윤일 사미에게 주다 贈允一沙彌【戊辰秋】 114

목매어 죽은 승해 스님을 애도하며 挽縊死僧海師 115

차례 • 21

인 상인에게 드립니다 贈印上人 116

새벽의 흥취 曉興 117

무신년 봄 戊申春 118

인 상인의 시에 차운하여 次獜上人 119

우 상인에게 드립니다 贈愚上人 120

숙 범음에게 드립니다 贈淑梵音 121

환 어산에게 드립니다 贈還魚山 122

돌아가는 삼 두타에게 드립니다 贈森頭陁之歸 123

종단의 임무로 영남에 부임했을 때~ 以宗任赴嶺南時與箕城長老相和 124

또 又 125

또 又 126

회포를 서술하다 述懷 127

유여 수좌에게 드립니다 贈有如首座 128

학 장실을 보내며 送學丈室 129

이 처사【명재】의 효행편 題李處士【命載】孝行篇 130

차운하여 여릉 스님에게 드립니다 次贈汝楞師 131

명진 화상께 올립니다 上冥眞和尙 132

지 선사에게 드립니다 贈知禪師 133

기성 사에게 화답하다 酬機性士 134

함께 경축하는 시 同慶吟 135

회포를 서술하다 述懷 136

기암 성 장실이 무주암에서 재를~ 聞機巖性丈室無住庵中設齋以寄【壬申冬】 137

영남의 탄화 상인에게 드립니다 贈嶺南綻花上人 138

초 장실에게 드립니다 贈初丈室 139

보개산 수 장실에게 드립니다 贈寶盖山壽丈室 140

흠소 낭휘 선사에게 드립니다 贈欠笑朗輝禪師 141

거삼 대사가 장실에 머물며 한 이야기를 듣고~ 聞巨三大師住室之說以寄 142

돌아가는 경화 스님에게 드립니다 贈景貨師之歸 143

또 又 144

회포를 서술하다 述懷 145

또 又 146

선래 사미에게 주다 贈善來沙彌 147
승려가 되길 청하는 양 수재에게 답하다 答梁秀才爲僧之求 148
회포를 서술하다 述懷 149
즉흥으로 읊다【대암에서】 即事【在臺巖】 150
태운 상인을 보내며 送泰運上人 151
계족산 활 선사에게 드립니다 贈鷄足山濶禪士 152
호서 안 장실에게 드립니다 贈湖西岸丈室 153
성주 사미에게 화답하다 酬性柱沙彌 154
초 선사에게 드립니다 贈初禪師 155
가을비가 보름이나 걷히지 않다 秋雨半月不收 156
가르침을 청하는 활 스님에게 드립니다 贈濶師之求 157
또 又 158
일 장실에게 드립니다 贈日丈室 159
관 도우에게 드립니다 贈舘道友 160
선문으로 들어온 휘 장실에게 감사하며 謝徽丈室入禪【第三句。得坐沙門果~ 161
동산 심 장실에게 보냅니다 寄桐山心丈室 162
스스로 불을 때다 自爇 163
봄비 春雨 164
심인 스님에게 드립니다 贈心印師 165
또 又 166
기성 장로의 병든 책상에 보냅니다 寄箕城長老病案 167
뜰에 핀 꽃 庭花 168

오언율시五言律詩-24편

벗과 함께 도솔암에 오르다 携友上兜率【中二聯前却】 169
성 상인에게 드립니다 贈成上人 170
병을 앓는 일 도우에게 보냅니다 寄一道友病中 171
눈의 노래 詠雪 172
청류정聽流亭 173
해바라기 葵花 174
심원토굴深源土窟 175

보괴 두타에게 드립니다 贈寶乖頭陁 176
회포를 서술하다 述懷 177
강의를 그만둔 후 조용히 살면서 회포를 서술하다 罷講後幽居述懷 178
해 선사에게 드립니다 贈海禪師【此下二首罷講時】 179
향산 봉 상인에게 드립니다 贈香山鳳上人 180
기성 장로의 시에 차운하여 次箕城長老 181
구월산 안 장실에게 드립니다 贈九月山安丈室 182
은 도우에게 드립니다 贈訔道友 183
평 장실의 시와 서에 답합니다 答平丈室詩及序 184
금강산에 올라 登金剛山 185
정양사 題正陽寺 186
홀로 살다 獨居 187
작열하는 태양 熱日 188
혜 선사에게 보답하며 賽慧禪師 189
달원 상인에게 드립니다 贈達原上人 190
성학 사미에게 차운하여 주다 次贈聖學沙彌 191
재차 강의를 그만두고 再罷講【己卯冬】 192

칠언율시 七言律詩-52편

병중에 회포를 쓰다 病中書懷 193
내원암 題內院菴 194
단비 喜雨 195
우 생원【범숙】의 시에 차운하여 次禹生員【範淑】 196
안장에서 운을 부르다 鞍匣呼韻 197
삼가『서난록』에서 송운 화상을 찬양한 시의~ 謹次舒難錄讚松雲和尙韻 198
각 도우에게 보냅니다 寄覺道友 199
〈둥근 등불〉이란 시의 운을 따라 次圓燈韻 200
묘향산으로 가는 상월 화상께 올립니다 呈霜月和尙妙香行 201
〈거미〉라는 시의 운을 따라 次蜘蛛韻 202
문 도우의 시를 차운하여 次文道友軸 203
가르침을 청하는 연 장실에게 드립니다 贈演丈室之求 204

〈그윽한 흥취〉라는 시의 운을 따라 次幽興韻 ……… 205
천주봉에 올라 上天主峰 ……… 206
감로사 수도 판상의 운을 따라 次甘露寺修道板上韻 ……… 207
홍 남원께 받들어 올립니다 奉呈洪南原 ……… 208
향산 관 장실의 시에 차운하여 次香山關丈室 ……… 209
다시 앞의 운을 써서 송별하다 復用前韻送別 ……… 210
종단의 임무로 영남에 부임했을 때~ 以宗任赴嶺南時與箕城長老相和 ……… 211
또 又 ……… 212
또 又 ……… 213
『법화경』을 읽다 看蓮華經 ……… 214
일 도우에게 드립니다 贈一道友 ……… 215
조계 회상에서 인 상인에게 드립니다 曹溪會中贈仁上人 ……… 216
제 선사에게 드립니다 贈濟禪師 ……… 217
강의를 그만두고 문도들에게 보이다 罷講示徒 ……… 218
팔공산 기성 장로의 편지에 답하다 答八公山箕城長老書 ……… 219
흘 장실이 찾아와 법을 믿는다는 말을 올리기에~ 屹丈室來呈信法之語~ ……… 220
향산 혜 장실에게 드립니다 贈香山慧丈室 ……… 221
명봉 상인에게 화답하다 酬名鳳上人 ……… 222
초가집을 짓고 회포를 서술해 벽에 쓰다 結草屋述懷題壁【壬申秋】 ……… 223
또 又 ……… 224
노 처사의 만각헌에 받들어 올립니다 奉呈盧處士晚覺軒 ……… 225
〈대암〉이란 시의 운을 따라 次臺庵韻 ……… 226
첨복꽃 簷蔔花 ……… 227
계족산 활 상인에게 드립니다 贈鷄足山濶上人【罷講十年。不拒門人請。再開講於臺~ ……… 228
청류정 외솔 題聽流亭孤松 ……… 229
원각 학인에게 드립니다 贈圓覺學人 ……… 230
탄식의 노래 歎吟 ……… 231
차운하여 심인 사에게 드립니다 次贈心印士 ……… 232
차운하여 유 상인에게 드립니다 次贈柔上人 ……… 233
천봉 장로 시축의 운을 따라 次天峰長老軸韻 ……… 234
정 상인에게 드립니다 贈政上人 ……… 235

차운하여 담 선사에게 드립니다 次贈湛禪士 236
차운하여 대은 사미에게 주다 次贈大隱沙彌 237
안도 춘 상인을 보내며 送安道春上人 238
부사정에 올라 登浮槎亭 239
향산 척 장실의 시에 차운하여 次香山倜丈室 240
도일 상인에게 드립니다 贈道日上人 241
유 장실이 찾아와 올린 뜻에 보답하며 賽宥丈室來呈之意 242
찾아 주신 우계 이 생원께 올립니다 呈迂溪李生員之來訪 243
정 수재에게 드립니다 贈丁秀才 244
정 석사의 시와 편지에 답합니다 答丁碩士詩書 245
전 생원이 보낸 시의 운을 따라 次全生員來韻 246
황해도 연 장실의 시에 차운하여 次黃海道沇丈室 247

문文-3편

임종할 때 곁에 자리한 도우들에게 부촉하면서~ 囑臨終在傍道友等遺文 248
지리산 황령암 중창기 智異山黃嶺庵重創記 250
명진 대사 출세 통문 冥眞大師出世通文 255

서書-2편

상과 총 두 대선사에게 답하다 答詳聰兩大禪 258
파근사 조실에게 波根祖室中 261

용담 대사 행장 龍潭大師行狀 263
발문跋文 271
후록後錄 272
발문跋文 273
간기刊記 275

주 / 276

찾아보기 / 285

일러두기

1 '한글본 한국불교전서'는 문화체육관광부의 지원을 받아 동국대학교 불교학술원에서 수행하고 있는 '불교기록문화유산아카이브(ABC)사업'의 결과물을 출간한 것이다.
2 이 책은 『한국불교전서』(동국대학교출판부 간행) 제9책에 수록된 『용담집龍潭集』을 저본으로 하여 번역하였다.
3 번역문에 이어 원문을 병기하였다. 원문은 『한국불교전서』를 저본으로 하였으며, 문文과 행장行狀의 원문에 간단한 표점 부호를 넣었다.
4 원문은 『한국불교전서』를 기본으로 하되 그 저본이 되는 목판본을 대교하여 제시하였다. 역자의 교감 내용에서 '저본'이라 함은 『한국불교전서』의 저본(목판본)을 말한다.
5 원문 교감 내용은 원문 아래에 표기하였다. ㉠은 『한국불교전서』의 교감 내용을, ㉡은 번역자의 교감 내용을 가리킨다.

용담집龍潭集 서序

나는 용담 스님을 뵌 적은 없으나 그의 제자 국태國泰와 교류한 지 오래고, 국태를 스승으로 섬기고 있다. 또한 문도가 팔도에 거의 가득하고, 국태 스스로 "나보다 현명한 분이 또한 많지만 용담이야말로 바로 한 시대 선가의 종장이시다."라고 말하였다. 그가 고향으로 돌아가는 국태를 전송하며 지은 시에서 말하였다.

> 부처님은 정토의 업을 말씀하셨고
> 세상에는 효를 우선으로 여기지
> 이제 떠나가는 우리 스님 보내자니
> 헤어짐 맞아 흐르는 뜨거운 눈물

내 이 시를 매우 기이하다 여겨 전체 원고를 찾아 살펴보았더니, 충과 효에 힘쓴 것이 끝이 없었다. 시는 진실로 스님이 숭상한 바가 아니었고, 그가 성정性情을 귀하게 여겼음을 볼 수 있을 따름이었다.

무릇 선가에서는 세상을 벗어나 산으로 들어가서는 생각을 가리켜 망령된 것이라 하며 선이든 악이든 가림 없이 일체를 모조리 끊어 공空으로 귀결시킨다. 공하다면 고향으로 돌아가는 사람을 보면서 왜 감회에 젖었을까? 이 스님이 공에 도달하지 못해서 그랬던 것일까? 종이나 북이나 거문고나 비파의 경우, 북이 궁궁宮宮하고 울리거나 북이 각각角角하고 울리면서 오음五音과 육률六律¹에 신령스럽게 감응하며 어긋남이 없는 것은 그 속이 텅 비었기 때문이다. 만약 한 물건이 그 속에 있다고 멋대로 간주한다면 절대로 그렇지 못할 것이다. 따라서 만물의 얽힘이 완전히 사라진 이후에도 참된 성품은 온전히 유지되는 것이다. 그렇다면 스님은 이미 공에 도달한 분일까? 종·북·거문고·비파는 그 속이 텅 빈 것은 같지만 나오는 소리는 같지 않으니, 공에도 역시 차이가 있는 것일까? 불의 공함은 곧 밝음이고, 물의 공함은 곧 맑음이며, 흙과 나무의 공함은 곧 꺾이고 함몰되는 것이니, 공에도 역시 공할 수 있는 것과 공할 수 없는 것이 있는 것일까?

(스님은) 감회를 그치지 못해 눈물을 흘리기에 이르렀고, 눈물을 그치지 못해 한숨을 쉬며 탄식을 터트리기에 이르렀고, 이로 인해 시를 짓게 되었다. 감응하면 눈·코·입 세 기관이 눈물을 흘리거나 콧물을 흘리거나 한숨을 내쉬고 탄식을 터트리게 된다. 하지만 귀만은 거기에 응하는 바가 없다. 그렇다면 귀만 홀로 그 공함을 얻은 것일까? 누군가 "고향으로 돌아간다."고 말하고 내가 그것을 들었다면 그건 귀로써 한 것일 뿐이니, 공하다고 말할 수 있을까? "고향으로 돌아간다."는 누군가의 말을 듣고 감응하지 않는 자도 있고 감응하는 자도 있지만 감응하든 감응하지 않든 귀는 함께하지 않으니, 귀는 곧 공한 것일까? 듣는 것은 눈으로 하지 못하고 입으로도 하지 못하고 귀만이 그것을 할 수 있는데, 귀가 단지 공할 뿐일까? 귀가 들을 수 있었기에 〈고향으로 돌아가는 국태 사미에게 주다〉라는 시로써 어린 제자의 귀에 일러 준 것이다. 그렇다면 느끼는 바가 없는 것이 듣지 못한 것과 같아야 "귀는 공하면서 스스로 공하지 않음이 있다."는 것일까? 스님은 분명 통달하셨겠지만 이제는 허사가 되었으니 물어볼 길이 없구나.

무자년(1768) 5월에 남애기인南崖畸人 신순민申舜民 짓다.

龍潭集序

余未見龍潭師。而與其弟子。國泰交久焉。以國泰而師事之。且門徒殆遍八路。國泰自言。賢於我者亦多。龍潭乃一世禪宗也。其送國泰還鄉詩云。佛言淨土業。於世孝爲先。今送吾師去。臨分感涕漣。余甚異之。索全藁以觀。於忠孝亹亹不已。詩固非師所尙。而其性情之貴可見已。夫禪家離世入山。指想爲妄。無擇善惡。一切屛絶。以歸於空。空則見人還鄉。何以有感也。是師未及於空而然耶。如鍾鼓琴瑟。鼓宮宮動。鼓角角動。五音六律。靈應不爽。以其中虛也。若以一物。橫看在裡。則必不爾。故物累盡去而後。眞性乃全。然則師已至於空者耶。鍾鼓琴瑟。其中之虛同。而聲出不同。空亦有異耶。火空則明。水空則淸。土木空則折陷。空亦有可空不可空者耶。感之不已。至於垂涕。垂涕之不已。至於噓唏發歎。因之爲永[1]言。感則目鼻口三官。或有泪。或出涕。或噓唏發歎。而惟耳無所應。抑耳獨得其空耶。人言還鄉。而我之聞之者。以耳耳。可謂空耶。聞人還鄉。而有不感者。有感者。感不感。耳無與焉。耳卽空耶。聞之不以目。不以口。而耳能之。耳直空而已耶。耳能聞而告以還鄉。於赤子之耳。則無所感。如不聞。耳是空而自有不空者耶。師應達之。而今也已矣。無以問之。

　　戊子仲夏。南崖畸人申舜民識。

---
1) 㕦 '永'은 '詠'인 듯하다.

서書 용담집龍潭集

나는 젊은 시절에 남원南原의 파근사波根寺를 유람하다가 법당을 열고 경을 강설하는 대법사를 만났다. 학도 백여 명이 각각 여러 경전을 들고 차례로 배움을 청하였는데, 하나의 경마다 담당자가 한 사람씩 있어 곁에서 자세히 설명해 주었고, 위로 질문하고 아래로 확인하면서 오묘한 이치를 궁구하고 있었다. 그 장엄한 위의와 제도가 볼만하였기에 나는 감탄하여 말하였다.

"이는 우리 유가에는 없었던 일이다. 정부자程夫子께서 '삼대三代의 위의威儀가 여기에 있었구나.' 하고 칭찬하셨다더니,[2] 그의 마음이 바로 이런 것이었구나."

법사는 곧 용담 대사 조관慥冠이니, 자는 무회無懷요 남원 사람이다. 당시 우리 종문의 사람이 나와 함께 유람하다가 스님을 한참이나 바라보고는 "당신은 우리 이웃에 살던 김 아무개가 아닙니까?" 하고 물었다. 그러자 스님이 깜짝 놀라면서 기뻐하고 옛이야기를 나누었으니, 아마도 이는 스님이 어려서 공거公車[3]의 업을 닦고는 과거장으로 달려가 여러 차례 윗자리를 차지하여 동년배들에게 유명하였고, 우리 종문 사람들과 일찍이 함께 연구했었기 때문이리라.

스님은 일찍이 아버지를 여의고 19세에 감로사甘露寺에서 삭발하였으며, 호남과 영남을 널리 유행하며 여러 노숙老宿들을 두루 참방하였다. 그

후 명진 대사冥眞大師 수일守一[4]이 찾아와 서로 문답을 나누다가 신령한 기틀이 서로 투합하였고, 영원암靈源菴으로 들어가 흙집을 짓고 살면서 원공遠公[5]처럼 10년 동안 산을 나가지 않으리라 결심하였다.

스님은 이미 내전內典의 종요宗要를 얻었지만 항상 부족한 듯 여겨 문도들을 가르치려 하질 않았다. 하지만 그를 따르는 자들이 구름처럼 몰려들어 결국 고함으로 흩어버리기 어려웠고, 총림의 교주가 되어 무려 수십 년 동안 널리 교화를 펼치자 대중이 자기 양에 따라 강물을 마셨다.[6]

임오년(1762)에 법랍 44세로 돌아가셨고, 사유闍維[7]하던 날 저녁에 사리 5과를 얻어서 감로사와 파근사와 실상사에 나누어 탑을 세웠다. 스님은 평소 시문 짓는 것을 좋아하지 않았고, 때로 저술한 바가 있어도 역시 귀중하게 여지지 않아 산실되고 거의 사라졌다. 그러다 지금 스님의 법제자인 윤장玧藏 등이 약간의 편을 수습하여 나에게 서문을 청하였다. 나는 승려들을 위해 책에 덧붙이는 문장을 지은 적이 없다. 하지만 스님과는 너무 잘 아는 사이라 차마 한마디 하지 않을 수 없어 책 말미에 간략히 몇 마디 써서 돌려보낸다.

무자년(1768) 8월 하한下澣[8]에 담와병부澹窩病夫가 귀촌龜邨의 배이와配爾窩에서 쓰다.

書龍潭集

余於少時。遊南原之波根寺。值大法師。開堂說經。學徒百餘人。各執諸經。以次請益。一經有當機一人。在傍演說。上質下扣。究極突奧。其儀度濟濟可觀。余歎曰。此吾儒家所未有。程夫子稱三代威儀在此者。其心是歟。法師即龍潭大師慥冠。字無懷。南原人也。時有吾宗人。與之同游。熟視師。問之曰。子非吾鄰之金某耶。師驚喜話舊。蓋師少治公車業。赴場屋。屢居上游。有名於儕類。吾宗人嘗與同研故也。師早失怙。十九祝髮於甘露寺。遍遊湖嶺。歷參諸老宿。後從冥眞大師守一。一言而神機相投。入靈源菴。

築土窩以居。以遠公十年不出山爲期。師旣得內典宗要。而常若不足。不欲授徒。然從之者如雲。終難喝散。主敎叢林。凡數十年普化。大衆飮河隨量。歲壬午。法獵四十四而終。闍維之夕。得舍利五。分塔於甘露波根實相諸寺。師平日不喜爲詩文。時有所述。亦不甚貴重。散佚殆盡。今師之法胤玩藏等。收拾若干篇。請序於余。余未甞爲緇徒。作弁卷之文。而於師相知甚熟。不忍無一言。略書數語於編末而歸之。

　戊子仲秋下澣。澹窩病夫。書于龜邨之配爾窩。

주

1 오음五音과 육률六律 : 오음五音은 궁宮·상商·각角·치徵·우羽이고, 육률六律은 십이율十二律 중 양음陽音에 속하는 황종黃鐘·태주太簇·고선姑洗·유빈蕤賓·이축夷則·무역無射을 말한다.
2 정부자程夫子께서 삼대三代의~하고 칭찬하셨다더니 : 정부자는 송宋나라 유학자 정호程顥를 말한다. 호는 명도明道이다. 삼대의 위의威儀는 하·은·주 삼대의 훌륭한 문화를 뜻한다. 그가 스님들이 공양하는 장면을 목격하고는 이렇게 칭찬하였다고 한다.
3 공거公車 : 공가公家 즉 국가의 거마車馬를 일컫는 말로 과거에 응시하는 것을 뜻한다. 한漢나라 때 과거에 응시하러 가는 사람을 공거에 태워 보냈던 것에서 유래하였다.
4 명진 대사冥眞大師 수일守一(1638~1743) : 조선의 승려이다. 16세에 설주산雪住山 용장사龍藏寺로 출가하여 현각玄覺의 제자가 되었고, 19세에 보원寶圓으로부터 구족계를 받았다. 도안道安에게서 화엄華嚴의 일승묘지一乘妙旨와 선가禪家의 심법心法을 얻었다. 그러나 가장 수승한 제일의第一義를 깨닫지 못했음을 스스로 간파하고 깊은 산속으로 들어가서 40년 동안 좌선에만 몰두하였다. 그 뒤 새봉璽篈·용담龍潭을 제자로 받아들여 법을 전수하였다.
5 원공遠公 : 동진東晉의 승려 여산 혜원廬山慧遠(335~416) 선사를 지칭한다. 여산廬山에 동림사東林寺를 창건하고 백련사白蓮社를 결성해 도속과 어우러져 염불 수행을 하면서 산문 밖을 나서지 않았고, 손님을 전송할 때도 호계虎溪를 넘지 않는 것을 규칙으로 삼았다고 한다.
6 대중이 자기~강물을 마셨다 : 스승의 학식이 매우 커서 제자들이 저마다 자기 국량만큼 섭취함을 뜻한다. 『莊子』「逍遙遊」에 "생쥐가 황하 물을 마심에 제 배의 양만 채울 뿐이다.(偃鼠飮河。不過滿腹。)"라고 하였다.
7 사유闍維 : ⓢ jhāpita의 음역으로서 다비茶毘·사비闍毘·사비다闍鼻多라고도 하며, 분소焚燒·연소燃燒로 의역하기도 한다. 시체를 화장하는 것을 말한다.
8 하한下澣 : 매월 21일부터 30일까지를 말한다. 당唐나라 때 관리들에게 10일에 한 번씩 목욕하고 세탁하는 휴일을 주었던 것에서 생긴 말이다.

한가한 거처에서 즉흥으로 읊다
閑居即事

산비가 부슬부슬 내리는 곳	山雨濛濛處
재잘재잘 산새가 떠들 때	喃喃鳥語時
마음의 생성과 소멸 반조하자니	返觀心起滅
바람에 흔들리는 늙은 소나무 가지	風動老松枝

회포를 서술하다
述懷

한 납자 달이 뜬 솔 창에서	一衲松窓月
말없이 홀로 좌선할 때	無言獨坐時
이 가운데 한량없는 뜻을	箇中無限意
귀신이 엿보도록 누가 허락할까	誰許鬼神窺

노 생원에게 보냅니다
寄盧生員

옛 개울에 새 소리가 일고	古澗新聲起
동쪽 숲엔 비를 거두지 않아	東林雨不收
밤부터 소식이 끊어지니	夜來消息斷
선정에 들어도 여전한 슬픔	猶有定中愁

회포를 서술하다
述懷

병으로 신음하는 외로운 절집의 밤	病吟孤寺夜
들여다보는 이라곤 오직 달님뿐	惟有月窺堂
내 마음속 어둠을 비웃으며	笑我心中暗
환한 빛으로 들보를 비추시네	光明照屋樑

삼가 명진 화상의 시에 차운하여
謹次冥眞和尙

반조하여 신령하게 아는 자리	返照靈知處
공마저 공하니 이 물건이 무엇인가	空空是物何
만 가지로 다르나 이것저것이 없으니	萬般無彼此
산하가 막혔다고 누가 한탄하랴	誰恨隔山河

우 장실[1]에게 드립니다
贈宇丈室

병색은 예전 그대로	病色依前樣
메마른 마음으로 옛 정을 기억하네	枯心憶舊情
하나의 하늘에 밝은 달이 뜬 밤	一天明月夜
울음을 그친 소쩍새 소리	啼罷子規聲

뉴암이란 호를 회기 스님에게 드립니다
以杻庵號贈會器師

어느 세월에 귀밑머리는 희끗	鬢邊何歲月
흘러간 시간이 너무도 아쉬운 남자	男子惜年深
무상한 세상임을 깨달으면	認覺無常世
보리심을 일으킬 수 있으리라	菩提可發心

체안 선자를 보내며
送體安禪子

반야봉 앞 달님이요 般若峰前月
금강동 속 구름이라 金剛洞裏雲
두 곳에서 만났다 곧 이별하니 兩地逢旋別
어느 산에서 또 그대를 보낼까 何山又送君

선문으로 들어온 죽암 휘 도우를 칭찬하다
歎竹庵徽道友入禪

경을 본 알음알이 말끔히 쓸어버리고	掃蕩看經解
격식을 벗어난 선을 높이 제기하니	高提格外禪
소림에 뜬 천고의 달	少林千古月
죽옹을 쫓아 비추네	流照竹翁邊

물가에서 우연히 읊다
臨水偶吟

걸음을 나서 다다른 개울가	步出臨溪上
맑은 물결 아득히 흐르며 멈추질 않네	淸波逝不休
머무는 바 없음을 세밀히 관찰하자니	細觀無所住
천지가 하나의 물거품	天地一浮漚

또
又

비 그치고 가 본 개울가   雨餘臨澗上
찬 물결 바위라도 부술 듯   寒浪勢懷[1]巖
마시고 싶지만 팔공덕수²가 아니니   欲飮功非八
어떻게 병든 마음 씻으랴   如何洗病心

---

1) ㉭ '懷'는 '壞'의 오자인 듯하다.

밖에서 찾는 승려를 탄식하다
歎僧外求

범천의 누각은 예전 그대로인데	梵閣依前舊
거주하는 승려는 누조옹³	居僧累祖翁
세상사에서 도망쳤다 누가 말하는가	誰云逃世事
세상사 그대로 산중에 있는데	世事亦山中

호서의 정 도우를 보내며
送湖西淨道友

도를 배우려면 마땅히 나를 잊어야 하고	學道宜忘我
몸을 닦으려면 말을 삼가야 하리	修身可愼言
당 위에 계신 흰머리의 노인께	白頭堂上老
돌아가 부지런히 효도의 마음 다하게	歸去孝情勤

방문한 사람을 보고
見人來訪

흰 구름 어느 곳 나그네인가	白雲何處客
찾아와 소나무 사립을 두드리네	來到扣松扉
손을 잡고 맞이해 평상에 올라 보니	携手迎登榻
옛날에 알던 바로 그 얼굴	容顏迺舊知

월암 장로께 드립니다
贈月巖長老

남쪽으로 오고 싶었지만	欲作南來計
인간세상에서 세월이 깊었네	人間歲月深
허공의 뼈를 잡지 마시고	莫把虛空骨
옛 부처의 마음을 장엄하시길	莊嚴古佛心

환해 장실에게 드립니다
贈幻海丈室

옛날부터 있던 삼척의 거문고	古有琴三尺
줄이 없으니 누가 그 소리 알까	無絃孰解音
그대와 서로를 보내는 자리	與君相送處
연주는 그치고 마음만 남아	彈罷去留心

우진 사미를 보내며
送宇眞沙彌

돌아갈 길 어느 곳인가	歸路知何處
두류산 만장의 구름	頭流萬丈雲
명안종사들 모두 참례한 후	明師叅盡後
노승의 문을 다시 두드리게나	更扣老僧門

바람결에 우연히 읊다
因風偶吟

어디선가 바람 불어와	風從何處來
솔가지 하나 부러뜨렸네	摧折一枝松
형상 없는 게 형상이었구나	無像還有像
깔깔대며 웃는 납승	衲僧笑呵呵

덕성 상인께 드립니다
贈德星上人

사랑스런 그대 도에 뜻을 두어	愛君能志道
이 노승에게서 선을 찾네	求我老僧禪
저 뜰 앞의 잣나무를 보게	看取庭前栢
푸른 그늘이 옛날과 비슷하니	淸陰似舊年

개울가에서 벗에게 보이다
臨溪示友

비 그치고 가 본 개울가 　　　　　　雨餘臨溪上
층층의 물결 다 동으로 달리네 　　　層浪盡奔東
누가 알까, 저 푸른 대해로 가려면 　誰知滄海大
이렇게 쉬지 않고 힘써야 한다는 걸 　由斯不息功

호서의 우 상인을 보내며
送湖西宇上人

도의 마음은 방장산의 달님	道情方丈月
속세의 꿈은 옛 동산의 구름	塵夢故山雲
억지로 인연의 구절을 잡아	强把因緣句
높이 읊조리며 그대를 멀리 보낸다	高吟遠送君

지홍 사미에게 주다
贈志洪沙彌

꿈결에 들은 창밖의 소리	夢聞窓外語
깨고 보면 하나의 텅 빈 하늘	覺後一空天
이 한량없는 뜻을 가져다	將此無窮意
그대 손을 잡고 자세히 전하네	携君仔細傳

『미타경』을 써서 가져온 지 상인께 감사하며 드립니다
謝贈知上人書彌陁經來

다행히 우리 스님 손을 빌려	幸借吾師手
호념할 경을 써서 가져오셨네	書來護念經
지송하면 분명 부처가 되리니	誦持應作佛
훗날 어찌 이 정을 잊으리오	他日豈忘情

선문으로 들어온 흘 상인을 보내며
送屹上人入禪

산과 바다처럼 서원을 세우게	誓願如山海
우리의 문은 대장부가 들어오는 문	吾門是丈夫
혼침과 산란이 심하다 탄식하지 말고	莫歎昏散重
그저 조주의 무자[4]만 보라	但看趙州無

또
又

고요히 앉아 마음을 관하면	靜坐觀心地
그 경지에선 허공마저 티끌	虛空亦是塵
본래 한 물건도 없나니	本來無一物
이런 후에야 도가 비로소 가까우리라	然後道方親

치영 사미를 보내며
送致永沙彌

서방으로 돌아가는 노래를 듣고 싶어	欲聽歸西曲
때맞춰 노승을 방문하였네	時來訪老僧
아미타불의 참된 면목은	彌陁眞面目
구름 밖 층층의 푸른 하늘	雲外碧層層

현 선사에게 드립니다
贈賢禪師

다섯 가지 고통[5] 똑같이 감내해야 하니	五痛同堪苦
어디에서 머리를 들 수 있을까	於何可擧頭
서방세계엔 좋은 구경거리도 많다데	西方多勝賞
보배나무가 시들지도 않는다지	寶樹不彫秋

자주 방문해 준 명봉 스님에게 감사하며
謝名鳳師頻訪

자주 앞개울을 건넌 뜻은	頻渡前溪意
격식을 벗어난 마음이 알고 싶어	要知格外心
가리켜 주고 싶지만 이름과 형상으론 어려워	欲指難名狀
푸른 산이 저녁 어스름을 둘렀네	靑山帶夕陰

회포를 서술하다
述懷

재가자는 마땅히 효도를 다하고	在家宜盡孝
관직에 오른 자는 정성을 다해야 옳지	登仕可輸誠
향을 사르며 무슨 일을 축원할까	焚香祝何事
나라 걱정하며 풍년을 기원하네	憂國願年豊

금강산으로 여행 가는 채심 스님을 보내며
送采心師遊金剛山

여래의 참된 주처는　　　　　　　　如來眞住處
옛날부터 금강산이라 했지　　　　　自古說金剛
그대 금강산으로 떠나니　　　　　　君向金剛去
법왕을 뵈어야만 한다　　　　　　　應見法中王

금강산 태고암
題金剛山太古窟

기이하구나, 암벽의 굴 하나	奇哉一巖穴
선대 스님이신 태고의 자취	先師太古蹤
뒤에 오는 자 누가 이를 계승할까	後來誰繼此
고요함을 찾는 게 바로 선 공부	求寂是禪工

사서를 보다 우연히 읊다
看史偶吟

선악 모두 정해진 것 없어라	善惡皆無定
흥망성쇠 역시 꿈속의 일	興亡亦夢中
옛날이나 지금이나 천지 안에는	古今天地內
비바람만 멋대로 동쪽 서쪽으로	風雨任西東

원주의 처사 원규의 청에 보답하며
賽原州元處士圭之請

나라에 보답하며 마땅히 충절을 지키고	報國宜忠節
가정을 생각하며 효도의 마음 다해야지	思家盡孝心
만약 이 두 길에서 물러서지 않는다면	兩途如不退
빛으로 임하시는 부처님을 분명히 뵈리라	應見佛光臨

체안과 경화 두 스님에게 드립니다
贈體安景貨兩師

외로운 소승은 방장산의 달   孤僧方丈月
두 분 납자는 목천의 구름   雙衲木川雲
길에 빛깔과 소리가 넘치니   路上多聲色
보고 들음 말끔히 털어 버리시길   須休落見聞

새로 입실한 황암에게 드립니다
贈黃庵新入室

자비의 집에 자취를 맡기고	托迹慈悲室
인욕의 옷으로 몸을 가리고	遮身忍辱衣
법공의 침상과 평상 위에서	法空床榻上
무념으로 뭇 근기에 응하게	無念應羣機

회포를 서술하여 문도에게 보이다
述懷示徒

고사리 꺾으면 넉넉한 밥과 국	採蕨饒飯羹
송피 찧으면 발우에 넘치는 음식	擣松剩鉢湌
이 생애 이만하면 족하니	生涯如是足
도를 걱정하고 가난은 걱정하지 말라	憂道不憂貧

낙성의 나그네에게 드립니다
贈洛城客

손님이 어디서 오셨나	客從何處至
저 낙양성에서 오셨네	來自洛陽城
새 임금님의 정치 이야기를 들어보니	聞說新王政
요임금의 하늘에 태양이 다시 밝았구나	堯天日復明

운서 수재에게 보냅니다
寄雲瑞秀才

시들지 않는 정임을 비로소 깨닫고	始覺情無倦
봄바람에 편지 한 통 보냅니다	東風寄一書
편지 가운데는 하고많은 뜻	書中多少意
천 리에 펼친 꿈은 어떠하신지	千里夢何如

잠·제·기 세 분의 상인께 보냅니다
【정축년 봄 종단의 임무로 부임하여 표충사에 있을 때】
寄岑弟奇三上人【丁丑春。以宗任赴。在於表忠時。】

경을 보던 세 명의 벗	三箇看經友
그 가운데 나태한 자 누구인가	其中懶者誰
어린 기가 으뜸이고	少奇爲上首
잠과 제가 그 다음이겠지	岑弟次應隨

자현 사미에게 보답하며
賽自賢沙彌

돌 호랑이가 바위 앞으로 달려나오자	石虎巖前走
진흙 용이 바다 밑바닥에서 신음하네	泥龍海底吟
무생의 노래를 한 곡조 뽑아	唱出無生関
그대의 도를 사모하는 마음에 화답하네	酬君慕道心

향산 원 상인에게 드립니다
贈香山圓上人

뜻을 해석하는 것 원래 도가 아닌데	釋義元非道
문장을 소화한들 어찌 그게 진짜겠나	消文豈是眞
오음산[6] 아래 길에서	五陰山下路
본래인[7]을 찾도록 하라	宜覓本來人

속세로 향할 계획을 가진 승수 상인에게 경계하며 보이다
戒示勝修上人有向俗之計

옛날에 들었네, 꽃밭 밑에	昔聞花卉下
원래 독사가 똬리를 튼다고	元是蝥盤蛇
쫓아가 잡을 생각 말게	莫作追攀意
목숨을 잃으면 어쩌려고	其如喪命何

개골산 관 상인에게 드립니다
贈皆骨山寬上人

무생법을 모조리 설해	說盡無生法
우리 스님에게 은근히 부촉하니	慇懃付我師
옛 성인들께서 일찍이 지나간 자리	古聖曾經處
그대가 기약할 수 있길 꼭 부탁하네	叮嚀爾可期

문도에게 보이다【대개 본래 마음을 밝히려고 하는 자는 마땅히 자세히 살피고 미루어 관찰해야 한다. 빛깔을 만나고 소리를 만났더라도 각 관을 일으키지 않았을 때, 마음은 어디에 있는가? 그것이 없는가? 그것이 있는가? 이미 처소가 없어 '있다' '없다'에 떨어지지 않으면 마음의 구슬이 홀로 밝아 항상 세간을 비추고, 티끌 하나만큼의 간격도 없으리라. 단절한 모양이라곤 한 찰나 사이도 있었던 적이 없다. 게송으로 말하겠다.】

示徒【盖欲明本心者。當審諦推察。遇聲遇色未起覺觀時。心何所之。是無耶。是有耶。旣無處所。不墮有無。則心珠獨明。常照世間。而無一塵許間隔。未嘗有一剎那頃斷絶之相也。偈曰。】

성품의 땅에는 오고 감이 없나니	性地無來去
삶과 죽음을 뭣 하러 걱정하랴	何憂有死生
모든 부처님의 법을 알고 싶은가	欲知諸佛法
모든 정을 단박에 잊는 것일 뿐	祇是頓忘情

고향으로 돌아가는 국태 사미에게 주다
贈國泰沙彌還鄕

부처님은 정토의 업을 말씀하셨고	佛言淨土業
세상에서는 효를 으뜸으로 여기지	於世孝爲先
이제 떠나는 우리 스님 보내자니	今送吾師去
헤어짐 맞아 흐르는 뜨거운 눈물	臨分感涕漣

준학 사미에게 경계하며 주다
戒贈峻學沙彌

원인을 보면 결과를 판가름할 수 있고	見因能卞果
말을 들어보면 그 마음을 알 수 있지	聽語亦知心
비분강개하고 부끄러워할 줄 안다면	慷慨兼羞愧
어찌 도가 깊어지지 않겠는가	如何道不深

최 처사[대선]에게 드립니다
贈崔處士【大善】

북으로 가고 남으로 오는 나그네 　　　　北去南來客
산을 넘고 또 시내를 건너네 　　　　　　逾山又涉川
흰 구름의 한량없는 뜻을 　　　　　　　白雲無限意
세상에 헛되이 전하지 마시게나 　　　　於世莫虛傳

홍류동【부르는 운에 따라】
紅流洞【呼韻】

자줏빛 구름의 신선 세계는 깨끗해 티끌이 없고　　紫雲仙界淨無塵
말쑥한 달님에 빛과 바람이 비 온 뒤라 새롭구나　　霽月光風雨後新
바위의 꽃 어지럽게 떨어져 물결에 실려 떠나니　　巖花亂落波中去
용궁으로 보내는 한 번의 봄이 도리어 한스럽네　　却恨龍宮送一春

〈유거〉라는 시의 운을 따라
次幽居韻

작은 개울가에 새로 지은 초가집	新開茅屋小溪邉
소나무 대나무 의연한 하나의 별천지	松竹依然別一天
복사꽃 심지 않은 깊은 까닭 있으니	不種桃花深有以
혹시라도 이 소식 세간에 전해질까 봐	恐將消息世間傳

바람결에 우연히 읊다
因風偶吟

문밖의 차가운 바람이 사나운 소리 일으키더니	戶外寒風起怒聲
창문을 뚫고 책상머리의 경전을 걷어 버리네	穿窓捲却案頭經
분명 노승이 문자 보는 것을 싫어해서겠지	應嫌老僧看文字
사람마다 갖춘 본심미묘의 광명을 곧장 가리키네	直指人人本妙明

각 도우에게 보내다
寄覺道友

우뚝 솟은 저 남산이여 만장이 넘고	截[1]彼南山萬丈餘
가파른 암벽의 바위여 구름 속으로 들어갔네[8]	礧巖維石入雲虛
이제 그대의 훌륭한 문장은 보았지만	從今視汝文章大
얼굴 마주하고 논하는 것만 못하겠지	對此論之却不如

---

1) ㉠ '截'은 '節'의 오자인 듯하다.

남원 수령께 올립니다
呈南原倅

백성을 사랑하는 온화한 기운, 그 정치가 어떠한가	愛民和氣政何如
봄기운 가득한 꽃동산에 비가 막 개인 때	春滿花園雨霽初
시골 거리에 떠도는 목동과 나무꾼들의 이야기	村巷又聞樵牧語
십 년 동안 끙끙 앓던 병이 말끔히 나았다나	十年沉痾我蘇除

유 장군이 이름을 지은 곳을 지나며
過劉將軍題名處

장군이 행차한 곳 한 승려가 지나니	將軍行處一僧過
천고의 흥망이 어찌나 꿈만 같은지	千古興亡若夢何
신주에서 머리 돌리니 풍운의 변화	神州回首風雲變
천하의 상심이 이곳에 유독 짙어라	天下傷心此地多

길에서 객사한 포인 도우를 애도하며
哭抱仁道友客死途中

짝 없는 그림자 외로운 발자국 죽어 돌아오지 않네	隻影孤蹤死不返
슬픈 혼령이여 어느 곳에 있는가, 달이 삼경인데	哀魂何處月三更
이 늙은이 과거를 볼 눈이 없어 한스럽구려	老釋恨無明宿眼
불러도 무생을 설할 길이 없으니	喚來無路說無生

기성 장로에게 보냅니다
寄箕城長老

사바세계에서 즐거운 서방정토 이야기를 듣고	娑婆聞說樂西方
한결같이 돌아가고 싶은 마음 밤낮이 없어라	斷斷歸心日夜長
이치와 지혜가 모두 공한 안목을 누가 열어 줄까	誰開理智俱空眼
연꽃 피어나는 좋은 도량을 스스로 만들었네	自作蓮花好道場

회포를 서술하다
述懷

한 곡조 뽑고 머리 긁으며⁹ 이 몸을 돌아보니	一唱搔頭顧此身
승려라 하기 부끄러워라 속진을 초월하지 못했네	稱僧自愧未超塵
문자공부란 참으로 가소롭구나	文字工夫眞可笑
인간세상 오십 년을 헛되게 보냈으니	虛負人間五十春

벽송사에 도착하여 회암[10] 화상의 유적에 느낀 바가 있어
到碧松感晦庵和尙遺跡

다시 찾아와 떠돌던 지팡이를 벽송사에 기댔네	再到遊筇倚碧松
지난날처럼 밝은 달님에 또 맑은 바람	昔年明月又淸風
지금의 산에 옛날의 물, 사람은 어디로 갔나	山今水古人何去
회암 노장의 옛 공적을 말하자면 끝이 없어라	晦老前功說不窮

삼 두타[11]에게 드립니다
贈森頭陁

아상과 인상[12]의 산은 높고 욕망의 바다는 깊어	人我山高欲海深
떴다 가라앉는 일, 이 생애에서 면할 방법이 없으니	此生無計免昇沈
때때로 한가롭게 빛깔과 소리에 집착하지만 말고	時中莫着閑聲色
일상생활에서의 자네 마음을 반조해 보게	返照當人日用心

회포를 서술하다
述懷

십 년이나 흰 구름 가에 높이 누웠지만	十年高臥白雲邊
부처를 배우는 공부 오로지 하지 못했지	學佛工夫未克專
삼베옷에 나무 열매 누구의 힘인지 알기에	麻衣木食知誰力
보배로운 전자향[13]으로 성수를 축원한다	寶篆香凝祝聖烟

또
又

우리 임금님 만세를 누리시길 축원하며	爲祝吾王壽萬年
맑은 향 사르는 곳에 피어나는 상서로운 연기	淸香熱處起祥烟
사사롭게는 또 늙으신 양친이 계시기에	私門亦有雙親老
긴긴 밤 단 앞에서 다시 하늘에 호소하네	永夜坍前更訴天

기성 장로에게 보냅니다
寄箕城長老

손을 잡고 남은 회포 아직도 잊지 못해	握手餘懷尙未忘
영원산 산색이 꿈속에서 푸르구려	靈源山色夢蒼蒼
그리움에 생긴 고뇌 하나, 어느 곳에 계실까	相思一惱知何處
소쩍새 소리가 진정 애를 끊는구려	杜宇聲中政斷腸

중백운암
題中白雲

중향성[14] 찾아와 속으로 들어오니   來訪衆香城裏到
흰 구름 가운데 높은 암자 하나   白雲中有一高庵
옷깃 먼지 씻어 버리는 금사수[15]   塵襟洗滌金沙水
인간세상 잊은 그 세월이 깊어라   忘却人間歲月深

만폭동
題萬瀑洞

외로운 지팡이 멀리 금강산 길로 들어오니	孤筇遠入金剛路
만폭동[16] 소리에 새들의 길도 기우네	萬瀑聲中鳥道斜
산색은 온통 부처님 얼굴	山色無非開佛面
의연한 노송나무로 가사를 만들어 입으셨네	依然松檜作袈裟

정양사
題正陽寺

숨은 절경을 찾아 나그네 올라 보니   掩奇潛勝客搜登
한 번도 본 적 없는 절[17]의 풍광   蕭寺風光見未曾
헐성루에 올라 우뚝 서자   陟倚歇星樓上立
중향성의 산색은 층층의 옥   衆香山色玉層層

동운 장실에게 감사하며 드립니다
謝贈東雲丈室

구름 깊은 골짜기에 주옥 같은 시 날아와	玉聯飛到峽雲深
평생의 일편단심 모조리 토로하네	吐盡平生一片心
고마워라 은근한 정담 여기 있으니	多謝慇懃情誼在
비교하자면 천 길 물속보다 깊어라	校來猶勝水千尋

부모님 생각
思親

내리는 눈에 찬 바람, 새들마저 날지 않으니　　　雪落風寒鳥絕飛
지팡이 하나로 하산하여 돌아갈 방도가 없네　　　一節無計下山歸
한참이나 색동옷 춤 보지 못한[18] 우리 부모님[19]　　庭闈久闕斑衣舞
홀로 서봉을 향하자 눈물이 떨어지며 빛난다　　　獨向西峰泣落輝

잠에서 깨어
睡覺

꿈속의 나비 훨훨 만 리 길을 나서고   夢蝶栩然萬里行
돌아오는 길엔 산수가 다정도 했지   歸邊山水惚多情
오경을 알리는 싸늘한 종소리에 일어나   寒鍾五鼓聲中起
꺼진 등불 마주하고 옛 경을 읽는 승려   僧對殘燈閱古經

상월[20] 화상께 올립니다
上霜月和尙

천고의 꽃다발에 서리 내린 달밤[21]	千古雜華霜月夜
이 가을 아름다운 풍경이 꿈속에서 기이해라	一秋佳景夢中奇
누가 알까 깨고 보니 찾을 곳이 없네	誰知覺罷無尋處
고개 돌리니 온 하늘에 소쩍새 구슬퍼	回首諸天杜宇悲

새벽에 읊다
曉吟

무슨 일로 남아가 눈물을 거두지 못하나	何事男兒涕未收
맑고 그윽함에 이 마음 들어갈 방법이 없네	此心無計入淸幽
결국 조계의 곡조를 큰 소리로 뽑다가	遂將唱道曹溪曲
노래를 그친 오늘, 돌 누각에 기댄다	詠罷今霄倚石樓

흰 구름은 무슨 일로 멋대로 왔다 갔다
白雲何事自去來

늙어 가며 마음속 울적함 털어놓지 못해	老去心懷鬱未開
억지로 선문의 게송 들고 누대에 올랐네	强將禪偈上樓臺
고개 돌리니 푸른 하늘엔 끝없는 허공	回首碧落空無極
산의 구름이 제멋대로 오가든 말든	不管山雲自去來

열 도우와 이별하며 드립니다
贈別悅友

인간세상 오십 년 긴 꿈을 꾸다가	五十人間長作夢
기지개 켜고 한 번 깨니 지금은 언제지	欠伸一覺在何時
오늘 산중에서의 이별의 눈물	此日山中離別淚
분명히 이것도 꿈속에서 흘리는 것	分明亦是睡中垂

불두화 노래
詠佛頭花

뜰 앞에는 달랑 한 무더기 꽃	庭前惟有一叢花
선명한 그 색깔 꽃다발보다 낫네	其色鮮明勝雜花
신농씨는 옛날에 뭐라 이름을 지었을까	神農昔日名何作
사람들이 불정화라 부르는 게 나는 좋아라	我愛人稱佛頂花

병으로 떠나는 윤언 사미에게 주다
贈允彦沙彌病行

나이도 젊은데 어쩌다 병이 이리 깊었나	年少如何此病深
이렇게 떠나 노승의 마음을 아프게 하네	今行愁殺老僧心
자네의 만 가지 고통을 누가 뽑아 버릴까	誰拔萬般渠苦狀
대의왕[22]께서 말씀하셨지, 성스러운 관세음보살이라고	大醫曾說聖觀音

우연히 읊다
偶吟

푸른 산과 초록빛 물, 둘 다 무심한데   靑山綠水兩無心
그 사이에 사는 승려가 어찌 유심할까   僧在其間豈有心
무심할 뿐 아니라 다른 뜻도 없어   無心不啻無他意
마음 깨닫길 기대하던 공부마저 잊었네   忘却工程待悟心

최 수재에게 드립니다
贈崔秀才

재주 있는 자 용성[23]에서 그대가 유명하지	才子龍城爾有名
어린 나이에 중니[24]의 경을 알았으니	早年能識仲尼經
만약 출가해 불교를 통달케 했다면	若使出家通佛敎
해동에 드리운 지혜의 구름을 보았으리라	海東應見慧雲橫

행각하는 스님에게 드립니다
贈行脚僧

어디서 온 나그넨데 시를 달라 떼쓰는가   客自何來强索詩
십 년 세월 공부가 여기엔 있지 않네   十載工夫不在斯
구름이 가고 물이 흐르는 한량없는 뜻   雲去水流無限意
감히 거두어 우리 스님께 드릴 수가 없구려   不堪收拾謝吾師

또
又

선가에 일이 없어 누각에 홀로 기댔더니	禪家無事獨憑樓
나그네가 앞개울을 지나네, 비가 지나간 가을에	客過前溪雨過秋
환영하고 어디서 오냐고 다시 물었더니	逢迎更問來何自
만상 밖 명승지 곳곳을 노닐었다나	像外名區處處遊

총 상인을 보내며
送聰上人

반년 동안 나를 따르며 함께 진실을 논하면서　　半年從我共論眞
한결같은 맛의 헤아림에 가까움을 몇 번이나 허락　一味商量幾許親
했나
불법은 무상을 종지로 삼는다고만 말하지 말고　　休言佛法宗無相
인간세계에서 우는 대나무 인형들 다시 돌아보게　更顧人間泣竹人

윤일 사미에게 주다 [무진년(1748) 가을]
贈允一沙彌【戊辰秋】

기이한 재주와 골격과 법, 비슷한 자가 별로 없지	奇才骨法等無多
하물며 풍진세계에서 일찌감치 출가까지	又況風埃早出家
경을 전하는 중대한 일을 오로지 그대에게 기대하니	傳經大事全望汝
자네가 만약 이루지 못한다면 누가 하겠나	汝若靡成更奈何

목매어 죽은 승해 스님을 애도하며
挽縊死僧海師

지독한 병으로 고통에 신음하며 몇 년이나 보냈나   癯疾苦吟閱幾年
메마른 나뭇가지 하나 곁에 황천이 있었구려   黃泉古木一枝邊
인간세계에서 이런 이별 수없이 많았지만   人間此別雖無數
통곡하네, 우리 스님 스스로 홀연히 떠났네   痛哭吾師自溘然

인 상인에게 드립니다
贈印上人

뜻을 두고 지팡이 날려 제방 유람에 나섰는데　　飛節着意作遊方
만사 벗어나 고개 돌려보니 진정 아득해라　　離事回頭政杳茫
우습구나, 흰 구름 속 납승 하나　　自笑白雲中一衲
그대 보내며 미칠 것 같은 이내 마음　　送君心緒似顚狂

새벽의 흥취
曉興

헌당에 높이 누우니 새벽바람이 불어　　　軒堂高臥曉風吹
뜨겁던 몸 가뿐하고 시원해 절로 기쁘네　　熱體輕凉自適怡
목침을 밀치고 일어나 뜰에 홀로 서니　　　推枕起來庭獨立
한결같은 이 맑은 흥취를 누가 알까　　　　一般淸興有誰知

무신년 봄
戊申春

말세의 인심이란 통곡할 만하군	末路人心可痛哭
천지에 대경²⁵이 있는지 없는지	不知天地大經存
나처럼 버려진 물건이 장차 무엇을 하랴	如吾棄物將何事
성수 천세를 축수하며 석존께 절이나 하리	祝壽千秋拜釋尊

인 상인의 시에 차운하여
次獜上人

누가 공문[26]의 참다운 골격이고 법인가　　誰是空門骨法眞
영남에는 오직 젊은 스님 인獜뿐이지　　　嶺南惟有小師獜
이렇게 찾아와 멀리 조계의 길로 들어왔으니　今來遠入曹溪路
그 해에 하룻밤 자고 갔던 사람[27] 꼭 기억하게　須憶當年一宿人

우 상인에게 드립니다
贈愚上人

제회[28]의 아름다운 날이 어찌 우연일까	際會佳辰豈偶然
두타산 구름과 달이 온 하늘을 비추네	頭陁雲月曜諸天
좋은 인연 함께 맺은 화엄의 법회에서	良緣共結華嚴法
서쪽에서 온 소식을 전할 생각이네	消息西來想有傳

숙 범음[29]에게 드립니다
贈淑梵音

듣는 대중 즐거워하는 낙락한 맑은 음성	落落淸音樂衆聞
온 산의 구름을 한바탕 휘저은 단정한 소리	聲端搖蕩滿山雲
많은 사람이 나이 스물에 업을 이룬다지만	多君二十能成業
어산 범패로는 총림에서 홀로 무리에 뛰어났네	魚梵叢中獨出羣

환 어산에게 드립니다
贈還魚山

범음으로 능히 가르쳐 듣는 사람 놀라게 하니	梵音能敎聽者驚
옥천[30]께서 남기신 자취를 계승하여 완성하였네	玉泉遺跡繼能成
가련하구나, 물에 비친 달과 허공 꽃의 회상이여	可憐水月空花會
부처님 노래 맑은 음성이 모든 소리를 압도했도다	唱佛淸音壓衆聲

돌아가는 삼 두타에게 드립니다
贈森頭陁之歸

효도가 아니면 불도를 이룰 수 없지	非孝不能佛道成
이 말씀은 경책에도 분명하네	此言經册上分明
노승에게 말했던 원유의 가르침[31]을 자네 기억하나	陳老遠遊君記否
떠나는 자리 맞아 큰 소리로 읊고 돌아가길 권하네	當筵唱出勸歸情

종단의 임무로 영남에 부임했을 때 기성 장로와 화답하여
以宗任赴嶺南時與箕城長老相和

달려가 오른 높은 누각에서 기다려도 오질 않네 　　走上高樓待不來
산마루에 해는 기우는데 공연히 머리만 기웃기웃 　　嶺頭斜日首空擡
흐름 따라 성품을 알아차리려면 마땅히 나를 잊어야지 　　隨流認性應亡我
온 산하를 비추어 부수고는 웃으며 돌아온다 　　照破山河笑以廻

또
又

고요한 밤 텅 빈 누각에서 생각하는 바 있어도	夜靜虛樓有所思
이 마음을 어찌 귀신이 엿볼 수나 있을까	此心那得鬼神窺
말이 바닥나고 생각 끊어져 틀어잡을 콧구멍[32]도 없으니	言窮慮絶無巴鼻
부처와 조사가 어떻게 그를 부를 수나 있을까	佛祖如何喚得伊

또
又

싸늘한 창에 차가운 벽, 잠이 오지 않는 밤 窓寒壁冷夜無眠
배에 그득한 생각들은 모조리 세상사 인연 滿腹商量摠世緣
혹시라도 우리 스님이 내 속을 들여다본다면 倘使吾師知我意
부질없이 세월만 보냈다며 매우 슬퍼하리라 想應深悵度虛年

회포를 서술하다
述懷

잔잔한 개울 홈통으로 끌어 발의 먼지를 씻고	筧引潺溪洗足塵
석단에 돌아와 누우니 상쾌해지는 정신	石坍歸臥爽精神
서방정토 생각하며 다시 아미타불을 부르니	思西更唱彌陀佛
이 세상에 지음이 몇 사람이나 있을까	於世知音有幾人

유여 수좌에게 드립니다
贈有如首座

눈썹 끝 하나의 기운은 온갖 꽃 어우러진 봄　　眉端一氣雜花春
교를 설하는 한가로운 정이 이 몸에 있었지　　說敎閑情在此身
이제 다시 선을 닦으려는 의지를 일으키고서　如今更發修禪志
경전 설하던 강단을 부끄러워하는 백발의 사람　慚愧經坍白髮人

학 장실을 보내며
送學丈室

정다운 사람 송별하며 온 세상이 아파하는데 　　送別情人世共傷
자리에 임해 도리어 근심을 풀 방법 이야기하네 　　臨筵却說解愁方
돌아가면서 산하가 막혔다고 말하지 마시게 　　歸邊莫謂山河隔
눈에 닿는 것마다 옛 도량 아닌 곳 없으니 　　觸目無非古道場

이 처사[명재]의 효행편
題李處士【命載】孝行篇

그대 소매 속 부모님 섬긴 기록을 보니	看君袖裏事親篇
오직 그대만이 효도를 오로지한 인간	孝道人間子獨專
부모님을 공경히 모신 적이 없는 나	余於父母曾無敬
손을 잡고 자리에 앉으니 눈물이 흐를 듯	握手當筵淚欲漣

차운하여 여릉 스님에게 드립니다
次贈汝楞師

십계[33]가 마음에서 일어난다고 일찍이 들었는데	曾聞十界起於心
반조해 보라, 누가 그 넓고 또 깊음을 아는 걸까	返照誰知廣又深
오직 우리 스님만이 있어 나를 찾아와 묻기에	惟有吾師來問我
본래 한 물건도 없다고 그대에게 읊조린다	本來無物爲君吟

명진 화상께 올립니다
上冥眞和尙

총림의 늙은 작가인 이 분을 아는가	知是叢林老作家
삼도의 고해에서 건진 사람 많기도 하지	三途苦海濟人多
다음에도 먼저 나를 이끄실 게 분명하니	應想他時先導我
항하사 겁을 윤회한대도 두렵지 않네	輪廻不怕劫恒沙

차운을 첨부한다 附次

오색구름 속에 옥황상제[34] 집이 있어	五雲中有紫皇家
옥과 비단[35] 제후들의 공물이 많기도 하지	玉帛諸侯入貢多
관 스님 무슨 일로 조정의 신하 그만두고	冠師何事朝臣罷
도리어 항하로 가 모래알 숫자를 물을까	却去恒河問劫沙

지 선사에게 드립니다
贈知禪師

공부란 그저 빛을 돌이키는 것이라네	工夫只在廻光去
생각이 누구에게서 일어나고 경계가 어디서 일어났는가	念起於誰境起何
원래 일어난 자리가 없다는 걸 알아차린다면	若會元來無起處
걸음을 뗀 적도 없이 이미 집으로 돌아온 것이네	不曾擡步已還家

기성 사에게 화답하다
酬機性士

그런 일일랑 날 찾아와 묻지 마시게　　　　休將箇事來求我
오묘한 도는 본래 감히 말할 수 없는 것　　　妙道從來未敢言
바위 아래 천 길 물이나 한번 들여다보게　　請看巖下千尋水
천 이랑 만 굽이가 하나의 근원에서 나왔으니　萬浪千波自一源

함께 경축하는 시
同慶吟

요임금의 바람이 하늘 동쪽 바다에서 일어나	堯風吹起海天東
덕스러운 정치로 우리 임금 그 중도를 잡으셨네[36]	德政吾王執厥中
이제 또 성모께서 성자를 낳으시니	即今聖母生聖子
향 사르고 수명이 끝없길 길이 축원합니다	焚香長祝壽無窮

회포를 서술하다
述懷

종지에 대한 안목이 밝지 못한데 설법을 어찌 통달했으랴	宗眼不明說豈通
사은[37]을 누리며 한평생을 헛되이 늙었네	一生虛老四恩中
총림이여, 나를 공부한 자라 하지 마소	叢林莫謂工夫我
반연하는 마음 여전히 비우지 못해 부끄러우니	慙愧緣心尙未空

기암 성 장실이 무주암에서 재를 베푼다는 소식을 듣고 보내다【임신년(1752) 겨울】
聞機巖性丈室無住庵中設齋以寄【壬申冬】

기암이 높이 솟은 산마루 구름 가	機巖高出嶺雲濱
꼭대기에 오른 사람 보이질 않네	不見攀登上頂人
머무름이 없는 설산에서 머리에 부처님을 이고	無住雪山頭戴佛
나에게 소식 전해 주시니 그 정신에 감사드립니다	聞來貽我感精神

영남의 탄화 상인에게 드립니다
贈嶺南綻花上人

기운이 온화한 법의 하늘은 어느 곳에 많을까	和氣法天幾處多
영남에서 처음 봉우리를 터트린 상인화	嶺南初綻上人花
꽃무더기 속에서 향기로운 바람 흩날리니	雜花叢裡香風落
향기가 배어 사람들이 도의 맛을 오래 즐기네	嗅着令人道味賒

초 장실에게 드립니다
贈初丈室

성품을 회복하는 공부는 고요한 구함에 있으니	復性工夫在靜求
삼공의 경계 위에서 쌍수[38]를 일으키시게	三空境上起雙修
이치와 지혜를 몽땅 잊은 공도 오히려 병이니	渾忘理智空還病
이런 잊음조차 잊었을 때가 바로 크게 쉬는 것	忘此忘時是大休

보개산 수 장실에게 드립니다
贈寶盖山壽丈室

공부는 마음 깊은 곳을 믿음에 있을 뿐이니	工夫只在信情深
본인의 일어나고 사라지는 마음을 파악하게	看取當人起滅心
고요히 관찰해 혹 벗어남마저 벗어난다면	精觀倘得離離即
만 냥의 황금을 수용한들 어찌 방해가 되랴	受用何妨萬兩金

흠소 낭휘 선사에게 드립니다
贈欠笑朗輝禪師

웃음기 없는 그 사람 정만은 기특해　　　　欠笑渠人情特奇
미꾸라지 춤추는 이끼 낀 연못은 도모하지 않네　　不圖鰍鱔舞苔池
비늘 가다듬어 용으로 변화하는 문을 차고 오르면　脩鱗若化龍門翮
유월의 바람을 타고[39] 남쪽 하늘로 맘대로 가리라　六月南天任所之

거삼 대사가 장실에 머물며 한 이야기를 듣고 보냅니다
聞巨三大師住室之說以寄

설옹의 심법을 그대가 어찌 알랴	雪翁心法汝何知
색과 색이 원래 구속하거나 막힘이 없는 시절	色色元無拘滯時
내 일찍이 엿보길 그만둬 오히려 유감이 많나니	吾曾覷罷尙多感
심기에 임해 부디 기억하길 그대에게 권하네	勸爾臨機幸憶持

돌아가는 경화 스님에게 드립니다
贈景貨師之歸

지리산에서 아홉 차례 하안거를 보내고	九夏安居智異山
가을바람에 홀연히 생각나 고향 동산 향하네	秋風忽憶向家山
헤어지는 마당에 도중의 일일랑 묻지 말게	臨分莫問途中事
곧은길이지만 오온산은 찾기 어려우니	直路難尋五蘊山

또
又

노승의 암자를 찾아 준 스님이 고마워 　　謝師來訪老僧庵
무생곡 한 곡조를 멋들어지게 뽑았지 　　爲唱無生一曲音
부처와 조사가 빛을 돌이킨 곳 알고 싶은가 　　欲識佛祖廻光處
일상생활에서 자네 마음을 꽉 틀어줘게 　　捱撮當人日用心

회포를 서술하다
述懷

평생의 큰 욕심을 마음 밝히는 데 두고   平生大欲在明心
구름 가에 초가집 짓고 육 년을 보냈네   六載雲邊結草庵
혼침과 산란 떨치려고 혼신의 힘 다했지만   排昏遣散渾然力
다생의 깊은 업장 부끄러워라   慙愧多生障業深

또
又

추위가 두려운 수척한 몸 나무로 옷을 삼고	隈寒瘦骨木爲衣
눈이 에워싼 바위 언덕에 사립문을 닫았네	雪擁巖阿掩柴扉
범어로 된 진언을 때때로 반복해 암송하니	梵字眞言時復誦
그 가운데 소식이 현묘하고도 미묘해라	箇中消息入玄微

선래 사미에게 주다
贈善來沙彌

앞 숲에 비 개어 새 개울에 목욕하고	前林雨捲浴新溪
돌아와 맑은 창에 누우니 서방으로 가고 싶은 흥취	歸臥晴窓興欲西
사미야 경전의 문자일랑 묻지 말거라	兒僧莫問經文字
누런 잎을 돈이라며 네 울음 달래는 것[40]	黃葉爲錢誘汝啼

승려가 되길 청하는 양 수재에게 답하다
答梁秀才爲僧之求

보내온 편지 꼼꼼히 읽고 남몰래 흘린 눈물	細讀來書暗涕洟
왕손이 어느 곳이라야 오래 깃들 수 있을까	王孫何處可栖遲
공문이 비록 편안하고 한가한 땅이라 하지만	空門縱謂安閑地
종적을 감출 곳 여기가 아니라 도리어 탄식하네	却歎藏蹤不在斯

회포를 서술하다
述懷

산중의 맛있는 음식 세상사람 누가 알까	山中滋味世誰知
숲의 나물을 홀로 캐다 개울가에서 씻고	獨採林蔬洗澗湄
돌아와 돌솥에 삶아 달게 먹고 나서는	歸煮石鐺甘喫了
넝쿨 창가에 높이 누우니 지금이 몇 시일까	薜窓高臥是何時

즉흥으로 읊다 [대암에서]
即事 【在臺巖】

장맛비 막 개자 저녁 안개 드리우고	炎雨初晴夕霧橫
동천[41]에서 보내온 바람이 계곡을 헤집는 소리	洞天風送亂溪聲
숲의 신도 세속의 자취를 싫어할 줄 아나 봐	林神應解嫌塵跡
그래서 안개비 빌려다 물의 성을 만들었나 봐	故乞山霏作水城

태운 상인을 보내며
送泰運上人

함께 영산과 약수를 맑게 유람하고 　　　　靈山藥水共淸遊
게다가 경전 논하며 흥취 더욱 그윽했지 　　況復談經興轉幽
한 곡조 무생곡의 어울림 끝내지 못했으니 　一曲無生和未了
흰 구름 어느 곳에서 다시 서로 화답하려나 　白雲何處更相酬

계족산 활 선사에게 드립니다
贈鷄足山濶禪士

도를 배우려면 깨달음과 꿈이 같다는 것을 꼭 알라	學道須知覺夢同
헤아림으론 그 가운데로 들어갈 수 없다네	商量不可入其中
샘솟는 믿음에 정진의 힘을 더해야	泉湧信邊加進力
옛 동산에서 주인공을 마주하리라	故園應對主人公

호서 안 장실에게 드립니다
贈湖西岸丈室

공부란 진기⁴²를 깨닫는 걸 귀하게 여길 뿐	工夫只貴悟眞機
다만 마음의 부처를 보아 스스로 귀의하게	但看心佛自歸依
오음산 아래에서 만약 서로 만나면	五陰山下如相見
한량없는 일천 봉우리에 낙조가 빛나리라	無限千峰帶落輝

성주 사미에게 화답하다
酬性柱沙彌

물어보세, 자넨 무슨 일로 그리 열심히 시를 찾으며	問君何事索詩勤
손을 맞잡은 단 앞에서 몇 마디 말을 토하는가	握手坍前吐數言
설산에서 친히 부촉하신 뜻을 꼭 기억하고	須記雪山親囑意
네 가지 깊은 은혜 금생에 보답하리라 결심하게나	此生期報四深恩

초 선사에게 드립니다
贈初禪師

부처와 조사의 깊은 은혜에 꼭 보답하고 싶다면	佛祖深恩切欲酬
붙잡아 두기 어려운 시간을 늘 한스럽게 여기게	寸陰長恨極難留
저 차가운 개울물을 때때로 보고 듣게	時時聽看寒溪水
바다에 이르지 않았는데 어찌 쉬리오	不到滄溟肯便休

가을비가 보름이나 걷히지 않다
秋雨半月不收

개지 않는 가을비가 내린 지 오래	不霽秋霏已久時
하늘이 우리에게 노하신 게 분명해	皇天必有怒於斯
죽과 밥을 헛되이 소비한 자 오직 나뿐이니	虛消粥飯惟余在
벌할 인간으로 다시 누구를 지목하랴	厥罰人間更指誰

가르침을 청하는 활 스님에게 드립니다
贈濶師之求

성품을 회복하는 공부는 고요한 인연에 있으니	復性工夫在靜緣
무루를 관할 수 있으면 조사선이라	可觀無漏祖師禪
응어리진 마음이 혹 혼침과 도거⁴³를 벗어난다면	凝心倘得離沈棹¹⁾
모든 부처님이 어찌 눈앞에 나타나지 않으랴	諸佛如何不現前

---

1) ㉮ '棹'는 '掉'인 듯하다.

또
又

헤아림을 끊지 않고 기량만 늘리면서   不斷商量伎倆長
선을 이야기하고 교를 설하니 어찌 합당하랴   談禪說敎肯相當
우리 스님 뱃속에 지금 병이 많으니   吾師肚裏今多病
다시 다른 산으로 가 약방문을 물으시게   更向他山問藥方

일 장실에게 드립니다
贈日丈室

생사를 대적할 지혜와 깨달음 없다면 　　　　慧覺如無敵死生
이 몸이 마땅히 부처님의 신명을 빌려드리리 　　此身宜借佛神明
자비로운 방편은 진실한 마음이라야 얻을 수 있으니　悲提可以誠心得
밤낮으로 만고의 덕과 명성일랑 잊어버리게 　　　晝夜休忘萬德名

관 도우에게 드립니다
贈舘道友

견문을 따르는 곳에서 헛됨과 현묘함 관조하면　　見聞隨處照虛玄
이것이 바로 예로부터 부처와 조사의 선　　　　　此是從來佛祖禪
혹 말이 바닥나고 마음의 길이 끊어지게 되면　　倘得言窮心路絕
구름 사라진 가을 하늘에 보름달이 뜨리라　　　　秋空雲斷月當天

선문으로 들어온 휘 장실에게 감사하며

【제3구, 사문과에 주저앉으면 사문이라는 옷을 걸친 이류이다.】

謝徽丈室入禪【第三句。得坐沙門果。被衣沙門異類。】

   일찌감치 다른 곳으로 떠났다 말년에 비로소 돌아왔으니   早逝他方晚始廻

   옛 동산의 복사꽃 자두꽃이 몇 번이나 헛되이 피었던가   故園桃李幾虛開

   주저앉으면 노인이라는 옷을 걸치는 것임을 반드시 알아야   須知得坐被衣老

   극락과 사바세계를 맘대로 오가리라   極樂娑婆任去來

동산 심 장실에게 보냅니다
寄桐山心丈室

간밤에 가을비가 성근 오동잎을 때리더니   夜來秋雨滴踈桐
깜짝 놀라 일어나 선창에서 잠을 깨우는 노인   驚起禪窓打睡翁
이 가운데 소식을 그대는 알겠는가   此中消息君知否
방울방울 거기로 떨어지지 않는 게 없다네[44]   點點無非落箇中

스스로 불을 때다
自爇

추위가 닥쳐 아궁이에 불 때니 매캐한 연기   寒來爇竈竈烟昏
노인의 두 뺨엔 줄줄이 흐른 눈물 자국   老淚橫成兩頰痕
말년에 살림살이가 초라하다 말하지 말게   休謂暮年生計薄
이 가운데 늘어진 맛을 말로는 할 수 없으니   箇中滋味不堪言

봄비
春雨

창 앞에 흐르는 개울, 새로운 소리를 알리고	窓前流澗報新聲
만 골짜기에 구름 깊던 비가 막 개었네	萬壑雲深雨乍晴
밭고랑에서 들은 농부의 말을 빌리자면	借聞壠上耕夫語
들판 보리도 산의 꼴도 다 풍성해진다나	野麥山牟盡向榮

심인 스님에게 드립니다
贈心印師

바름을 살피는 공부에서는 말길이 끊어지고	審正工夫言路斷
신령한 성품 살피자면 마음 작용이 소멸하지	諦當靈性滅心行
그저 발걸음 따라 무념을 관하게나	但從脚下觀無念
산하대지가 본래의 밝음을 드러내리니	大地山河露本明

또
又

마음이여 생각도 없고 또 형상도 없나니	心兮無念復無形
생각이 일어나고 형상이 생기는 건 하나의 망정	念起形生一妄情
이 생각과 형상이 허깨비와 같음을 관찰하면	觀此念形如幻法
이 가운데 소식이 저절로 분명하리라	箇中消息自分明

기성 장로의 병든 책상에 보냅니다
寄箕城長老病案

어린 아이가 찾아와 몸이 편치 못하다고 알려 주니	小童來報體違和
인간에겐 온갖 병이 많은 게 너무나 한스럽구려	應恨人間衆病多
병중에 병들지 않는 소식을 스님이 말한 적 있으니	病中不病師曾說
무생곡 한 곡조를 큰 소리로 불러 보시게	爲唱無生一曲歌

뜰에 핀 꽃
庭花

신선의 꽃 한 떨기가 마당 귀퉁이에 기대어	仙花一朶倚庭隈
만물의 그윽한 회포를 잡아다 이곳에 풀어놓네	攬物幽懷到此開
손으로 쓰다듬지만 누가 알까 공이 곧 색임을	手撫誰知空卽色
생각으로 헤아려 단멸한다 영원하다 논하지 말라	商量莫作斷常來

오언율시
五言律詩

벗과 함께 도솔암에 오르다 【가운데 2연은 전각이다.】
携友上兜率【中二聯前却】

도솔암으로 가는 길	兜率庵前路
스님 따라 좋은 놀이 나섰네	從師得勝遊
돌에 앉자 구름이 소매에 가득하고	坐石雲盈袖
솔에 기대자 이슬이 머리에 떨어진다	倚松露滴頭
작은 개울에는 태고의 소리	小溪聲太古
푸른 봉우리엔 맑은 가을빛	靑嶂色淸秋
서로 바라보며 나눈 이야기	相看談底事
온 천지가 하나의 물거품이라네	天地一浮漚

성 상인에게 드립니다
贈成上人

내 한량없는 뜻을 읊어	我吟無限意
젊은 스님 성에게 분부하니	分付小師成
가르침 청할 때는 모름지기 자신을 낮추고	對乞須傾己
경전을 마주할 때는 또 온 정성을 다하라	臨經且盡誠
관행을 빌려 분명하게 이치로 들어가고	借觀明入理
현상을 따르면서도 정을 잊는 걸 배우게	隨事學忘情
그런 다음 연꽃 가득한 극락세계로	然后蓮花界
나를 함께 데리고 가 주게나	携我共登程

병을 앓는 일 도우에게 보냅니다
寄一道友病中

백장산 한가운데 절	百丈山中寺
오직 스님 생각하며 홀로 읊나니	惟師想獨吟
병은 가을 들어 나을 만하고	病仍秋可療
정은 도로부터 깊어졌겠지	情自道應深
한밤 내내 그대 생각하다 보면 새벽	夜永思君曉
매미들 싸우며 꿈을 어지럽히는 소리	蟬爭亂夢音
참된 면목을 돌이켜 관찰하게나	返觀眞面目
어찌 신선의 흉금을 접대하려나	何待接仙襟

눈의 노래
詠雪

허공에 흩날리는 송이송이 눈	飄空點點雪
메마른 나무에 꽃 지는 소리	枯樹落花聲
집집마다 어둠을 부수고	能破家家暗
곳곳마다 밝음을 여는구나	且開處處明
밤이면 서생의 독서를 돕고	夜助書生讀
거리에 유랑자가 넘치게 하지만	衢成浪子爭
아무리 그 빛이 옥과 비슷해도	縱然光似玉
등이나 병으로 만들 방법이 없네	無計作燈瓶

청류정
聽流亭

맑은 개울가로 걸음을 나서	步出淸溪上
거닐자니 한가한 흥취가 이네	倘[1]徉逸興生
저녁 정자엔 말끔한 풀 빛깔	晩亭晴草色
외로운 절엔 저녁 종소리	孤寺暮鍾聲
언덕에 기대자 때 묻은 가슴 맑아지고	倚岸塵胸淨
흐르는 물 굽어보자 밝아지는 뜨거운 눈	臨流熱眼明
사방에 산을 둘러 세상과 격리시키고	四圍山隔世
하늘이 범천왕의 성을 쌓았구나	天築梵王城

---

1) 역 '倘'은 '徜'의 오자인 듯하다.

해바라기
葵花

해바라기 몇 떨기 자라	有葵生數朶
피고 지는 작은 뜰	開落小庭間
색을 싫어해 비록 눈은 감아도	厭色雖遮眼
그대를 사랑해 빗장을 닫지 못하네	憐渠不掩關
솟아오른 요임금의 해를 환영하는 꽃	花迎堯日出
돌아온 순임금의 바람에 춤추는 잎	葉舞舜風還
만물 역시 충의의 뜻을 머금었네	物亦含忠意
바라보자니 이 얼굴 부끄러워라	相看愧此顔

심원토굴
深源土窟

바위에 붙여 토굴을 짓고	土室憑巖築
창문을 여니 누각을 대신하는 바위	開窓石代樓
뜰에 가득 기이한 풀들 만발하고	滿庭奇草發
집 주위로 떠도는 상서로운 구름	繞屋瑞雲浮
뒷밭엔 약초를 심기 딱 좋고	後圃宜栽藥
앞 못엔 배라도 띄우겠네	前潭可泛舟
다시 한량없는 풍경을 거두려고	更收無限景
벗을 이끌고 맑은 흐름을 노래한다	携友賦淸流

보괴 두타에게 드립니다
贈寶乖頭陁

그대여 여기서 떠나면	問君從此去
정병과 석장을 어디에 걸 건가	瓶錫掛何間
발 아래엔 쌍계동이고	脚下雙溪洞
지팡이 곁엔 구월산이겠지	節邊九月山
또렷한 눈으로 부처님 세계 관찰하고	眼醒觀佛境
고요한 마음으로 선단을 지키게나	心寂執禪坍
그리고 연화세계로 가고 싶거든	欲向蓮花國
아미타불을 자세히 살피게	彌陁仔細看

회포를 서술하다
述懷

구속 없이 소일하며	踈逸無拘撿
평생 맘대로 다녔네	平生任意行
자비의 구름 경계 따라 일어나고	悲雲隨境起
마음의 달이 허공을 비추며 밝아	心月照空明
속세에 있어도 좋고 싫음 없었고	在俗無欣厭
진계에서도 기뻐하거나 놀라지 않았지	於眞不喜驚
부처님 계신 하늘이 서쪽 끝에 있어	佛天西極在
허공의 음악이 상상 속에서 울린다	空樂想中鳴

강의를 그만둔 후 조용히 살면서 회포를 서술하다
罷講後幽居述懷

옛사람들의 말씀을 기억해	記得前人語
일천 봉우리에서 홀로 문을 닫았네	千峰獨閉門
송홧가루로 굶주림을 달래고	慰飢松有密
혼탁함 없는 개울로 목마름 그치며	止渴澗無渾
현묘함 속의 뜻을 스스로 즐기나니	自樂玄中旨
어찌 알음알이로 떠들며 고생하리오	何勞意上言
다행스럽게도 지기가 있으니	幸然知己在
반야라는 좋은 산이 높도다	般若好山尊

해 선사에게 드립니다 【아래 2수는 강의를 그만둔 후에 지었다.】
贈海禪師【此下二首罷講時】

어쩌다 만년에 서로 알게 되었을까	何事晚相知
우리 집안에서 기특한 이 보았네	吾家見特奇
푸른 눈동자는 교를 담론하는 나날	靑眸談敎日
희끗한 머리카락은 선문으로 들어가는 때	黃髮入禪時
부처님의 경계를 자네는 꼭 기억하게	佛誡君須記
나는 스승의 잠언을 굳게 지킬 생각이니	師箴我欲持
뜻대로 향하는 바를 달리하니	縱然殊所向
어찌 깊은 그리움이 있으리오	其奈有深思

향산 봉 상인에게 드립니다
贈香山鳳上人

남쪽으로 찾아와 알아차린 일들을	南來知底事
주절주절 늘어놓다 온갖 고초를 맛보았지	瑣瑣喫艱辛
오늘 달밤엔 방장산에서	方丈今霄月
작년 봄에는 조계산에서	曹溪去歲春
무상하단 생각에 강의를 그만두었지만	講輟無常意
그대와의 아쉬운 이별에 근심이 생기는구려	愁生惜別人
부처님의 덕을 외롭게 한다고 말하지 말게	莫言孤佛德
벽을 관하는 것이 바로 참다운 인이니	觀壁是眞因

기성 장로의 시에 차운하여
次箕城長老

옛 절에는 등불이 꺼진 밤	古寺殘燈夜
소리소리 부처님 부르는 소리	聲聲唱佛聲
들으면 뛸 듯한 기쁨이 많아지고	聽來多慶躍
생각하면 깊은 정성이 일어나네	思去起深誠
극락국에 비록 뜻이 없다지만	樂國誰無意
연화세계에 영혼을 기탁할 수 있으니	蓮花可托靈
여러 불자들에게 부탁하는 말은	寄言諸佛子
나를 끌고 꼭대기로 올라 주길	携我上頭程

구월산 안 장실에게 드립니다
贈九月山安丈室

종지를 쫓자면 걸음을 멈춰야지	趂指宜停步
어쩌자고 이곳까지 찾아왔나	如何到此間
술잔 하나로 바다를 건넜겠지	一盃應渡海
외로운 석장은 또 산을 몇 개 지났을지	孤錫幾經山
조석으로 향로에 향 피우는 의리는 중하고	義重爐香夕
강단에서 설하고 듣는 인연은 가벼우니	緣輕說聽坍
돌아가는 길에 조심하고	善爲歸去路
마음을 찾아 살피길 간곡히 부탁하네	叮囑覔心看

은 도우에게 드립니다
贈旵道友

그대를 보내면서 글자 없는 시를 지어	送君題沒字
손을 끌고 길게 읊조려 본다	携手起長吟
말이 있으면 돌아갈 길을 알고	有語知歸路
말이 없으면 본래 마음을 보게나	無言見本心
얕은 여러 가르침도 혹 의심하는데	倘疑諸敎淺
심오한 교외별전을 어찌 알겠나	焉識別傳深
망정이 끊어진 자리를 돌이켜 사유하면	返思情斷處
바람이 초록빛 버들의 그늘을 털리라	風拂綠楊陰

평 장실의 시와 서에 답합니다
答平丈室詩及序

담무갈[45]의 회상에 참여하고 싶어	欲叅無竭會
중향성을 찾아 여기에 이르렀네	來到衆香城
물을 굽어보며 때 묻은 생각을 씻고	臨水消塵慮
산을 바라보며 도의 마음 일으켰네	看山起道情
편지라고 어찌 선의 맛이 적으랴	書何禪味薄
노인의 눈을 번쩍 뜨이게 만드는 시	詩使老睛明
서방으로 돌아가는 노래 너무 고마우니	多謝歸西曲
지음은 바로 그대 우평이로다	知音汝宇平

금강산에 올라
登金剛山

하늘은 왜 멋진 경치를	天何將勝槩
모조리 이 산에게 주었을까	都付此山中
첩첩 봉우리는 천 층의 옥이요	疊嶂千層玉
날아가는 폭포는 만 길의 무지개	飛泉萬丈虹
늙은 소나무에는 숱한 학의 둥지	古松多鶴穴
그윽한 계곡에는 늘어선 선찰	幽壑列禪宮
비로소 깨닫겠네, 가없는 풍경은	始覺無邊景
해동에서만 제일이 아니로다	非徒擅海東

정양사
題正陽寺

산비가 내린 후 지팡이 하나로	一筇山雨後
홀로 정양루에 올랐네	獨上正陽樓
검고 하얀 일천 봉우리 수려하고	黑白千峰秀
높고 낮은 일만 골짜기 계곡물	高低萬壑流
바위와 솔에 안개 자욱한 밤	宿霧巖松夜
옥의 궁궐에 구름이 상서로운 가을	祥雲玉闕秋
옛적부터 제불의 회상이라 일컬은 곳	古稱諸佛會
향을 사르고 허리 굽혀 절합니다	香蓺拜傴僂

홀로 살다
獨居

문을 닫고 서교[46]를 연구하다	掩戶究西敎
잠을 떨치려 잠깐 문을 열었더니	排睡暫開門
먼 봉우리엔 숲이 반들거리는 빛깔	遠峰林潤色
그윽한 오솔길엔 비 내린 흔적	幽逕雨餘痕
골짜기 안개는 바람 따라 걷히고	谷霧隨風捲
산 개울은 바위에 부딪쳐 시끄럽네	山溪觸石喧
이 가운데 사람이 혼자 사니	箇中人獨在
성왕의 은혜가 너무도 감사해라	多感聖王恩

작열하는 태양
熱日

허공마저 태우는 두려운 태양	燒空當畏日
이글거리는 불꽃이 남쪽에 있네	流火在南方
서 있는 봉우리는 취했나 싶고	立嶂疑含醉
치달리던 개울도 광기가 멈춘 듯	犇溪似歇狂
찌는 열기에 풍성하던 풀이 시들고	氣蒸豊草落
쏘는 햇살에 늦게 핀 꽃들은 상처투성이	光射晚花瘡
산중의 절에서도 고민이 많아	山寺亦多悶
소나무 주렴을 걷지 못하는 법당	松簾不捲堂

혜 선사에게 보답하며
賽慧禪師

현묘함을 찾는 이야기 찬찬히 듣다가	細聽搜玄話
너무도 기뻐 병든 눈이 번쩍 뜨이네	欣然病眼晨
소리에 즉하면 망상에 집착한 건 아닐까 싶고	即聲疑執妄
색깔을 벗어나면 진실에 미혹할까 걱정인데	離色恐迷眞
말쑥한 달에 고향 동산이 아름답고	霽月家山好
빛과 바람에 면목이 새로워라	光風面目新
허공을 나는 새의 자취를 한번 보게나	請看空鳥跡
중생도 부처도 그 가운데 티끌이라네	生佛箇中塵

달원 상인에게 드립니다
贈達原上人

헤어지는 마음 이야기하지 말게	莫說相分意
새로운 시름 내 마음에 일어나니	新愁起我心
어지러운 푸른색 천 봉우리가 첩첩이고	亂靑千嶂疊
하늘의 푸른색 개울 하나가 깊구려	虛碧一溪深
이별의 아쉬움은 선가의 규칙 아니지	惜別非禪術
공을 관하라고 성인께서 경계하셨지	觀空是聖箴
하지만 원망스러움 너무도 많아	雖然多所悵
구름 낀 봉우리를 손을 잡고 내려간다	携手下雲岑

성학 사미에게 차운하여 주다
次贈聖學沙彌

성불하는 길 알고 싶은가	要知成佛道
꼭 육근과 육진을 관조하라	恰恰照根塵
오늘의 일⁴⁷을 짓지 말거라	莫作今日事
옛날 사람⁴⁸ 만나기 어려우니	難逢舊時人
가련하구나, 개미의 꿈⁴⁹	可憐蟻子夢
옥루의 봄을 헛되이 저버리네	虛負玉樓春
서쪽으로 돌아가는 길을 또 가리켜 주랴	且指西歸路
붉은 연꽃은 덕의 강가에 피느니라	蓮紅德水濱

재차 강의를 그만두고 【기묘년 겨울】
再罷講【己卯冬】

경전 열람한 것 그 세월 얼마던가	閱經何歲月
귀밑머리의 청춘만 공연히 낭비했네	空費鬢邊春
험한 인심을 알기에 병을 내세우고	托病知人險
세상의 분분함이 싫어 종적을 감춘다	藏蹤厭世紛
골짜기 바람은 때맞춰 찾아 주는 벗	谷風時至友
소나무에 달님은 저절로 오는 손님	松月自來賓
선정 가운데 지기가 있으니	定中知己在
도를 기뻐하며 서로 가까이하리라	於道喜相親

칠언율시
七言律詩

병중에 회포를 쓰다
病中書懷

삭발하고 한 공부 스스로 분명하지 않은데	剃髮工夫自不明
이 몸은 무슨 일로 헛된 명성을 얻었나	此身何事被虛名
서산에 지는 해는 근심스러운 모습	西山落日愁邊色
옛 절의 싸늘한 종은 눈물 흘리는 소리	故寺寒鍾淚下聲
황금의 부처님 탁자에 부끄러워라, 계를 지키지 못했고	黃金佛榻羞無戒
백발의 훤당[50]에 한스러워라, 정성을 다하지 못했네	白髮萱堂恨少誠
하물며 북극성[51]에 목숨을 바치지 못했으니	況乏北宸輸盡命
넝쿨 창에 차가운 달빛 그 정을 감당치 못하겠네	薜窓寒月不堪情

내원암
題內院菴

이 명당에 터를 잡고 보낸 세월 몇 년인가　　　　卜此名區閱幾年
먼 산에 깊은 계곡, 속세 인연과 격리되었지　　　遠山深水隔塵緣
일찍이 호리병 속 세계에 해와 달이 뜬다[52]고 들었는데　　　曾聞日月壺中界
지금 만상을 벗어난 하늘의 바람과 안개를 본다　　　今見風烟像外天
계곡의 바위, 창에 가까워 잠잘 때 베개로 쓸 수 있고　　　溪石近窓眠可枕
소나무의 구름, 울타리로 들어와 앉을 때 자리삼기 좋네　　　松雲入檻坐宜筵
난간에 기대 금강의 게송을 노래하고 나자　　　憑欄詠罷金剛偈
흐뭇해지는 마음의 회포, 이게 신선이 아닐까　　　怡悅襟懷不是仙

단비
喜雨

앞개울의 물소리 새로운 울음 격동하고	前溪水響激新鳴
하늘이 남풍을 내리시니 좋은 빗소리	天降南風好雨聲
호미질 하는 촌 노인의 가락 즐거워라	野老鋤頭歌有樂
소 등에 탄 목동의 노래 다정도 하지	牧童牛背唱多情
방울방울 시들어 가던 싹들을 틔우며	滴滴能抽殘苗發
부슬부슬 저녁 구름을 스스로 쫓네	霏霏自逐晚雲橫
상림의 혜택[53]이 우리 임금님 덕이니	桑林惠澤吾王德
성수를 축원하는 해바라기 마음[54]을 누가 기울이지 않으리오	祝聖葵心孰不傾

우 생원[범숙]의 시에 차운하여
次禹生員【範淑】

역동[55]께서 남기신 자취 몇 해나 열람했나	易東遺跡閱何年
도가 있는 집안의 명성을 그대가 전하리라	有道家聲子得專
사람이 갖춰야 할 지조와 절개 어찌 뒤지리오	操節在人寧爲後
세상에 대한 식견과 문장 앞설 자가 없지 싶네	識文於世想無前
청산에 뜻을 두어 선의 벗을 찾아오고	靑山有意尋禪友
뜬세상에 무심하여 옛글이나 좋아하네	浮世無心好古篇
손을 이끄니 길이 다른 사람이라며 싫어하지 마소	携手莫嫌人異路
부자께서도 흐르는 시내를 노래했다[56]고 일찍이 들었으니	早聞夫子詠流川

안장에서 운을 부르다
鞍匣呼韻

방정한 형태 어찌 그 하늘을 본받지 않았으랴	方形胡不法其天
네가 떨어지면 우산의 눈물[57]이 강물 같으리	爾隆牛山淚若川
진나라 땅 길은 멀어 유방은 말에 싣고	秦地路遙劉載馬
초나라 강 바람 급해 항우는 배에 숨겼지	楚江風急項藏船
신생[58]의 들판 부들은 뒤에 있는 게 마땅하지만	申生野蒲宜居後
한왕의 용 비늘[59]이 어찌 앞에 있을까	漢武龍鱗豈在先
예부터 탄탄한 안장 끈은 참으로 귀했으니	自古莊纓眞可貴
누가 술을 받아 목을 축여 주려나	誰將沽酒欲沾咽

삼가 『서난록』[60]에서 송운 화상을 찬양한 시의 운을 따라
謹次舒難錄讚松雲和尙韻

쓸모없는 납자, 동우[61]를 철옹성으로 바꾸고 　　　弊衲東隅換鐵城
사내대장부의 충의가 이 몸과 함께했네 　　　丈夫忠義此身幷
사나운 비에 옷 젖어 가며 외로운 돛대로 먼 나라 가고 　　　衣沾醜雨孤帆遠
말이 통하지 않는 원수의 성난 쓸개를 우습게 여겼도다 　　　語折雠人怒膽輕
그저 사직에 대한 근심에서 나온 지조와 절개 　　　操節只從憂社稷
마음에 어찌 공명을 바람이 있었으랴 　　　襟懷豈在戀功名
돌아와 임금님과 한자리에서 기뻐하니 　　　歸邊一席君王慶
보라, 요임금의 바람 순임금의 태양이 밝았도다 　　　試看堯風舜日明

각 도우에게 보냅니다
寄覺道友

고산곡[62] 크게 부르니 누가 이 노래를 알까	唱出高山孰解吟
백 년 세월 온 천지에 지음은 그대뿐	百年天地爾知音
숲의 새들은 풍진 나그네의 꿈을 깨우고	林禽喚夢風塵路
산마루 달은 패수[63]의 그늘로 마음을 이끈다	嶺月牽情貝樹陰
북쪽 골짜기 구름 새장에 엎드린 줄무늬 호랑이	北峽雲籠斑虎伏
남쪽 바다 고요한 물속에 잠긴 오색의 용	南溟水靜彩龍潛
날아오르고 포효할 날 언제쯤일까	騰去振吼期何日
부디 도에 깊이 계합한 상문[64]이 되길	願作桑門道契深

〈둥근 등불〉이란 시의 운을 따라
次圓燈韻

평평한 배에 둥근 형태 어찌 바가지와 비슷하랴 　　平腹圓形豈似瓠[1]
입으로 기름 심지를 삼키니 불꽃이 피어나는 싹 　　口吞油炷火生苗
바탕에 혐오스러운 덕이 없는 글 읽는 선비요 　　　素無嫌德猶書士
원래 공명을 탐하지 않는 사당의 고양이일 뿐 　　　元不管功只社猫
몸 전체는 징이나 땡땡이를 방불케 하고 　　　　　全身彷佛錚鼗狀
반쪽은 흡사 무지개의 허리인 듯 　　　　　　　　半面依然蝃蝀腰
산창의 어둠을 부수는 데 뭣하러 달을 기다리랴 　　破暗山窓何待月
이 등이 밝은 곳에서는 밤이 후딱 도망가네 　　　　此燈明處夜潛逃

---

1) 역 '瓠'은 '瓢'의 오자인 듯하다.

묘향산으로 가는 상월 화상께 올립니다
呈霜月和尙妙香行

푸른빛이 아름다운 밝은 산으로 멀리 향하시니	遠向明山好翠微
자비로운 덕과 잠시 떨어지는 것 감당치 못하겠네	不堪慈德暫相違
금강산으로 가는 길에 원교의 법륜이 구르고	金剛路上圓乘轉
묘향산 꽃밭 주변엔 보배 버선이 분주하겠지요	香嶽花邊寶襪飛
용과 신들이 기다리며 기뻐할 선사들의 탑	龍神喜待先師塔
원숭이와 학이 헤어지며 슬퍼할 제자들의 사립문	猿鶴愁分弟子扉
분명 북해에는 비단잉어가 많지 싶으니	應想錦鱗多北海
몇 년이나 낚싯대 드리우고 돌아올 날 잊으실지	幾年垂釣却忘歸

〈거미〉라는 시의 운을 따라
次蛭¹⁾蛛韻

비단을 짜는 물건이 한 면에 매달려	有物張羅一面懸
뭔가 얻을 요량으로 하늘과 땅을 왔다 갔다	志求從地又從天
신성이 그물을 짤 수 있다는 건 비록 알지만	縱知神聖能成網
화옹이 서까래를 단청할 수 있다는 건 누가 믿을까	誰信華翁得畫椽
그림자 어른거리면 매번 꽃 밖의 나비를 엿보고	影落每窺花外蝶
소리가 들리면 그저 빗속의 매미를 기다리네	聲來只待雨中蟬
서릿바람이 오래지 않아 만물을 갈무리하리니	霜風不久藏諸品
아! 그대여 솜씨와 마음 부질없이 뽑아내지 말라	嗟爾機心莫謾牽

---

1) ㉭ '蛭'은 '蜘'의 오자인 듯하다.

문 도우의 시를 차운하여
次文道友軸

몇 천 리이던가, 망망한 바다	幾千餘里海茫茫
황금의 문장을 몽땅 궁구하고 싶어	欲悉金章可得量
취령[65] 지는 꽃에 오히려 한을 품고	鷲嶺落花猶有恨
죽림[66] 싸늘한 달에 또 아픔도 많았지	竹林寒月亦多傷
선의 강가에서 돌은 늙고 물결도 저무는 저녁	禪河石老波流晚
보리수에는 가을이 시들어 우수수 떨어지는 잎	覺樹秋殘葉墜忙
근심 속에서 다행히 천 년 만에 그대를 만났구려	愁裡幸逢千載爾
직접 감로수 들고 호장으로 들어왔네	自將甘露入湖長

가르침을 청하는 연 장실에게 드립니다
贈演丈室之求

못난 나에게 의탁한 지도 삼 년의 세월	托來無似歲三周
법을 묻는 당 앞에서 답하지 못해 부끄럽네	問法堂前愧未酬
때로 도를 노래하며 경전을 마주한 눈	唱道有時經對眼
종일 선정에 들어 납의를 덮어쓴 머리	入禪終日衲蒙頭
마음을 논하고는 이미 무리를 초월한 기상을 허락했는데	論心已許超倫氣
손을 잡고는 이제 아쉬운 이별의 슬픔을 안겨 주네	握手今將惜別愁
만약 노승을 지기의 벗으로 삼고 싶다면	若作老僧知己友
옛 부처의 깊은 속내를 다시 찾아보게나	古佛深懷更轉求

⟨그윽한 흥취⟩라는 시의 운을 따라
次幽興韻

홍진 속 십 년 세월 금어[67]를 사양하고	紅塵十載謝金魚
솔 사립에 손님의 수레가 서 있는 것 보지 못했네	不見松扉住客車
때로 석단에 기대 한가롭게 시나 읊고	時倚石坍閑詠句
다시 채마밭 올라 설렁설렁 호미질	更登蔬圃懶携鋤
창 앞에 떨어지는 그림자는 꽃을 머금은 새	窓前影落含花鳥
정강이 무는 멧돼지를 쫓는 정적 속 고함	靜裡聲摧嚙脛猪
납의를 털고 달콤하게 한잠 자면	移拂衲衣甘一睡
건곤이 정처 없는 하나의 폐허	乾坤無定一丘墟

천주봉에 올라
上天主峰

지리산 높은 줄기 그 웅장한 산세	智異高岡體勢雄
하얀 봉우리 멀리 흰 구름 속에 꽂혔구나	鵠峰遙揷白雲中
까마득한 절벽엔 발을 디디기 어렵고	崖懸壁絕難容足
급한 물살 위험한 비탈 지팡이도 못 믿겠네	水急磴危未信筇
머리 돌리면 북극성이라 하늘이 어찌나 가까운지	回頭北極天何近
휘휘 둘러보면 남쪽 바다라 땅도 여기서 끝이구나	聘目南溟地即窮
숨겨 둔 기이한 절경을 다 거둘 수 없어	潛勝掩奇收不得
아득히 말을 잊고 바위 소나무에 기댄다	杳然無語倚巖松

감로사 수도 판상의 운을 따라
次甘露寺修道板上韻

이곳이 명승지란 소리 일찍이 듣고도	此地曾聞說勝區
십 년 만에 오늘 맑은 놀이 하게 되네	十年今日得淸遊
뜰 앞에는 이슬에 젖은 온갖 꽃들의 얼굴	庭前露濕諸花面
난간 밖에는 구름 짙은 만 봉우리의 머리	檻外雲濃萬嶂頭
승려들은 부처님을 관하며 때때로 선정에 들고	觀佛有時僧入定
나그네는 산을 사랑해 종일 누각에 오른다	愛山終日客登樓
이곳 풍광에서 유독 많아지는 흥취	風光於此偏多興
십주[68]의 절경은 물어 무엇 하랴	絕境如何問十洲

홍 남원께 받들어 올립니다
奉呈洪南原

풍류를 즐기시는 태수 옥당의 신선이라	風流太守玉堂仙
많은 선비들이 앞다퉈 문을 오르네	多士登門恐未先
매각[69]에서 직접 우국의 근심을 거느리고	梅閣自將憂國慮
금헌[70]에서 때로 애민의 현을 연주하시니	琴軒時彈愛民絃
어느 세월에 대궐의 계수나무를 오르실까	何年禁掖能攀桂
이른 나이에 요직에서 이미 시작한 채찍질	早歲要津已着鞭
어찌 호계의 삼소[71]를 그만둘 수 있겠습니까	安得虎溪三笑罷
억지로 소구[72]를 읊어 인편에 전합니다	强吟踈句寄人傳

향산 관 장실의 시에 차운하여
次香山關丈室

그 집안의 본래 청정한 성품을 배워 체득하고는	學得渠家本性淸
또 이렇게 맛있는 음식을 사람들에게 대접하시네	且將滋味向人傾
공을 이야기하지만 천차의 빛깔을 벗어나지 않고	談空不外千差色
현상을 설하지만 어찌 만별의 소리를 따르리오	說事寧隨萬別聲
말세에는 현자가 숨는다고 누가 말하는가	叔季誰言賢者隱
캄캄한 거리에 비로소 조사의 등불이 밝았구려	昏衢始看祖燈明
줄곧 법을 한탄하며 한스러움 끝이 없었는데	由來歎法無窮恨
다행히 우리 스님 덕분에 조금 평안해졌다오	幸借吾師得少平

다시 앞의 운을 써서 송별하다
復用前韻送別

뜰의 오동은 가을 들어 절개가 더욱 맑은데	庭梧秋入節新淸
이별의 회포를 잡아 나에게 쏟지 말게	莫把離懷向我傾
떠도는 아들은 천 리 길 손을 한스럽게 놓고	遊子恨分千里手
철지난 매미가 석양의 소리로 울며 보낸다	寒蟬啼送夕陽聲
높고 낮은 하나의 길 서산은 멀고	高低一路西山遠
피차 깊은 속내 좋은 달만 밝아라	彼此深懷好月明
어느 곳 허허롭고 한가한 맑은 봉우리 속에서	何處虛閑靑嶂裡
바랑 발우 높이 걸고 한평생을 보낼까	共懸囊鉢度生平

종단의 임무로 영남에 부임했을 때 기성 장로와 서로 화답하다
以宗任赴嶺南時與箕城長老相和

역로의 가을바람 함께 고초를 겪고	驛路秋風共苦辛
숙연의 과보인 곳에서 미래의 원인을 맺으니	宿緣酬處結來因
연화국토 극락세계에선 나를 분명 완성시키리라	蓮花世界應成我
감인국토 인간세계에선 좋은 이웃이 되어 주시네	堪忍人間好作隣
때때로 손을 끌어 보면 그 말씀 싫지 않고	携手有時言不厭
종일 마음 논해 보면 그 도가 서로 가까워	話心終日道相親
산란함 없는 곳으로 돌아가는 스님의 일념을 알게 되니	知師一念歸無亂
한평생 잘못 살아온 이 몸이 도리어 부끄럽구려	却愧生平誤此身

또
又

헛되게 인간세계에 던져진 오십 년 세월　　　　虛擲人間五十春
오경의 꺼진 촛불에 홀로 상처 입은 정신　　　　五更殘燭獨傷神
마음 관하며 스스로 부끄러워하는 모래를 찌던 　 觀心自愧蒸沙客
나그네[73]
뜻을 궁구하며 깊이 부끄러워하는 밥을 설명하던 　究義深慚說食人
사람[74]
받들어 순응하면 한량없는 기쁨이 쉽게 생기지만 　承順易生無限喜
마주해 위반하면 남은 분노를 억누르기 어렵지　　對違難抑有餘嗔
참된 근원을 믿지 않고 스님은 왜 물을까　　　　眞源信不師何問
반조하는 가운데 마음의 눈물이 수건을 적시네　　返照中情涕滿巾

또
又

오온의 집 가운데 주인이 있어　　　　　　　　五蘊家中有主人
오가는 종적 찾을 길이 없나니　　　　　　　　去來蹤跡覔無因
항사겁[75] 세월에 인연 따르는 나그네요　　　　恒沙日月隨緣客
진묵겁[76] 건곤에 변화하지 않는 몸이로다　　　塵墨乾坤不變身
범부라지만 이 마음 가운데 일은 아니고　　　　從凡不是心中事
성인이 된다지만 원래 진면목은 아니지　　　　入聖元非面目眞
이제 우리 스님에게 한 가지 물어봅시다　　　　今向吾師伸一問
풍광이 한량없는 옛 동산의 봄인가요　　　　　風光無限故山春

『법화경』을 읽다
看蓮華經

나그네 창에 일이 없어 『법화경』을 읽다가　　客窓無事讀蓮華
모래알 숫자로 헤아릴 공훈을 잠시 보았네　　暫見薰功幾筭沙
참된 법은 말 없는 저 모든 색상이요　　眞法不言諸色像
허망한 인연은 내가 가진 이 마음의 삿됨　　妄緣吾有此心邪
세 수레의 비유[77]는 그 문장 오묘하고　　三車喩旨文成妙
한 아버지가 품은 마음은 그 말씀 다 훌륭해라　　一父含情語盡嘉
게다가 천고에 유통시킬 신력이 있으니　　千古流通神力在
흡사 이 몸이 세존의 집에 들어간 듯　　依然身入世尊家

일 도우에게 드립니다
贈一道友

호남에 유명한 일 스님이 있다고 일찍이 듣고는	曾聞湖有一僧名
속으로 공이 거의 절정[78]에 이르렀다 여겼지	意謂功臻幾節程
나를 따라 두드린 문은 방장산의 달	從我扣門方丈月
그대 마주해 설한 도는 상승의 경전	對渠說道上乘經
옷깃에 젖은 법의 바다를 유독 아끼고	偏憐法海衣邊濕
눈에 밝은 선의 등불을 또 사랑했네	且愛禪燈眼上明
적막한 우리 집안에서 능히 업을 지키니	寂寞吾家能守業
부처님 하늘처럼 한량없는 노승의 정	佛天無限老僧情

조계 회상에서 인 상인에게 드립니다
曹溪會中贈仁上人

설하고 들음이 분명하니 숙세의 인연 덕분	說聽分明借宿因
경을 잡은 당에서는 도가 서로 가까웠지	執經堂畔道相親
지리산 산중의 달을 함께 가져다	共將智異山中月
화엄회상 자리로 옮겨와 비추었네	移照華嚴會上筵
눈을 비웃는 대나무와 같은 지조를 스스로 기약하고	志操自期凌雪竹
산에 가득한 봄기운 같은 자비로운 마음 배워야 하리	慈心應學滿山春
나를 따르던 인연 혹 끝내고 싶지 않다면	從余倘使緣無盡
두류산의 진면목을 다시 방문하길	更訪頭流面目眞

제 선사에게 드립니다
贈濟禪師

소강산에 제 선사가 있어	少剛山有濟禪師
도를 알고 총명한 세상에서 기이한 자	識道聰明世所奇
나를 따르며 성인의 앎을 늘린 일은 비록 없지만	從我縱無增聖解
그대 마주하곤 마음의 벗이 되는 걸 오히려 허락하네	對君猶許結神知
허공에 뜬 보배로운 달 같은 회포를 서로 사양하고	當空寶月懷相讓
산굴을 나선 한가로운 구름의 자취를 함께 따르니	出岫閑雲迹共隨
분명 우리 부처님의 교화를 해동에 천양하리라	應闡海東吾佛化
노승이 훗날 그 소식 듣기 소원이라오	老僧他日願聞之

강의를 그만두고 문도들에게 보이다
罷講示徒

깊은 속내를 억지로 토해 대중에게 알리니 　　　　强吐深懷報衆知
강단에서 헛되이 희롱하며 현묘함과 기이함 설하였네 　　　　講坍虛弄說玄奇
경전 보는 일 비록 젊은 날에야 허락되겠지만 　　　　看經縱許年靑日
백발이 되었을 땐 도리어 염불이 마땅하지 　　　　念佛偏宜髮白時
생사에서 만약 성인의 힘에 의지하지 않는다면 　　　　生死若非憑聖力
떠올랐다 가라앉았다 그를 지탱할 방도가 없지 　　　　昇沉無計任渠持
하물며 또 세간은 자못 시끌시끌해 　　　　況復世間頗閙閙
흰 구름 그윽한 골짜기로 돌아갈 생각이네 　　　　白雲幽谷有歸思

팔공산 기성 장로의 편지에 답하다
答八公山箕城長老書

팔공산 산수야 그 명성을 들은 지 오래	八公山水久聞名
하물며 석장과 정병을 머물고 계신 선옹까지	況復禪翁住錫瓶
병든 다리가 한 걸음 옮기는 것도 감당키 어려워	病脚難堪行一步
고명함 뵙고 싶어 돌아가는 마음이 그치질 않네	歸心不歇見高明
도에 계합하면 비록 하늘과 땅의 아득함도 없다지만	契道縱無天地遠
눈썹을 뽑으면 분명 오장육부까지 드러내겠지	撕眉應有肺腑傾
두 노인네 서로 그리워하는 경지를 누가 알까	誰知兩老相思地
손을 잡고 부처 배우는 마음을 논했으면	握手要論學佛情

흘 장실이 찾아와 법을 믿는다는 말을 올리기에 감사의 뜻으로 율시 한 수를 지어 그를 권면하다
屹丈室來呈信法之語感題一律勉之

눈썹을 뽑는 게 법에 대한 정성이 있는 듯하여	撕眉似有法中誠
우리 집안의 글자 없는 경을 말해 주나니	爲說吾家沒字經
오온과 십팔계가 공할 때, 그런 공은 오묘하지 않고	蘊界空時空不妙
신비한 광명이 비추는 곳, 그런 비춤은 밝음이 아니네	神光照處照非明
진흙 용이 바다를 달리는 것이 참된 소식	泥龍走海眞消息
돌 호랑이가 바람을 노래하는 것이 좋은 성령	石虎吟風好聖靈
혹 이 가운데 한량없는 취향을 얻는다면	倘得此中無限趣
육근에서 응당 시비의 정을 끊으리라	六根應斷是非情

향산 혜 장실에게 드립니다
贈香山慧丈室

납자 하나 표표히 북쪽에서 찾아와	一衲飄然自北來
넝쿨 창에서 손을 끄니 병들었던 눈이 번쩍	薜窓携手病眸開
마음을 논함에 장로에 걸맞은 덕이라 허락하겠고	論心可許稱長德
도를 노래함에 오묘함을 설하는 재주 유난히 사랑스럽네	唱道偏憐說妙才
맑은 물 흐르는 옥동에는 차가운 소리 어지럽고	淸流玉洞寒聲亂
늙은 잣나무 그윽한 뜰에는 푸른 그림자 수북수북	老栢幽庭翠影堆
무생의 노래 여러 곡을 찬찬히 들어보니	細聽無生歌數闋
십 년 세월 때 묻은 생각들 재가 되려 하는구려	十年塵慮欲成灰

명봉 상인에게 화답하다
酬名鳳上人

선대 유생들이 불교를 배척한 말 이미 봤는데	旣見先儒斥佛言
갓을 걸고는 무슨 일로 공문으로 들어오셨나	掛冠何事入空門
이름을 여의고 형상을 끊었기에 그 뜻은 알겠지만	離名絶象能知意
물을 얻어 흐름을 따르니 어찌 그 근원을 보리오	得水隨流豈見源
남아의 뱃속에는 아득한 세월	男子腹中何歲月
장부의 마음에는 옛날의 건곤	丈夫心上舊乾坤
많은 사람들에게 삼생의 빚을 갚지 못해	多君未了三生債
깊은 은혜 느끼고 깨달아 세존께 예배하네	感悟深恩拜世尊

초가집을 짓고 회포를 서술해 벽에 쓰다 【임신년(1752) 가을】
結草屋述懷題壁【壬申秋】

반반한 초옥은 바위 절벽 작은 흙집 암자	盤結巖崖小土庵
보답할 일 생각하면 항상 두려운 시주들의 은혜	圖酬常恐施恩心
꼴을 베다 지붕 덮으며 공사가 커지는 걸 싫어했고	誅茅覆屋功嫌大
새끼를 꼬아 창을 매달며 청렴한 가치를 취했네	絇索懸窓價取廉
일이 없어 문을 열면 산자락 해가 저물고	無事啓門山日晚
속진이 싫어 길을 메운 동구의 깊은 구름	厭塵埋路洞雲深
숲의 채소 역시 우리 임금님의 교화이기에	林蔬亦是吾王化
벽을 쓸고 때로 덕을 칭송하는 시를 쓴다	掃壁時題頌德吟

또
又

병들었지만 어디 돌아갈 곳이나 있나	病矣於何可堪歸
반년이나 그윽한 벽에 소나무 사립 닫았네	半年幽壁掩松扉
땔감 떨어진 돌 아궁이에 걱정인 방의 냉기	薪窮石竈愁房泠[1]
양식 떨어진 모래 솥에 참아야 할 배의 허기	粒絕沙鐺忍腹飢
꿰맨 납의로 겨우 수척한 몰골이나 감추고	縫衲只仍藏瘦骨
경을 보다 얻은 것으로 현묘한 심기나 기르며	看經自得養玄機
때로 넝쿨 창에 기대 달콤하게 한 잠 즐기면	時倚薜窓酣一睡
꿈속의 혼이 지는 석양빛을 멀리 쫓는다	夢魂遙逐落西輝

---

1) ㉮ '泠'은 '冷'인 듯하다.

노 처사의 만각헌에 받들어 올립니다
奉呈盧處士晚覺軒

마음공부가 중도를 잡는 것임을 알아차리고	心上功夫認執中
위태로움과 미묘함 그 속에서 이미 정통하셨으니	危微箇裡已精通
공의 도리에 깊이 잠긴 육식하는 석자요	能腥釋子沉空道
또 상공을 거절한 장옹이라 허락하겠네	且許莊翁去尙功
자신을 미루어 사람을 대하시니 그 인정 게으르지 않고	推己待人情不倦
누추한 시골에서 안빈하시니[79] 그 즐거움 끝없어라	安貧居巷樂無窮
만년에 힘을 얻고 이와 같음을 알아	殘年得力知如此
움직이든 고요하든 의연히 옛 풍도를 떨치시네	動靜依然振古風

차운을 첨부한다 附次

파리한 도의 골격 구름 속에 누워	臞然道骨臥雲中
가을 달의 정신 물거울에 통했구려	秋月精神水鏡通
애석하구나, 빛나는 현사의 자질이	可惜粹盎賢士質
부질없이 적멸인 세존의 공을 숭상하다니	謾崇寂滅世尊功
가슴에 품은 법의 바다는 깊고 광활하며	胷呑法海千尋濶
입으로 외는 진경은 만 리에 끝이 없네	口呪眞經萬理窮
비 내리는 소사에서 한 차례 청담을 나눠 보니	一席淸談蕭寺雨
이렇게 기쁠 수가, 유교와 석교가 같은 풍도로다	却欣儒釋是同風

〈대암〉이란 시의 운을 따라
次臺庵韻

푸른 산 가운데 오래된 선의 동산이 있어 　　　碧山中有古禪園
만상 밖과 인간세계가 여기서부터 갈리네 　　　像外人間自此分
첩첩 봉우리는 거마가 오는 걸 막으려 하고 　　疊嶂欲遮車馬到
요란한 시내는 시비의 소문을 마땅히 끊지 　　喧川應斷是非聞
가사 그림자는 맑은 창가의 달을 쓰러뜨리고 　袈裟影倒晴窓月
저녁 경쇠 소리는 저녁 골짜기 구름을 꿰뚫는데 　夕磬聲穿晚洞雲
다시 굽은 난간으로 향해 달콤하게 한잠 즐기면 　更向曲欄甘一睡
돌아가는 마음이 분분한 세상을 쫓지 않는다네 　歸心不逐世紛紛

첨복꽃
薝蔔花

옛 동산 주위로 납작한 계단을 쌓아	故圃園邊築短堦
사랑하는 첨복을 동쪽 서쪽에 심고는	愛將薝蔔植東西
때로 줄기가 병들까 걱정하며 북을 돋워 주고	時憂病幹收堆坌
또 뿌리가 마를까 두려워 작은 개울물 길어다 주었네	且畏枯根汲小溪
잎을 쓰다듬는 게 싫지 않으면 풀길을 거닐고	撫葉不嫌行草路
꽃을 바라볼 뜻이 없으면 산비탈을 나서면서	看花無意出山梯
한가할 때 주워 황금 향로에 사르고	閑中撚爇金爐上
새 가지가 더욱 무성하길 다시 기다린다	更待新條轉蘄萋

계족산 활 상인에게 드립니다【강의를 그만둔 지 10년 만에 문인들의 청을 거절할 수 없어 재차 대암에서 개강했을 때이다. 그래서 시 속에 언급하였다.】

贈鷄足山濶上人【罷講十年。不拒門人請。再開講於臺庵時。故詩中及之。】

가섭산[80] 앞에서 선정을 닦던 사람	迦葉山前習之人
십 년 동안의 행각이 도와 서로 가까웠네	十年行色道相親
집에서는 여름 석 달 동안 능히 속세를 따랐고	家中九夏能隨俗
길 위에서는 가을 석 달 스스로 참됨을 수호했네	路上三秋自守眞
그물을 뛰어넘은 비단잉어가 체수로 돌아왔으니	透網錦鱗還滯水
머리를 돌린 석마, 무리를 초월한 자라 하겠구려	回頭石馬可超倫
우리 스님 서쪽에서 온 뜻일랑 묻지 마오	吾師莫問西來旨
푸른 대 누런 국화가 빛깔마다 새로우니	翠竹黃花色色新

청류정 외솔
題聽流亭孤松

풍진 세상 벗어난 그대의 맑은 의표를 사랑해	愛汝淸標避塵寰
주위를 서성거리는 옛 흥취에 도군[81]이 생각나네	盤桓遺興憶陶君
높은 가지에 달 비추어 둥지의 학을 놀라게 하고	高枝月照驚巢鶴
빽빽한 잎에 바람 불어와 잠자던 구름 흩어놓는다	密葉風來散宿雲
바위에 기댄 옛 풍모는 서리의 엄숙함을 업신여기고	依巖古皃凌霜肅
물가에 다가선 짙은 그늘은 따가운 햇살도 우습지	近水濃陰傲日熏
사라지지 않는 그대의 정절 나는 얻지 못했기에	不廢渠貞吾未得
종일 앉아서 바라보다가 감격해 문장을 짓는다	坐看終日感題文

원각 학인에게 드립니다
贈圓覺學人

불자여, 경전을 자세히 살피고	佛子於經仔細看
흐름을 쫓아 행각하면 근원을 찾을 수 있으리라	逐流行色可尋源
문수보살[82]의 한 가지 질문으로 정식의 경계 벗어나고	曼殊一問離情境
보안보살[83]의 세 가지 관찰로 도거와 혼침을 깨뜨려라	普眼三觀破棹[1]昏
마음을 잊으면 원만하고 밝은 땅에 쉽게 들어가지만	忘心易入圓明域
의식이 있으면 생멸의 문을 초월하기가 어려우니	有意難超起滅門
하늘에 뜬 달을 봤으면 손가락에 대한 집착은 그만두게	見月當天休執指
옥 상자와 옥 두루마리의 경책[84]이 모조리 빈말뿐이니	琅函玉軸盡空言

---

1) ㈜ '棹'는 '掉'인 듯하다.

탄식의 노래
歎吟

자존[85]께서 법을 설하셨으니 누가 지음인가 　　慈尊法說孰知音
출세간의 풍류를 네 가지 마음으로 보이셨네 　　出世風流示四心
영취산 지는 꽃은 살아 있는 안목을 열어 주고 　　靈鷲落花開活眼
기림[86]에 기우는 햇살은 보배로운 옷깃을 풀어 헤치며 　　祇林斜日解珍襟
시라[87]는 위의의 결함을 단박에 교정하고 　　尸羅頓整威儀缺
범주[88]는 깊은 죄장을 능히 소멸시키는데 　　梵呪能消罪障深
우리 무리들 이 가운데 누가 하나라도 믿는가 　　吾輩此中誰信一
가련하구나, 헛되이 늙으며 시간만 낭비했네 　　可憐虛老費光陰

차운하여 심인 사에게 드립니다
次贈心印士

옛사람들은 벙어리 노릇 삼 년을 했다는데	古人緘口縱爲三
우리 스님 억지를 쓰며 지남[89]을 묻네	强被吾師問指南
법을 구해 이르는 곳마다 열심히 벗을 찾고	求法到頭勤覓友
몸을 단속하여 상황에 따르면서 한담을 삼가게	撿身隨處愼開談
유독 아낄 것은 눈을 비웃는 소나무 같은 절조	偏憐操節松凌雪
사랑할 만한 것은 못을 비추는 달 같은 마음	可愛襟懷月照潭
노승의 한량없는 뜻을 제기해 보지만	提起老僧無限意
그대를 보내는 오늘, 말로 표현하기가 어렵구려	送君今日說難堪

차운하여 유 상인에게 드립니다
次贈柔上人

납의에 향기가 밴 스님 서산에서 찾아와	師自西山衲襲香
선을 설하는 마당에서 반년 동안 유희했네	半年遊戲說禪場
옷깃 맞대고 말하는 자리에선 담론이 준엄하고	連襟語處談鋒峻
손잡고 설명할 때에는 흥취의 맛이 늘어졌지	握手說時興味長
눈가림이니,[90] 경전에 뜻이 있다고 말하지 말라	遮眼莫言經有意
정을 잊어야 방편이 없는 도를 얻을 수 있다네	忘情可得道無方
이제 왔던 때의 길로 향하고자 한다면	如今欲向來時路
부처를 배우길 결심하고 해탈을 좋아하게	學佛爲期好晦光

천봉[91] 장로 시축의 운을 따라
次天峰長老軸韻

남쪽으로 오는 법의 주장자 어찌 이리 늦었을까	南來法錫知何晩
희견보살의 공부로 묘봉을 밟으셨네	喜見工夫蹋妙峰
맑은 흥취로 앞개울을 함께 굽어보고	淸興共臨前澗水
도의 정으로 하늘 종소리를 함께 들었지요	道情同聽上方鍾
동구에서 기다리며 애태울 게 뻔해 늘 그게 걱정	應深倚閭多時恨
빨리 고향으로 돌아가야겠다 싶은 오늘의 지팡이	須速還鄕此日筇
행색과 수행에 나와 법 없으셨으니	行色認行無我法
헤어짐에 감사드리나니 종지를 드날리셨네	臨分更謝闡吾宗

정 상인에게 드립니다
贈政上人

부질없는 인생 잠시도 한가롭지 못하단 걸 일찍 깨닫고	早覺浮生不暫閑
부모님 하직하고 어느 날 구름 산으로 들어왔지	辭親何日入雲山
도를 사모해 마음을 관하는 것에 정성을 기울이고	誠存慕道觀心上
속진을 따르며 세간과 섞이는 걸음 하지 않았지	跡不隨塵混世間
불구덩이에 몸을 던지는 고통인들 어찌 싫어하리오	焰坑豈厭投身苦
눈 내린 섬돌에 서서 시린 무릎마저 오로지 잊었네[92]	雪砌專忘立膝寒
혹시라도 공부하여 무념의 경지를 얻는다면	倘得工夫無念地
옛 동산에 진정으로 금의환향하리라	故園眞是錦衣還

차운하여 담 선사에게 드립니다
次贈湛禪士

공부에 있어 혹 도가 서로 같음을 허락한다면　　工夫倘許道相同
이별이 다가온들 어찌 동쪽 먼 길을 근심하랴　　喚別何憂路隔東
때가 이르면 어둡던 모습도 분명 달빛에 드러나고　時至影形宜見月
저절로 메아리가 찾아와 바람을 노래할 수 있으리　自來音響可吟風
중중의 인연이 그것을 벗어난 것이 아닌데　　　重重不是離渠外
점점의 만물인들 누가 그 가운데 떨어지지 않으랴　點點誰非落箇中
돌아간 후 만약 오늘의 뜻을 알아차린다면　　　歸後若知今日意
지팡이 하나로 다시 찾아와야만 하리다　　　　一笻應作再來蹤

차운하여 대은 사미에게 주다
次贈大隱沙彌

불도는 닦아서 완성하는 걸 귀하게 여긴다는 걸 어떻게 알았을까	何知佛道貴修成
만 갈래 강물 천 개의 산을 행각하며 이 행을 짓거라	萬水千山作此行
벗에게 묻고 혹 알아차려 오묘한 도를 통달하면	詢友倘知通妙道
귀향을 응당 허락하리니 아름다운 명성 떨치리라	歸鄉應許振佳聲
선가에서 살아날 방도를 찾을 때는 궁극의 표적을 따르고	禪家活計隨窮的
깨달음 바다에서 공부할 때는 단박에 맑아짐을 움켜쥐어라	覺海工夫挹頓淸
이 노승을 가련하게 여겨 자주 말해 주면서	憐向老僧頻致語
분명한 척안[93]으로 형상이 없는 그것을 밝혀라	分明隻眼照無形

안도 춘 상인을 보내며
送安道春上人

바람과 안개 속에서 낚시터를 몇 곳이나 방문했나	幾處風烟訪釣磯
계곡과 산 구름과 달빛이 곱게 아롱진 옷	溪山雲月上衫衣
아홉 번이나 찾아와도 나를 아는 자 적다고 싫어하지 말게	九到莫嫌知我少
세 차례 오르면 그대 같은 사람 드물다고 허락하리다[94]	三登應許似君稀
가을 하늘 한쪽에서 선의 바람이 일어나는데	金天一面禪風起
살수[95]의 천 갈래 물결로 지혜의 석장이 돌아가네	薩水千波慧錫歸
고개 돌리니 고향땅은 어디쯤일까	回首鄉關何處是
압록강 가을비에 옛 돛단배 날아가네	鴨江秋雨古舡飛

부사정에 올라
登浮槎亭

부사정에 올라 홀로 노닐자니	獨上浮槎亭上遊
인간세계 잊고 살랑살랑 흔들리네	却忘人世擾稠稠
우주의 무궁한 뜻을 누가 알까	誰知宇宙無窮意
차고 기욺 스스로 점치는 몇 개의 산대	自卜盈虛有數籌
강의 물결 일지 않으니 성군을 만난 때	江浪不揚時遇聖
물가의 향초 다투어 피어나니 가을이 돌아온 절기	渚菰爭發節迴秋
난간에 기대 옛사람의 취향 새겨 보니	憑欄記得前人趣
공명은 없어도 괜찮음을 비로소 깨닫겠네	始覺功名可以休

향산 척 장실의 시에 차운하여
次香山偶丈室

검을 찾는 공부 몇 년이나 물었던가	尋劒工夫問幾年
맑은 향기가 오가는 길에 한량없어라	淸香無限去來邊
높은 자취로 삼산의 길에 석장을 떨치고	高蹤振錫三山路
보름 동안 육조의 선으로 마음을 논했네	半月論心六祖禪
바다로 흐르는 강에게도 양보하지 않을 자비	慈悲不讓江流海
지혜는 장차 하늘로 오르는 태양과 같으리	智慧將同日上天
이별 후 참된 면목을 알고 싶다면	別後要知眞面目
경쇠 치는 단에서 보배로운 향 연기를 살펴보시게	磬坤看取寶爐烟

도일 상인에게 드립니다
贈道日上人

강원에서 누가 전강한다 하면 떼로 이름을 걸지만	敎院誰傳衆掛名
옛 현인들께서 돌아간 길로는 가는 사람이 적지	昔賢歸路少人行
기이한 말로 뜻을 해석하면 고덕이라 칭하고	奇言釋義稱高德
세밀한 과목으로 문장을 분석하면 경을 잘 안다고들 하지	細科尋文說善經
다투고 어기고 노기를 드러내는 것 나의 뜻 아닌데	爭違發怒非吾意
규명하고 순응하고 환희하는 것 어찌 그대의 정이리오	責順生歡豈汝情
언구 속에 숨긴 몸을 만약 벗어나지 못했다면	句裡藏身如未脫
검산의 소식[96]이 분명하리라	劒山消息政分明

유 장실이 찾아와 올린 뜻에 보답하며
賽宥丈室來呈之意

다행히도 우리 스님 조사의 종지를 계승했으니　　幸得吾師繼祖宗
지혜의 구름이 이제 동해 하늘에 넘실거리네　　慧雲初漲海天東
누가 알까, 도는 찾는 문자 바깥에 있다는 걸　　誰知道在尋文外
몇 마디 문장에 정을 둘까 그저 걱정이라오　　只恐情存數墨中
늙은 오랑캐[97]의 뜻 없는 손을 빌리고 싶어　　要借老胡無意手
차가운 눈발에 성의를 다하며 몸을 문질렀네　　强摩寒雪有誠躬
아미타불 역시 연꽃 가득한 회상을 베푸셨으니　　彌陁亦設蓮池會
훗날 참여하지 못한 늙은이는 되지 마시게　　莫作他年未到翁

찾아 주신 우계 이 생원께 올립니다
呈迃溪李生員之來訪

우옹께서 푸른 산을 방문한다는 소식에	報道迂翁訪翠微
바위의 계수나무도 드리운 가지를 거두리라 생각했지요	想應巖桂捲垂枝
새 가을이 문에 들어와 벽에 찬기가 맴돌았는데	新秋入戶涼生壁
옛 얼굴이 문에 나타나니 눈썹에 기쁨이 솟는군요	舊面臨門喜上眉
손을 잡아끌자 험난한 인간세상 나 몰라라 하고	携手不知人世險
짓는 시에는 그저 기이한 물과 구름 이야기뿐	題詩祇說水雲奇
돌아가고 싶지만 이미 저물어 숲에서 주무시니	歸心已晚林間宿
세상 피하는 공부에 생각이 있으신가 봐	遯世工夫有所思

정 수재에게 드립니다
贈丁秀才

빽빽한 숲 깊은 계곡 새 길마저 드문데	樹密溪深鳥道微
차가운 물결 모조리 건너고 또 가지를 잡았네	寒波涉盡又攀枝
규화의 상서로운 기운은 그대의 푸른 눈	奎花瑞氣君靑眼
잣나무 맑은 그늘은 나의 하얀 눈썹	栢樹淸陰我皓眉
말을 하는 자리에서는 소리소리가 사랑스럽고	語當出處聲聲愛
시를 혹시 지을 때면 글자글자가 기이했지	詩或題時字字奇
산과 성곽으로 길이 나뉘어 이별한 후에는	山郭路殊分手後
소나무 달빛에 한참이나 그리워하지 싶군요	想應松月費相思

정 석사의 시와 편지에 답합니다
答丁碩士詩書

외짝 소나무 사립으로 천 봉우리를 닫고서	松扉一隻閉千峰
일곱 근 포삼[98]을 눈이 겁나 꿰매는데	斤七布衫畏雪縫
뜻밖에 편지가 날아와 졸린 눈을 깨우고	料外札來驚睡眼
막혔던 시가 도착해 야윈 얼굴에 기쁨이	阻餘詩至喜衰容
간밤 꿈에서 만난 청아한 용모가 어여뻤는데	堪憐昨夢逢淸皃
늙은 나를 기억해 준 이 편지 때문이었군요	始覺今書憶老儂
두 번 세 번 읊고 읽다가 고개 돌린 곳에	吟讀再三回首處
골짜기 하늘은 말이 없고 물만 앞다퉈 절구질	洞天無語水爭舂

전 생원이 보낸 시의 운을 따라
次全生員來韻

충효의 공부는 일찌감치 기대를 접고	忠孝工夫早斷望
반평생 병 앓으며 구름 산장에 누웠더니	半生吟病臥雲庄
누추한 거리에서 던진 편지 너무나 감사하고	書投陋巷多欣感
신선의 산에서 보낸 시 앙모하는 맘 일으키네	詩自仙山起慕仰
그저 승려의 마음은 원래 숨기지 않는다고 여겼더니	祇謂釋心元不隱
유가의 도 역시 감춤이 없음을 비로소 알겠구려	始知儒道亦無藏
이로부터 일면식은 서로 막혀 힘들어도	從玆一面如相隔
보고 싶은 이 마음은 분명 장구하리라	願見斯懷也應長

원운을 첨부한다 附元韻

내원 동암으로 들어가길 멀리서 희망했는데	內院東庵入遠望
첩첩의 세밀한 안개가 선의 산장을 가뒀네	重重細霧鎖禪庄
용담의 맑은 물 그 밝음이 이미 성숙했고	龍潭水淨明曾熟
설악의 높은 바람 그 도를 평소 우러렀습니다	雪嶽風高道素仰
열린 안목에 삼천의 진실세계 광활하고	眼豁三千眞界濶
넉넉한 가슴에는 팔만대장경	胸寬八萬大經藏
항하에서 머리 돌린 모래알 같은 부처님	恒河回首沙諸佛
정신은 가도 형상은 남아 그 뜻 홀로 장구하여라	神徃形留意獨長

황해도 연 장실의 시에 차운하여
次黃海道沈丈室

정담 어린 말 나에게 알려 이별의 뜻 남기니	情語報余留別意
물과 구름 같은 정병과 석장을 어디에 거실는지	水雲瓶鉢掛何間
맑은 정신의 오묘한 설법은 천 계곡의 물이요	淸神妙說千溪水
눈으로 마주한 참된 용모는 만 점의 산이라	對眼眞容萬點山
이익을 잊었기에 깊고 어두운 자취도 싫어하지 않고	忘利不嫌深晦跡
사람을 교화함에 억지로 단에 오르는 일 어찌 싫어하랴	化人何厭强登坍
공부에 또한 서방정토에 귀의하는 것도 있으니	工夫亦有歸西處
장륙 금신의 광명을 자세히 살피시길	丈六光明仔細看

문¹⁾
文

임종할 때 곁에 자리한 도우들에게 부촉하면서 남기신 글

사람의 삶 일어나고 사라짐이 구름이 허공에서 일어나는 것과 같아 원래 실체라 할 만한 것이 없다. 어찌 실체가 아닌 것을 실체라 여겨 자신도 힘들고 남도 힘들게 하는 지경에 이르러서야 되겠는가. 도우들에게 바라노니, 노승과 이별하는 날 즉시 다비하고 망령되이 부음을 전하여 번거롭게 사람들이 오가는 일이 없도록 하라. 그래도 제자라 칭하는 자들인데, 너희들이 성의를 보이지 않는다면 어떻게 지시를 전하겠는가? 이른바 재齋를 지내는 일은 동방의 법식이다. 법식에 의지하지 않으면 시비의 실마리가 없을 수 없다. 그러니 골고루 나눈 재를 깜짝 놀랄 만큼 온 정성을 다해 베풀어라. 도우들에게 바라노니, 초사흘을 시작으로 해서 약간의 쌀말로 열흘간 미타불공을 이어서 행하라. 그런 뒤에야 다행히 나눈 재를 지내는 데 비루하게 아끼는 폐단이 없게 될 것이다. 천 번 만 번 엎드려 바라노니, 이 가운데 만일 눈을 흘기며 어기고 거역하는 자가 있다면 곧 나의 문도가 아니다. 세세생생 어찌 상대할 인연이 있겠는가? 옛 조사들 중에도 강물에 몸을 던지고 개미 밥이 되었던 사례들이 많았다. 각자 실체가 없는 것을 실체라 여기지 말고 오로지 염불을 행하여 의지할 곳 없는 나를 구제하라.

---

1) 원 '文' 한 글자는 『韓國佛教全書』 편찬자가 보완하여 삽입한 것이다.

囑臨終在傍道友等遺文

人生起滅。如雲起長空。元無所實。何可以不實爲實。至於自勞勞他之地。願道友。老僧相分之日。即時闍維。傳訃等事。不得妄爲紛沓傳致。雖稱爲弟子云者。其爲無誠。則何以傳示乎。所謂齋事。東方之例也。如不依例。則不無是非之端。故爲其分齋。極爲可駭。願道友等。自初三日爲始。以若干米斗。連行十日彌陁佛供。然後幸無分齋卑吝之弊。千萬伏望。此中如有張目違拒者。則非吾徒也。世世生生。何有相對因緣乎。古祖師多有投水飼蟻之事。各勿以無實爲實。而專行念佛。以救無依之物也。

지리산 황령암 중창기

『두류지頭流誌』를 살펴보니, 황령암黃嶺庵은 두류산 중에서 홀로 제일의 명성을 차지한 곳이라 하였다. 옛날 우리 불씨께서 "삼라만상은 한 법이 드러난 것이다."[99]라고 말씀하신 적이 있다. 이를 따라 관찰해 보자면 하늘이 열린 것도 이것을 말미암아 열린 것이요, 땅이 펼쳐진 것도 이것을 말미암아 펼쳐진 것이요, 사람이 태어난 것 역시 이것을 말미암아 태어난 것이다. 이 고요히 비추고 원융한 한 법의 고요함을 움직여 저 천문天文에서 해와 달의 휴구休咎,[100] 지리地理에서 산천의 아름다움과 추함, 인도人道에서 범부와 성인의 어리석음과 슬기로움이 시작된 것이다.

즉 이 암자는 지리地理의 아름다움을 품은 곳이다. 암자 뒤쪽에 불룩 솟아 곧장 구름 낀 하늘로 들어간 것은 만복萬福을 굽어보는 산이요, 암자 앞쪽에 우뚝 서서 허공의 반을 가로지른 것은 반야般若를 살피는 봉우리요, 바람과 맞서 에워싸 보호하며 암자 오른쪽에 높다란 것은 묘봉妙峰을 세우는 고개요, 수레와 말의 자취를 끊으며 암자 왼쪽을 감싸 안은 것은 실상實相을 간직한 골짜기이다. 암자가 그 한가운데 있어 이 복과 지혜와 오묘함과 실상의 덕을 얻었으니, 황령黃嶺이라 명명한 것은 그것이 하나의 법에서 중도의 본체를 잃지 않았다는 것이다.[101] 따라서 암자 앞에도 역시 황계수라 부르는 것이 있다.

산의 사방에 기승奇勝이란 명성을 얻은 곳이 무려 수백 곳이지만 한 법의 참된 법도를 얻은 곳은 몇 곳이 있을 뿐이다. 옛사람이 바로 이 소식을 간파하였으니, 황령을 제일이라 명한 까닭이 바로 이것이다. 대저 하나의 법은 변함이 없어 시작도 없고 끝도 없지만, 또한 하나의 법은 인연을 따르기에 근본도 있고 지말도 있다. 그렇다면 이 암자가 창건됨에 있어 그 창건은 어느 때인가? 서산西山 대화상大和尙께서 일찍이 지으신 「황령기黃嶺記」에서 그 대강을 간략히 진술하셨고, 그 문장이 모든 산중에 인쇄되어 유포되었으니 재차 기록하고 싶지는 않다. 다만 아직 열람하지 못한 자들이 염려스러워 그 요점만 밝히고 시말을 인용한다.

옛날 동한東漢 소제昭帝 3년(B.C. 84)에 마한이 진한과 변한에게 쫓겨 이곳으로 피해 도성을 쌓으면서 황씨와 정씨 두 장군에게 그 역사를 감독하게 하였으며, 그 성을 보존한 것이 무려 72년이었다. 이후 사람들이 두 장군의 성을 따서 이 산에 이름을 붙였기 때문에, 황령黃嶺이 있고 정령鄭嶺이 있게 되었다. 그 후 진지왕眞知王 원년(576)에 중국의 대선사이신 운집雲集 장로長老가 이 동방에 인연처가 있음을 관하고는 동쪽으로 배를 타고 왔던 달마의 자취를 계승하여 이곳으로 들어와 배회하다가 산수의 형세가 한 법의 오묘한 작용을 구족한 것을 간파하고는 정사 하나를 세우고 황령이라는 편액을 붙였다.

뜻한 바가 있었도다. 이 스님은 현상에 즉하고 성품에 즉한 한 법에서 걸림 없는 종지를 깊이 체득했던 것이다. 암자가 세워지니, 그 가운데에는 황금전黃金殿이 있고, 동쪽에는 청련각靑蓮閣이요, 서쪽에는 백옥교白玉橋요, 병풍바위가 뒤에 있고, 황금연못이 앞에 있었다. 신승神僧과 고사高士들이 서로 계승하여 창건하고 거주하면서 없어진 시대가 없었는데, 우리 중묘中廟[102]에 이르러 무술년(1538)에 분탕질하는 난리가 일어나 빈 산 가운데 하나의 옛터만 볼 수 있을 뿐이었다.

성희性熙 장로 역시 흥폐에는 운수가 있다는 것을 아는 분이었다. 그가 가정嘉靖 갑진년(1544) 봄에 이 터를 유람하고는 개탄하면서 중흥시킬 뜻을 가졌고, 청신사 강연姜淵 등과 함께 발원하고 모연하여 을사년(1545) 봄에 낙성하여 끝을 알렸으니, 가히 하늘이 공사를 하고 귀신이 역사를 담당했다고 말할 수 있다. 그렇지 않다면 지기地機가 그 아름다운 자랑거리를 얻은 것이 어떻게 이와 같을 수 있단 말인가.

그러나 좋은 일이 가면 나쁜 일이 오는 것은 운수에 있어 당연한 것이다. 그런 일이 이곳에도 닥쳤으니 대청太淸 건륭乾隆 13년(1748), 즉 우리나라 성상 즉위 24년 정묘년[103]의 일이었다. 그해 3월에 홀연히 팔인의 재앙(八人之禍)[104]이 나타나 전각이 남김없이 잿더미가 되었으니, 산빛 물색도 모두 한없는 참담함을 품었는데 어찌 하물며 의지할 곳이 없어져 눈물을 흘려야 했던 거주하던 승려들이겠는가? 당시 이 암자의 주인은 활연당豁然堂 장우長愚 대사였고, 이 암자의 도반들은 인관印寬·옥경玉鏡·교선交禪·출형出泂 등이었다. 그들은 눈물을 흘리며 서로 바라보다가 그곳을 중흥할 계획을 모의하고 말하였다.

"만물의 흥성과 쇠망은 하나의 법 가운데서 온갖 인연에 따르는 자연스러운 운수이다. 어찌 그 쇠망을 보았다고 근심하면서 그 흥성을 보는 걸 도모하지 않겠는가."

드디어 불타 버린 돌들을 눈물로 쓸고는 이 일을 완수하겠다고 맹세하며 스스로 화주가 되고 스스로 출납의 임무를 맡아, 스스로 오가는 일을 담당하고 스스로 양식을 구하는 일을 청하였다. 그렇게 재물을 모으고 장인들에게 명하여 그해 4월에 일을 시작해 기사년(1749)에 대웅전을 창건하고, 다음해인 경오년(1750)에 반듯한 누각을 세우고, 다음해인 신미년(1751)에 날개를 펼친 집을 세우고, 그 다음 계유년(1753) 5월에 단청을 하여 끝마치니, 굉장한 규모에 높고 탁 트인 모양새가 옛날과 비교해 몇 배는 더하였다. 가히 신비한 이치가 그럴 만해서 그렇게 된 것이라 하겠으니, 어찌 사람의 힘이 미쳐서 그렇게 되었겠는가.

변함이 없는 본체인 하나의 법에 의지하여 원래 생성과 파괴의 운수가 있는 것이다. 즉 물체에 흥성과 쇠망의 극단이 있다면, 사람에게도 역시 출현과 은몰의 도가 있다. 암자가 중창되는 날이 있게 된 것처럼 사람도 다시 오는 때가 있으니, 옛날의 운집雲集과 성희性熙가 곧 오늘의 장우長愚와 옥경玉鏡이며, 오늘의 장우와 옥경이 곧 옛날의 운집과 성희인 것이 분명하다. 이 암자의 쇠망과 이 암자의 흥성이여, 운집이 사라지자 성희가 출현하고 성희가 사라지자 옥경의 무리가 출현하였으니, 물체의 흥성과 쇠망 역시 사람에게 딸린 것임을 비로소 알겠다.

 아! 암자의 흥성과 쇠망, 사람의 출현과 은몰이 모두 한 법의 도장에 찍힌 것을 벗어나지 않았구나. 그렇다면 사람은 담담하면서 걸림 없이 출입하는 본체를 잃지 않았고, 물체는 복과 지혜와 오묘함과 진실이라는 끝없는 작용을 손상하지 않은 것이다. 따라서 근원을 미혹하고 지파를 미혹해 한 번 쇠망하고 한 번 흥성하는 사람이나 물체와는 차이가 있는 것이다. 진실로 법의 본체를 얻은 것이라 하겠으니, 제일이라고 칭해야 마땅하다. 암자가 이미 제일이라면, 이 암자를 세운 분들 역시 어찌 제일이 아니겠는가.

 쓸모없는 납자인 내가 당시 주위에 있던 사람으로서 감탄과 찬양을 금하지 못한 나머지, 또 간절한 청탁을 거절하기도 어려워 그 본말을 이렇게 간략히 서술하였다.

智異山黃嶺庵重創記

按頭流誌。黃嶺庵。乃頭流山中。獨擅第一名者云。昔吾佛氏有言。森羅及萬像。一法之所印。迹此觀之。天開也。由此以開。地闢也。由此以闢。人生也。亦由此以生者也。動此寂照圓融一法之靜。肇彼天文日月之休咎。地理山川之美惡。人道凡聖之愚智。則此庵也。孕得地理之所美者也。聳出庵後。直入雲霄者。俯萬福之嶂。特立庵前。橫穿半空者。案般若之峰。當風擁衛。鬼然庵右者。立妙峰之峙。斷車馬之跡。回抱庵左者。有實相之洞也。庵在此中。得此福與慧妙與實之德。命名黃嶺者。其不失一法上中道之體歟。故庵前亦有黃溪水云也。山之四環得奇勝之名者。無慮數百。而得一法之眞規者。有幾境致。古人覷破這箇消息。命黃嶺爲第一者是也。大抵一法之無變也。無始無終。一法之從緣也。有本有末。則此庵之創。創於何時。西山大和尙。曾所撰黃嶺記中。畧陳梗槩。其文印布諸山。不欲再錄。但恐未覽者。責略引始末。昔東漢昭帝之三年。馬韓爲辰弁所逐。避築都城於

此。以黃鄭兩將。監其役。保其城者。七十二年矣。肆以兩將之姓。因名此
山。故有黃嶺也。有鄭嶺也。厥後眞知王元年。中國大禪。雲集長老。觀此
方有緣之處。繼達摩東泛之迹。入此徜徉。窺破山水之體勢。具足一法之
妙用。建一精舍。仍以黃嶺額焉。有志哉。斯人深得即相即性一法上無碍之
旨矣。庵之立也。中有黃金殿。東則青蓮閣。西則白玉橋。屏嶂在後。金池
在前矣。神僧高士。相繼創居。無世無之。至於我中廟。焚蕩戊戌之亂。只
見空山中一遺墟而已。性熙長老。亦知興廢之有數。嘉靖甲辰春。遊覽此
址。慨然有重興志。與信士姜淵等。發願募檀。乙巳春落成告訖。可謂天功
鬼役。如非地機之得其所美。焉能如是。泰徃否來。爲運之當然。至此太淸
乾隆十三載。卽我國聖上卽位廿四丁卯歲也。其年三月。忽見八人之禍。殿
閣灰燼無餘。山光水色。摠含無限之慘。何況居僧之無依涕泣者乎。時爲是
庵之主者。豁然堂長愚大師也。爲是庵之伴者。印寬玉鏡交禪出洞等也。垂
淚相看。謀其重興之計曰。物之興衰。一法中隨萬緣。自然之運也。何憂見
其衰。不謀見其興乎。泣掃燒礫。誓成此事。自作化士。自任耀耀。自當徃
來之役。自請需養之事。鳩財命工。始役於其年四月。己巳創大殿。越庚午
建正樓。越辛未建翼室。越癸酉。五月丹艧而終之。宏規軒豁之狀。較舊倍
蓰。可謂神理之所以然而然。豈曰人力所及而然乎。依一法無變體。元有成
壞數。則物有興衰之邊。人亦有出沒之道矣。庵得重新之日。人有再來之
時。昔日雲集性熙。卽今日長愚玉鏡。今日長愚玉鏡。卽昔日雲集性熙也
必矣。此庵之衰。此庵之興。雲集之沒。性熙之出。性熙之沒。玉鏡輩出。始
知物之興衰。亦係於人也。嗚呼。庵之興衰。人之出沒。並不外一法之所印。
則人不失湛爾無碍出入之體。物不虧福慧妙實無邊之用。故有異於迷源迷
派一衰一興之人與物也。實爲得法之體。宜爲第一之稱。庵旣爲第一。則建
此庵者。亦豈非第一哉。弊衲時爲在傍之人。不禁感讚之餘。亦難孤所請之
懇。略序其本末云爾。

명진 대사 출세 통문

말씀드립니다. 올해 계해년(1743) 2월 12일 해시에 새로 열반하신 명진冥眞 대선사大禪師는 법호가 수일守一이고, 태인현泰仁縣 목욕동沐浴洞 사람입니다. 서산西山을 법조로 하여 5세손이고,[105] 월저月渚[106] 화상 문하의 제자입니다. 속성은 서씨徐氏이고, 본관은 달성達城이며, 어머니는 완산完山 이씨李氏로 인을 숭상하고 덕을 닦는 청신사 집안입니다. 나이 16세에 운주산雲住山 용장사龍莊寺 현각玄覺 장로께 규효睽爻 한 점을 던졌는데, 신령스러운 성품과 문장과 사유에 대중들이 탄복하였습니다. 19세에 보원寶圓 선사께 구족계를 받고 이로 인해 비밀스러운 종지를 품수하셨으며, 25세에 이르러 온갖 전적들을 널리 열람해 삼장에 밝게 통달하고는 남성南城의 선지식들을 두루 참방하였습니다. 그리고 화엄의 오묘한 종지를 월저의 겸추鉗鎚[107] 곁에서 얻었으니, 참다운 법의 집에서 재차 상봉하여 크게 기꺼워한 부자의 정이었을 뿐입니다. 사방을 통달한 큰 안목이 검은 장막[108]을 추켜올리고 찾아온 학인들을 받아야 마땅한데도, 작은 것을 얻은 것으로 만족하지 않고 오히려 자신은 상승上乘의 세계에 도달하지 못했다고 걱정하며 소나무 사립을 닫고 조사의 뜻을 참구한 것이 40년이었습니다.

학자들이 무더기로 몰려들었지만 모두 뿌리쳐 돌려보내고는 금강산과 묘향산의 산수 사이에서 계곡물을 마시고 솔잎을 씹으면서 모든 인연을 단박에 절단하고 자기를 구명하기를 죽을 때까지 하겠다고 특별히 뜻을 세웠습니다. 단전 아래 소식이 분명히 있었지만 참된 기틀이 누설될까 두려워 학자들이 물으면 항상 아직 도달하지 못한 자라 자칭하면서 선정을 뽐내는 교만이 없었으니, 이것이 깨달을 바가 없는 면목을 진실하게 지시한 것일까요? 그의 언덕으로 건너간 자는 한 사람도 없었습니다. 한번은 학자가 이렇게 물은 적이 있습니다.

"화장세계가 모든 곳에 변재하다면 현재 천당과 지옥은 마땅히 어느 곳에 있습니까?"

"회주懷州의 소가 풀을 먹었는데, 익주益州의 말이 배가 터졌구나."

또 물었습니다.

"이렇게 격식을 벗어나 서로 만났지만 진실로 단박에 들어가지 못했습니다. 다시 일전어一轉語[109]를 청합니다."

그러자 말씀하셨습니다.

"천하 사람들이 의원을 찾아 돼지 왼쪽 허벅지에다 뜸을 뜨네."

이로써 관찰해 보건대 이와 같은 현묘한 뜻을 누가 간파할 수 있겠습니까?

아! 대도의 인연이 다하였으니, 다른 세계에 베풀고 싶었던 걸까요? 짐짓 미질微疾을 보이시더니, 8일째 되던 날 시자를 불러 이렇게 말씀하셨습니다.

"네가 내 몸을 좀 주물러다오. 내가 이제 가야겠다."

그리고는 깨끗한 옷과 두건을 착용하고는 몸을 돌려 서쪽을 향하시더니 앉은 채로 천화하셨습니다. 그러자 온몸에서 빛이 뿜어져 나와 휘황찬란한 상서로운 채색 일곱 가닥이 허공에 뻗쳤으니, 반야의 영험이 진실로 헛말이 아니었습니다. 3일 후 다비하여 백보 남짓 떨어진 반석 옆에서 정골 두 조각과 사리(靈珠) 2과를 얻었습니다. 영롱한 감색紺色이라 대중들이 마음으로 기뻐하였으니, 누가 그러지 않고 누가 그러지 않겠습니까. 또 수많은 까마귀가 떼로 몰려들었다 다비한 지 7일 후에야 모두 흩어져 날아갔으니, 이것이 무슨 징조랍니까.

아, 신기할 따름입니다. 이와 같은 이적은 묻혀 버려서는 안 되기에 모든 산중의 여러 석덕과 존자들께 두루 고합니다. 엎드려 바라오니, 속히 정토의 업을 닦아서 해탈이라는 큰 법의 바다로 함께 돌아가 일체 중생세계를 널리 이롭게 하소서. 그리하신다면 천만다행이겠습니다.

冥眞大師出世通文

云云。是年癸亥二月十二日亥時。新涅槃冥眞大禪師。法號守一。泰仁縣沐浴洞人也。西山法祖三[1]世孫。月渚和尙門弟子。俗姓徐氏。貫達城。母完山李氏。崇仁修德之淸信家也。年甫十六。投點瞑爻於雲住山龍莊寺玄覺長老。靈性文思。爲衆歎服。十九受具戒於寶圓禪師。因稟密旨。至二十五歲。博覽群籍。明通三藏。遍叅南城知識。而得華嚴妙旨於月渚鉗鎚邊。再逢彌感。實法室中父子情耳。通方大眼。宜褰緇帷納來學。而不以得少爲足。猶恐其到上乘界。閉松扉叅祖意四十年矣。學者坌集。送拂向金剛妙香。山水之間。飮澗餐松。頓絶諸緣。究明自己。特立死限。應有叧下消息而恐泄眞機。對學者之問。恒以不逮稱。無恃之慢。此眞實指示無所悟之面目耶。未有一人度其涯岸者也。常[2]有學子問曰。華莊編一切處。現今天堂地獄。當在何處。曰懷州牛喫草。益州馬腹脹。又云此是格外相見。實不頓入。更乞一轉語。曰天下人求醫。灸猪左髆上。以此觀之。如此玄旨。孰能覷破耶。嗚呼。大道緣盡。欲施於他方耶。假示微疾。至第八日。呼侍者曰。汝撫我躬。我今逝矣。因著淨衣巾。轉身向西而坐化。全身放光。瑞彩晃然。七支橫空。般若靈驗。信不誣也。曁三日茶毘。得精骨兩片靈珠二箇。於百步許磐石邊。紺色玲瓏。悅可衆心。歎之服之。誰不然。誰不然。且羣鴉競集。闍維七日後。皆飛散去。是何徵也。於乎異哉。若此異迹。不可湮沒故。通告諸山僉碩尊。伏望速修淨業。同歸解脫大法海。普利一切衆生界焉。千萬幸甚。

---

1) ㉠ '三'은 '五'의 오자인 듯하다. 2) ㉠ '常'은 '嘗'의 오자인 듯하다.

상詳과 총聰 두 대선사에게 답하다

 옛사람은 서로 그리워하는 삼매에 들어 편지의 규범 따위는 단박에 잊고 붓 가는 대로 뜻을 밝혔습니다. 우리 스님들도 서로 비추고 계시겠지요? 앞에 보내 온 편지를 읽어 보니 그 의논을 이미 끝까지 궁구하여 하늘과 땅의 약속이 진실로 말 밖에 있었습니다.

 대부분 요즘 세대의 우리 무리는 지견의 숲속으로 섞여 들어가 전부 문자에 대한 해석으로만 한결같이 향하고, 그 기이한 말이나 오묘한 문자로 성인의 뜻을 논하고 헤아립니다. 그러다 부합하는 문구가 조금이라도 있으면 머리를 모아 추천하고 양보하면서 그를 으뜸으로 삼습니다. 그러기를 바라신다면 이 몸은 평소 문장을 따라 이치를 해석함에 있어서 공교하지 못했으니 어찌 한 자리를 기대할 수 있겠습니까? 또 말을 잊고 관觀을 익힌 지혜로 삼공三空의 영역을 꿰뚫고 말을 벗어난 종문의 종지를 아득히 드날려 종가의 주춧돌을 만들라고 하신다면, 이 사람은 돌이켜 관조하는 공부에 생소한 자일 뿐만 아니라 사람 숫자에 끼일 능력도 없는 자입니다. 어쩌자고 스님들은 나를 서로 아는 벗이라 하여 외람되게 이런 인물을 대선백大禪伯이라는 도덕의 경계에 추천하는 것입니까? 밀려드는 부끄러움을 감당치 못할 따름입니다.

 그러나 편지 외에 사람들이 하는 말을 들어 보고는 진실하고 돈독하게

---

1) ㉮ '書' 한 글자는 『韓國佛教全書』 편찬자가 보완하여 삽입한 것이다.

실천하는 점이 많다는 것을 알고, 차오르는 잣나무의 기쁨[110]을 이기지 못하였습니다. 우리 스님들의 큰 안목에서 보면 비록 만만한 군더더기 말 같겠지만 간과 쓸개를 잠시 허락하신다면 작은 재주를 감추지 않고 다시 문장을 엮어 볼까 하는데, 보고 웃어 주실 수 있겠습니까?

근래에 법미法味를 세밀히 살펴보고 또 사람들의 근기를 궁구해 보니, 마음과 경계가 본래 공하다는 오묘한 뜻을 먼저 관찰하여 그로 하여금 무념無念의 진실한 본체를 앉고 눕고 하는 일용생활 가운데에서 홀로 우뚝 드러나게 해야 합니다. 그런 다음에 이것으로 만족하지 말고 다시 본분가本分家의 곧장 절단하는 언구[111]를 참구하여 주관 객관의 남은 티끌들을 씻어야 합니다. 그렇게 한다면 그들이 옛 성인들이 손을 잡고 서로를 따랐던 경지에 가까워질 것입니다.

스님들은 이미 그 순서를 알고 계실 겁니다. 하지만 혹시나 함부로 뛰어넘으려고 마음먹거나 또는 동분서주하는 견해를 섭렵할까 걱정되어 늙은 벗의 속정을 망령되게 늘어놓았으니, 양민을 억압한다며 책망하지 말고 이 일에 부지런히 힘쓰십시오. 그렇게 하신다면 훗날 얼굴이 어찌 서로를 비추지 못하겠습니까? 상詳 형은 마음과 경계 사이에서 졸렬하게 성질 부리던 습관을 선정을 집지하는 경지에서 녹여 버렸다고 하니, 옛사람들이 크게 기뻐하실 것입니다. 어찌 천 번 만 번 마음의 벗으로 여길 뿐이겠습니까. 스님을 스승으로 여길 것입니다. 총聰 도우는 교의 가르침에 부지런히 애쓰고 또 돌이켜 관찰하는 공부에 태만하지 않다니, 종사들이 종사가 되실 때에 과연 이와 같지 않았겠습니까? 진실로 이는 면목도 없는 늙은이가 크게 축하하는 바입니다. 세간의 분분한 말들이야 언급한들 무슨 이익이 있겠습니까. 따라서 생략하고 표현하지 않습니다. 삼가 올립니다.

答詳聰兩大禪

故人入相思三昧。頓忘簡規。信筆言志。惟師相照否。前來之便讀之。已悉其誼。霄壤之契。姑置言外耳。大凡斯世。吾徒渾入於知見叢中。純向一解文字。以其奇語妙句。論量聖意。少有符合之文句。聚頭推讓。以爲巨擘之。庶幾則此身素不巧於隨釋文理。何可望於一數也。又以忘言習觀智。徹三空之域。悠揚於離言之門指。作宗家之柱石。則斯人也。生踈於返觀工夫者。亦無能於齒人之數矣。如何師等以我相知之友。濫推若是之物。於大禪伯道德之境界乎。不堪慚愧之交幷耳。然書外承人之語。知敦實履踐之幾多。不勝栢悅之至。在吾師大眼分上。雖似萬萬剩語。肝膽暫許。不禁小技。更效絡索。其能笑領否。近來細詳法味。又悉人機。先觀心境本空妙旨。使其無念眞體。獨露於日用坐臥之中。然後不以此爲足。而更叅本分家直截言句。以洗能所餘塵。則其近於古聖把手相隨之地歟。師等已知次序。而恐有越躐之期。亦涉走東奔西之解。妄陳老友之情。勿以壓良爲笞。勉力此事。則他日面目。胡不相照耶。詳兄心境。暴卒之習。消融於執禪之地云。則故人之大喜。何啻千萬惟心之友。惟師得之耳。聰友勤勤敎誨。亦不怠返觀之功。宗師之爲宗師。果不如是乎。實是無面目老漢。爲所大賀處也。世間紛然等說。言之何益。故欠不宣。伏惟。

파근사 조실에게

편지가 와서 법미를 자세히 살펴보니 무사히 제접하고 있어 기쁨이 끝이 없네. 병의 액난에 쓰러지는 것을 지탱할 수가 없고 어둡고 침침함이 점점 심해지니, 이런 일이 허물이 없는 것인가? 꺾이고 부러질 조짐이로다. 그런 걸 어찌하겠는가. 하늘에 계신 은가恩家 역시 무사하신가? 마땅히 그리워하고 그리워해야 하리라.

예전부터 소지하던 공부는 한결같은가? 더욱 늘어나고 그 사이 시들해지지는 않았는가? 오륙 년이나 이미 귓가에 간곡히 당부했으니, 혹 이 노승의 이빨을 애석해하는 정을 믿는다면 어찌 방심하거나 물러남이 있을 수 있겠는가. 이것은 당사자가 알아서 할 일이니, 내 어찌 감히 말하겠는가.

또한 덕이란 본래 부드럽게 어울리고 선하게 순응하는 가운데 일어나는 것이다. 이것 역시 항상 제기했던 이야기인데 혹시 망각했는가? 사람들이 비록 때리고 욕한다 해도 공을 설하고 헛됨을 아는 자가 어찌 한을 품겠는가? 옛사람이 말씀하기를 "남과 나를 구분하는 견해의 산이 무너진 곳에 무위의 도가 저절로 완성된다."[112]고 한 것이 이것이다. 몇몇 나어린 제자들은 설하고 듣는 사이에 『기신론』을 휴대하고 있는가?

산을 옮기는 일은 잘 생각해 보고, 따르는 무리들과 세밀하게 의논해서 편의에 따라 처리하기를 바라네. 안으로 사사로운 생각을 이겨 내는 공부를 감추고 밖으로 뽐내는 교만한 태도가 없다면 어디 간들 불편하겠는가. 내년은 인겁寅劫의 해이니, 헛되이 놀랄 일이 있을까 걱정이네. 삼가고 공부에 전념하게나. 노승이 돌아갈 날은 심인心印이 이끌 바이기에 돌아갈 날짜를 정할 수 없을 따름이네. 나머지는 일일이 말하지 않겠네. 헤아려 주시게나.【이상 두 장의 편지는 화상의 친필이다.】

波根祖室中

書來細悉法味。無事提接。爲喜無已。病陁無撓支撐。而昏瞳漸深。是事無過乎。摧折之端矣。如之何也。天在恩家。亦無事否。當在戀戀。前日所持工夫如一。益增而無忽於其間乎。五六年身數。曾已叮囑於耳邊。倘信老僧惜齒之情。則安能放心而有退乎。此在當人。吾何敢言。且德之爲本起於柔和善順之間矣。此亦常常提起之談。或恐忘却耶。人雖打罵。說空知虛者。何恨之有哉。古云人我山崩處。無爲道自成者是也。若干兒子。帶起信於說聽之間乎。移山事。善爲思量。與相從輩細議。從便如意處之爲望。內藏剋念工。外無矜慢之態。則安徃而不便哉。來年寅刧之年。恐有虛驚之事也。愼之。專念工夫也。老僧歸期。爲印字所牽。不能定歸期耳。餘不一一。姑惟。【右兩張書和尙之親筆】

용담 대사 행장

화상의 법휘는 조관慥冠이요, 자는 무회無懷며, 용담龍潭은 그의 호이다. 속성은 김씨金氏이고, 남원南原 사람이다. 어머니는 서씨徐氏인데, 서씨가 한 마리 용이 승천하는 꿈을 꾸고 임신하였으며, 강희康熙 경진년(1700) 4월 8일에 낳았는데 골상이 신령하고 수승하였으니 창끝처럼 뾰족하고 산봉우리처럼 예리하였다. 9세에 입학하여 눈으로 열람하기만 하면 남김없이 암송하였고, 15세 이전에 유업儒業을 이미 완성하였다. 때로 한묵翰墨의 장에 들어가 일과제日課第에 여러 차례 합격하여 향리에서 기동奇童이라 칭하였다. 16세에 먼저 아버지를 잃고는 3년 동안 피눈물을 흘리면서 세상의 무상함을 관찰하고 새장을 벗어날 뜻을 깊이 품었다.

19세에 출가하겠다고 어머니에게 청하자 친지들이 억지로 말릴 수 없어 허락하였다. 결국 감로사甘露寺 상흡尙洽 장로에게 의탁하고 더불어 삭발하였으며, 태허당太虛堂 취간就侃 대덕에게서 구족계를 받았다. 향당의 유사들은 이 소식을 듣고 "호랑이가 빈 숲에 들어갔으니 장차 크게 포효하겠구나." 하고 탄식하였다. 22세에 걸음을 나서 화엄사로 향하였고, 처음으로 상월霜月 대사를 참예하였는데, 대사가 한번 보고는 깊이 그를 그릇이라 여겼다. 수년을 복역하고는 24세에 영남과 호남을 두루 유행하며 유명한 스님들을 두루 참방하였으니, 말하자면 영해影海[113]·낙암洛庵[114]·설봉雪峰[115]·남악南岳[116]·회암晦庵[117]·호암虎巖[118] 등 여러 대화상들이었다. 선과 교에 있어서 오묘함에 이르지 못한 것이 없어 이르는 곳마다 건드리기만 하면 툭 터져 명성이 크게 드러났으니, 이것이 사향노루가 봄산을 지나가면 퍼지는 향기를 막기 어렵다는 것이다.

행각을 마치고 나서는 오직 돌이켜 관조하는 것으로 자기 업을 삼고 붓과 벼루를 거두어 바위에다 박살을 내었다. 견성암見性菴에서 지내며 『기신론起信論』을 독송하던 어느 날 밤, 모든 부처님의 말씀이 단지 이 경지일 뿐임을 홀연히 깨닫고 신비로운 마음이 활짝 열렸다. 여명이 밝아올 무렵에 여러 경을 손 가는 대로 잡고 살펴보니, 곧 말씀말씀이 과연 밤중에 깨달은 바와 같았다. 3일 후 꿈속에서 신비한 동자가 한 상자의 책과 열 장의 편지를 화상께 받들어 올렸는데, 그 편지 앞면에 진곡震谷이라 쓰여 있었으니, 그가 동방을 진동시킨다는 징조의 의미였을까? 화상은 스스로 깨달은 후에 더욱 명철해져 검은 장막을 추켜올리고 찾아오는 학인을 받아들여야 마땅했으나, 작은 것을 얻은 것으로 만족하지 않고 더욱 앞으로 나갈 것을 구하였다.

호남에 명진당冥眞堂 수일守一 대사가 계셨으니, 곧 월저月渚 스님의 고족제자로서 종안이 명백하고 견처가 고준하며 말씀에 메아리가 있고 구절 속에 칼을 감춘 자였다. 스님은 이 소문을 듣고 찾아가 뵙고 싶어 하였다. 명진 스님 역시 스님의 소문을 듣고는 먼저 스님의 처소에 이르렀다. 이에 스님이 기뻐하며 "마침 저의 숙원이었습니다." 하고는 이렇게 물었다.

"화장세계가 모든 곳에 변재하다면 현재 천당과 지옥은 마땅히 어느 곳에 있습니까?"

수일 장로가 대답하였다.

"회주의 소가 풀을 먹었는데, 익주의 말이 배가 터졌구나."

또 물었다.

"이렇게 격식을 벗어나 서로 만났지만 진실로 단박에 들어가지는 못했습니다. 다시 일전어를 청합니다."

그러자 대답하였다.

"천하 사람들이 의원을 찾아 돼지 왼쪽 허벅지에다 뜸을 뜨네."

스님이 이에 그 오의를 간파하고는 가슴으로 복종하였으니, 가히 신비로운 기틀이 서로 투합한 것이라 하겠다. 33세에 곧장 영원암靈源菴으로 들어가 십 년 동안 그림자가 산을 벗어나지 않겠다고 했던 원공遠公의 맹세로 깊이 맹세하였다. 그리고 암자 동쪽 모퉁이에 손수 흙집을 건축하였고, 또 암자 서쪽 기슭에 사祀를 하나 창건하고는 그 이름을 가은佳隱이라 하였다. 이렇게 죽을 때까지 좌선할 장소로 삼고는 극기의 공부에 더욱 힘썼다.

아! 검이 신령하면 빛이 쏟아져 나오고 과일이 익으면 향기가 날리는 법이라. 석덕과 고사들이 팔도에서 다투어 달려왔으니, 가히 해동의 상다리가 부러지는 회상이었다고 하겠다. 하지만 스님은 항상 자신을 낮추는 것으로 기반을 삼았기 때문에 거절하였다. 그렇게 비록 꿈쩍도 하지 않았지만 그 5리에 깔린 안개의 시장을 결국 고함으로 흩어버리기 어려웠다. 이로 인해 대중이 너도나도 옹립하여 저절로 등용문으로 변화했으니, 이를 아무 것도 하지 않고 이룩한 자라고 말하지 않을 수 있겠는가? 사람들에게 이끌려 결국 본래의 맹세를 완수하지 못하고, 회문산廻門山 심원사深源寺와 동락산動樂山 도림사道林寺와 지리산智異山의 여러 암자를 두루 유행하며 교화의 시장을 널리 열었다. 그렇게 염송拈頌의 종지로 용상龍象들을 우리와 새장에 가두고 원돈圓頓의 법으로 총림叢林을 확 뒤집어 놓은 것이 20여 년이었다.

그가 단에 자리하여 법을 강설하면 그 소리의 운이 웅장한 파도와 같고 그 설명이 강이 하늘에 매달린 것 같았으며, 한 마디 한 마디 한 구절 한 구절이 사람들로 하여금 설 자리를 만들게 하였기에 본 자 들은 자들이 마치 뼈를 바꾸고 창자를 씻은 듯하였다. 그리고 또 경론 중에서 단지 종지를 밝힐 것만을 요구하고 문장을 해석하는 것에 있어서는 교묘하지 않아 통발과 올가미¹¹⁹만을 숭상하는 자들은 간혹 제접이 무미건조하다고 그를 나무랐다. 기사년(1749) 겨울에 상월 화상이 의발을 전하였는데, 앞뒤로 5년을 시봉하면서 깨달은 바가 많았다. 신미년(1751) 봄에 대중들에게 고하기를 "(상월 화상의) 명을 수행해 2년이 넘게 문자공부만 하였으니, 어찌 부끄럽지 않겠는가." 하고는 결국 율시 한 수를 지었다.

> 깊은 속내를 억지로 토해 대중에게 알리니
> 강단에서 헛되이 희롱하며 현묘함과 기이함 설하였네
> 경전 보는 일 비록 젊은 날에야 허락되겠지만
> 백발이 되었을 땐 도리어 염불이 마땅하지
> 생사에서 만약 성인의 힘에 의지하지 않는다면
> 떠올랐다 가라앉았다 그를 지탱할 방도가 없지
> 하물며 또 세간은 자못 시끌시끌해
> 흰 구름 그윽한 골짜기로 돌아갈 생각이네

이를 대중에 게시하고는 강의를 그만두었다. 그러다 무인년(1758) 여름에 문도들이 강의를 받고자 다시 청한 까닭에 다시 대암臺庵에서 교화의 장을 열었으나 다음해 겨울에 다시 그것을 철회하였다. 그때 또 율시 한 수를 지었다.

> 경전 열람한 것 그 세월 얼마던가
> 귀밑머리의 청춘만 공연히 낭비했네
> 험한 인심을 알기에 병을 내세우고
> 세상의 분분함이 싫어 종적을 감춘다
> 골짜기 바람은 때맞춰 찾아 주는 벗
> 소나무에 달님은 저절로 오는 손님

선정 가운데 지기가 있으니
　　도를 기뻐하며 서로 가까이하리라

　전후로 대중을 물리고 선정과 지혜를 균등히 익힌 것이 자못 옛사람의 행적과 같았다. 스님은 형체와 위의가 큰 언덕과 같았고, 성품과 도량이 넓은 바다와 같았으며, 부드러움으로 일을 처리하고 관대하게 대중에 임하였으며, 걸리는 바 없이 호탕하였으니, 그 거두고 펴는 기틀의 변화를 누가 생각으로 헤아릴 수 있겠는가? 비록 그 문하에 노닌 제자들이라 해도 그 담장 안은 엿보질 못하였고, 많은 승려와 속인들이 간간이 찾아와 알현하고는 물러나면서 또 "직접 뵈니 소문보다 배는 더하다."며 감탄하였다.
　건륭 임오년(1762) 6월 27일에 입적하셨으니, 세수는 63세이고, 법랍은 44세였다. 임종할 때 시자에게 명하여 게송 한 구를 받아쓰게 하시며 말씀하셨다.

　　먼저 구품 연화대 위에 올라
　　옛 주인 아미타불을 우러러뵈리라

　그런 다음 손수 유촉을 쓰셨다.
　"사람의 삶 일어나고 사라짐이 구름이 허공에서 일어나는 것과 같아 원래 실체라 할 만한 것이 없다. 어찌 실체가 아닌 것을 실체로 여길 수 있겠는가. 도우들에게 바라노니, 즉시 다비하라. ……."
　문인들이 그 유교를 한결같이 준수하였다. 다비하던 밤에 신비한 빛이 내원의 골짜기와 하늘에 두루 펼쳐져 밖에 있는 자들이 먼저 보았다. 문인들이 5재를 지내는 밤에 사리 5과를 수습하였으니, 바로 꿈에 감응한 일이었다. 이를 나눠 세 곳에 탑을 세웠으니, 즉 삭발한 곳인 감로사와 오랫동안 노닐던 곳인 파근사와 입적한 곳인 실상사였다. 또 스님께서 읊으신 가송歌頌 약간 편이 일찍이 산실되었는데 이제 겨우 백여 수를 모아 간행한다.

그러나 문장은 바로 도인의 여사이다. 무릇 청이 있으면 생각을 거치지 않고 붓 가는 대로 일필휘지하는 것이 마치 형산荊山에 사는 사람이 옥으로 까치를 쫓는 것 같았다. 따라서 간혹 음률에 맞지 않는 경우도 있다.

아! 도탑고 명석했던 신우神宇는 아무리 우러러도 엿볼 수 없고 세차게 용솟음쳤던 법의 바다는 아무리 굽어보아도 측량할 수 없으니, 진실로 허술한 글재주로 칭술할 바가 아니다. 그러나 전하여 사라지지 않게 하고자 그 시말을 간략히 기술할 따름이다.

무자년(1768) 8월 일에 문인 혜암 윤장惠庵玧藏이 삼가 기록하다.

龍潭大師行狀

和尙法諱慥冠. 字無懷. 龍潭其號. 俗姓金氏. 南原人也. 母曰徐氏. 徐夢一龍昇天. 因而有娠. 以康熙庚辰四月初八日生. 骨相靈秀. 鋒穎峻銳. 九歲入學. 目所覽則無遺誦. 十五歲前儒業已成. 時入翰墨場. 累中日課第. 鄕稱奇童. 十六先失所怙. 泣血三年. 觀世無常. 深有出籠之志. 十九以出家. 請于慈親. 親知不可强而許之. 遂投於甘露寺尙洽長老. 仍以祝髮. 受具於太虛堂就侃大德. 鄕黨儒士. 聞之歎曰. 虎入空林. 將有大咆. 二十二發足向華嚴寺. 初叅霜月大師. 大師一見. 深器之. 服役數年. 而二十四遍遊嶺湖. 歷叅名師. 曰影海洛庵雪峰南岳晦庵虎巖諸大和尙也. 禪敎無不臻妙. 則到處扣決. 聲名大彰. 是謂麝過春山. 馨香難掩也. 行脚旣了. 唯以返照爲己業. 收筆硯碎石上. 在見性菴. 讀誦起信. 一日夜忽悟諸佛說只是這箇地. 神心豁然. 黎明諸經信手拈看. 則言言果如中夜所悟底也. 越三日. 夢中神童. 以册一凾. 書十張. 擎授和尙. 而書面曰震谷. 意其振東方之徵耶. 和尙自覺後. 益有明徹. 宜裹緇帷納來學. 而不以得少爲足. 愈

求前進。湖有冥眞堂守一大師。即月渚之高弟。宗眼明白。見處高峻。言中有響。句裡藏鋒者也。師聞而欲趁謁矣。冥眞亦聆師之風猷。先至師所。師喜曰。適我宿願也。問曰華藏遍一切處。現今天堂地獄。當在何處。一老答曰。懷州牛喫草。益州馬腹脹。又問曰。此是格外相見。實不頓入。更乞一轉語。答曰天下人求醫。灸猪左膞上。師於是覷其粤而服膺之。可謂神機相投也。三十三直入靈源菴。深以遠公十年影不出山之誓爲誓。而手築土窩於庵之東隅。又創一社於庵之西麓。名之曰佳隱。以爲終年宴息之所。而益務克己工夫。噫。劒靈光射菓熟香飄。碩德高士。八表爭趍。可謂海東折床會也。然師恒以自貶爲基故拒。雖膠固。其五里霧市。終難喝散。因衆紛擁。自化登門。可不謂之無爲而成者耶。被人所牽。竟未遂本誓。遍遊於廻門之深源。勐樂之道林。智異之諸庵。普開化市。而以拈頌之旨。牢籠龍象。以圓頓之法。掀翻叢林者。二十餘年。其臨坰講法。則聲韻雄浪。說河如懸。言言句句。令人搆取立地。見者聞者。若換骨洗腸焉。而且於經論中。只要明宗。不巧釋文。純尙筌蹄者。或以提接無味譏之。己巳冬。霜月和尙。傳托鉢衣。以前後五侍。多所悟益。辛未春。告徒曰。知命過二。文字工夫。豈不愧哉。遂作偈一律曰。强吐深懷報衆知。講坰虛弄說玄奇。看經縱許年青日。念佛偏宜髮白時。生死若非憑聖力。昇沉無計任渠持。況復世間頗閙閙。白雲幽谷有歸思。揭示大衆。仍罷講焉。戊寅夏。門徒復請講受故。再開化場於臺庵。翌年冬。還撤之。又作一律曰。閱經何歲月。空費鬢邊春。托病知人險。藏蹤厭世紛。谷風時至友。松月自來賓。之中知己在。於道喜相親。盖前後退衆。均習定慧者。頗同古人也。師之形儀魁岸。性度泓洋。處事以柔。臨衆以寬。宕無所碍。其卷舒機變。孰能思議耶。雖遊門之伍。未窺其墻。凡僧俗間來謁者。退且喑曰。面倍于耳聞。至乾隆壬午六月二十七日入寂焉。世壽六十三。法臘四十四。臨終時命侍者。寫一句偈曰。先登九品蓮臺上。仰對彌陁舊主人。次手書遺囑云。人生起滅。如雲起長空。元無所實。何可以不實爲實。願道友等。即時闍維云云。門人等一遵遺敎焉。闍維之夜神光周亘於內院洞天。在外者先見。門人輩收五箇舍利於第五齋夕。乃感夢也。分塔於三處。卽甘露寺之剃髮處。波根寺之熟遊所。實相寺之入寂地也。又師所詠歌頌若干篇。曾散失之。而今僅得百餘首。刊行焉。然文章乃道人之餘事。凡有請則不經意而信筆揮之。若荊山之人。以玉抵鵲也。故或不中音律。於戲。敦碩神宇。仰不可窺。洶湧法海。俯不可測。實非弱辭所能稱述。而爲傳不朽。略記始末耳。

戊子仲秋日。門人惠庵玩藏謹錄。

나는 용담 장로에게 믿음으로 향한 것이 깊었다. 비록 병 때문에 좌우에서 모시면서 힘든 일을 맡고 법과 계율을 들을 수는 없었지만 아름다운 용모와 옥 같은 말씀을 상상함으로써 티끌 같은 번뇌를 씻을 수 있었다. 입적하시고 어느덧 이제 7년, 그림자와 메아리가 다시는 이 중생을 맞이해 주실 수 없지만 나의 일심에 있어서는 진실로 살아 계실 때나 돌아가셨을 때나 간격이 없다. 그러나 돌아보면 유행시킬 것이 없고, 오직 그의 시문 약간 편뿐이었다. 이에 전발제자 혜암 장공이 기록한 것을 노년의 추함을 잊고 더위를 무릅쓰면서 잘 옮겨 적으며 미미한 정성이나마 담았다. 그리고 이로 인해 또한 아래쪽에 이름을 열거하고 이른바 이 몸과 마음으로 티끌처럼 많은 세계를 받들기를 바라노니, 이것이 곧 부처님의 은혜에 보답하는 자라고 하는 것일까?

때는 무자년(1768) 5월에 용성龍城의 노인 최재경崔載卿이 쓰다.

余¹⁾於龍潭長老。信向深矣。雖以病不能執勞役聽法戒於左右。然而想像丰容瓊語。以滌塵煩也。自示寂後。倏焉于今七年。影響莫得。而更接於此生。在我一心。實無間於存沒。然顧無以售焉。惟其詩文若干篇。乃傳鉢弟子惠庵藏公之所錄出者。忘老醜冒朱炎。繕寫以寓微誠。而因亦托名下方。庶幾所謂將此身心奉塵刹。是則名爲報佛恩者乎。

歲戊子仲夏。龍城老人崔載卿書。

---
1) ㉘ 이 글이 저본에는 「龍潭大師行狀」 앞에 있으나 『韓國佛敎全書』 편찬자가 여기로 옮겼다.

후록

감로사와 파근사와 실상사 세 곳에 모두 위답位畓[120]을 설치하여 그 사원寺員에게 2년 터울을 두고 제사祭祀를 시행하도록 하였다. 정해년(1767)에 감로사에서 먼저 행하였고, 무자년(1768)에는 파근사가 다음 차례이고, 기축년(1769)에는 실상사가 또 그 다음 차례이다. 이와 같이 끝나면 다시 시작하여 바퀴가 돌듯 끝없이 이어 가면 해와 달이 영원히 밝은 것과 같으리라 생각된다. 그리고 4월 초파일은 이미 우리 석가씨釋迦氏께서 강생하신 날이다. 즉 온 천하 사람들이 함께 재계齋戒하는 날일 뿐만 아니라 또한 선사께서 탄신한 날이기도 하다. 따라서 매년 그 날을 기일로 삼아 세 절에서 재회齊會와 다례茶禮를 지낸다. 그러나 이 역시 여러 절의 편의에 따른다. 그저 찾아오는 자들이 참고할 수 있도록 특별히 문집 말미에 썼을 뿐이다.

後錄

甘露波根實相等三處。皆置位畓。令其寺員。間二年行祭。而丁亥甘露寺首行。戊子波根寺次之。己丑實相寺又次之。如是終而復始。輪廻無窮。擬同日月之永明也。而四月初八日。既我釋迦氏之降生。則非唯通天下人所共齋夕。亦先師之誕辰。故每年以其日爲期。三寺齊會茶禮焉。然此亦從諸寺之願便也。只要來者可考。特書集末耳。

선사이신 용담 화상께서 읊으신 구절과 게송이 여러 곳에 산재한 것을 문인 혜암이 한 권으로 모았는데 거의 백여 수였다. 이를 판각하는 사람에게 맡기면서 선사의 행장과 묵본墨本을 가져와 나에게 주면서 그 말미에 발문을 쓰라 하였다. 이에 내가 말한다.

이것이 어찌 선사의 뜻이겠는가. 때는 신사년(1761) 여름, 스님께서 (병의) 심중함을 예상하지 못하던 때였다. 불민한 내가 내원의 동사에서 탕약을 시중들다가 벗의 부탁으로 하루는 조용히 백 년 후의 탑과 진영 등에 관한 일을 물었다. 그러자 스님께서 한참을 묵묵히 계시다 희미하게 웃으시며 말씀하셨다.

"사람이 어찌 자신을 모르겠는가. 내 일은 내가 안다. 무슨 후사가 있겠는가. 만일 있다면 우리 무리들이겠지. 어찌 세상에 알려지겠는가. ……."

또 옛날 살아 계실 때 비록 강의는 해 주셨지만 문자에 더럽혀지지 않고 속뜻의 궁구에 힘쓰셨으며, 방장실 안에서는 간혹 궤석에 편안히 기댄 것이 돌아가신 듯하였고, 문과 뜰 사이에서도 간혹 걸음을 잊고 우두커니 서 계시곤 하였다. 또 항상 "늙으신 어머님이 어느 곳에 계시다고 하지 못하는 자가 나다."라고 말씀하시다가 모친상을 당하자 더불어 강의까지 철회하셨고, 만년에는 정토법문을 좋아하며 매번 오직 마음의 자성뿐이라는 말씀으로 사람들을 제접하셨다.

스님의 뜻을 볼 때, 문자를 떠났을 뿐만 아니라 그것을 세상에 빛내고 유포시키려 마음먹었던 적이 없다. 하물며 시구이겠는가? 그러나 강의와 선정을 닦는 여가에 간혹 사람들의 청에 화답하거나 일로 인하여 우연히 읊으시면서 생각을 거치지 않고 손이 가는 대로 쓰셨다. 간간이 음률에 맞지 않는 부분도 있지만 그 표현이 순숙하고, 그 맛이 오래 갔으며, 그 말씀은 충이 아니면 효였고, 그 둘이 아니면 곧 도였으니, 속마음을 밖으로 표현한 게 아닌 것이 어찌 있을 수 있겠는가?

옛사람이 시는 성정性情에서 나온다 하였으니, 이미 성정에서 나온 시라면 시는 스님의 도를 벗어난 적이 없으며 스님의 도 역시 시를 벗어난 적이 없는 것이다. 시가 전해지면 곧 스님의 도가 남아 있는 것이다. 스님의 도가 보존되는 것은 반드시 시의 전승에 힘입어야만 한다. 뒤에 배우는 자들이 시를 보고 스님의 도가 우연이 아님을 알기를 기대한다.

아! 스님의 시는 세상에 간행되어야 마땅하도다. 한성瀚惺은 법의 비에 오래도록 목욕했기에 진실로 감동할 따름이다. 드디어 눈물을 닦고 삼가 쓰다.

용집龍集[121] 무자년 8월 일

先龍潭和尙所詠句偈。散在諸處者。門人惠庵。裒集一卷。殆百餘首。付剞劂氏。携先師狀墨本。授余跋其尾。余曰此豈先師意哉。歲辛巳夏。師不豫甚重。不佞侍湯於內院東社。因友囑一日從容。問百歲後塔影等事。師良久而微哂曰。人豈不自知。吾事吾知。有何後事。如有如吾輩。安得與世云云。且在平昔。縱使講授。不泥文務內究。丈室之內。或隱几似喪。戶庭之間。或忘行佇立。又常曰。不以老母在何者爲此。及喪母。仍撤講。晩好淨土法門。每以惟心自性之語接人。見師之意。不惟離文。未嘗以耀世流布爲心。況詩句乎。然講暇禪餘。或酬人請。因事偶吟。不經意。信手書之。間不中音律。而其辭熟。其味長。其言非忠則孝。非二則道。惡得有不情中而形外者耶。古人云。詩出性情。旣性情之詩。則詩未嘗離師之道。師之道亦未嘗外詩矣。詩之傳。卽師道之在。師道之存。必籍詩傳。庶後之學者。見詩而知師道之不偶然也。嗚呼師之詩。宜其刊行於世也。夫瀚惺久沐法雨。實爲感焉。遂抆涕謹書。

龍集戊子仲秋日。

건륭 33년 무자년 9월 일에 지리산 대암암臺巖庵에서 판을 간행하고 감로사 영각으로 옮겨 안치하였다. 각공은 금탁錦卓이다.

乾隆三十三年戊子。九月。日。刊板于智異山臺巖庵。移置于甘露寺影閣中。刻工錦卓。

주

1 장실丈室 : 방장실方丈室의 준말로 사방이 한 발쯤 되는 방이다. 옛날 유마거사維摩居士의 거실이 사방 한 발이었던 것에서 비롯되어 화상和尙이나 국사國師 등 고승의 처소를 일컫는 말로 쓰였다. 여기에서는 오래 수행한 승려에 대한 존칭으로 쓰였다.
2 팔공덕수八功德水 : 여덟 가지 좋은 특성을 함유한 청정한 물이다. 아뇩달지阿耨達池와 극락세계極樂世界 등지에는 금모래가 깔린 연못이 있고, 청정한 팔공덕수가 흐른다고 한다. 이를 감로수甘露水라 칭하기도 한다.
3 누조옹累祖翁 : 산중을 벗어나 돌아다니기를 좋아하는 승려를 누조累祖에 빗대어 꾸짖은 말이다. 황제黃帝의 아들 누조는 유람하기를 좋아하다가 길에서 죽었다고 한다. 후인後人들이 그를 행신行神(도로道路의 신)으로 여겨 제사를 지냈다.
4 조주의 무자(趙州無) : 간화선看話禪의 대표적 공안 가운데 하나다. 어느 스님이 조주 종심趙州從諗 선사에게 "개에게도 불성이 있습니까?" 하고 묻자 조주가 "없다(無)"고 대답하였다.
5 다섯 가지 고통(五痛) : 살생殺生·투도偸盜·사음邪淫·망어妄語·음주飮酒의 오악을 지은 이가 받아야 할 고통이다.
6 오음산五陰山 : 중생들이 색色·수受·상想·행行·식識을 나(我)와 나의 것(我所)으로 집착하여 교만을 떠는 것을 거대하고 견고한 산에 비유한 것이다.
7 본래인本來人 : 자아의 실상實相, 즉 진여眞如를 지칭하는 말이다.
8 우뚝 솟은~속으로 들어갔네 : 기대하는 마음이 큰 것을 표현한 말이다. 『詩經』「小雅」〈節南山〉에 "우뚝 솟은 저 남산이여, 바윗돌이 겹겹이 쌓여 있도다. 빛나고 빛나는 태사太師 윤씨尹氏여, 백성들이 모두 그대를 바라보도다.(節彼南山. 維石巖巖. 赫赫師尹. 民具爾瞻.)"라는 구절이 있다.
9 머리 긁으며(搔頭) : 그리움이나 번뇌 따위로 마음이 괴로운 모습을 형용하는 말이다. 『詩經』「邶風」〈靜女〉에 "사랑하되 만나지 못하여 머리 긁으며 머뭇거린다.(愛而不見. 搔首踟躕.)"고 하였다.
10 회암晦庵(1685~1741) : 조선의 스님으로 법명은 정혜定慧이다. 범어사梵魚寺 자수自守에게 찾아가 출가하자 자수는 그의 그릇이 뛰어남을 보고 충허冲虛에게 보냈으며, 충허는 그를 가야산 원민圓旻에게 데려가 참학參學시켰다. 이에 원민으로부터 구족계具足戒를 받고 장경藏經을 배웠다. 이어 향산香山의 추붕秋鵬이 호남에서 강석을 열자 원민의 허락을 얻어 참석하였고, 일암一庵·환성喚醒 등 고승을 두루 참방하고 금강산에서 좌선하였다. 이후 사람들의 청으로 석왕사釋王寺·명봉사鳴鳳寺·청암사靑巖寺·벽송사碧松寺 등지에서 강석을 열었고, 만년에 청암사에 주석하다가 1741년(영조 17) 5월 20일에 입적하였다. 저서로『華嚴經疏隱科』,『禪源集都序著柄』,『別行錄私記畵足』,『諸經論疏句絶』등이 있다. 불령산佛靈山 쌍계사雙溪寺에 그의 비가 있다.
11 두타頭陁 : Ⓢ dhūta의 음역으로 두다杜多·두다杜茶·두타杜陀로도 음역하며, 수치修治·세완洗浣·기제棄除·도태淘汰 등으로 의역하기도 한다. 번뇌의 티끌을 없애기 위해 의·식·주의 편의를 절제하는 생활을 말한다. 또한 절제하는 생활을 철저히 지키는 수행자를 지칭한다.

12 아상과 인상 : 특정한 모습이나 특성을 '나'와 '너'로 규정하고 집착하는 생각을 말한다. 또는 오온五蘊의 화합인 몸과 마음에 실재하는 나(我)가 있다거나 나의 소유(我所)라고 집착하는 소견을 아상我相이라 하고, 축생이나 무정물 등등과 구별되는 인간만의 특성이 존재한다고 집착하는 소견을 인상人相이라 한다.
13 전자향(篆香) : 전자篆字처럼 구불구불한 향, 또는 향 연기를 비유한 말이다.
14 중향성衆香城 : 금강산金剛山을 지칭한다. 오래전부터 금강산을 법용보살法涌菩薩 즉 담무갈보살曇無竭菩薩이 상주하며 마하반야바라밀을 항상 설하고 계시는 중향성으로 여기는 믿음이 우리나라에 있었다.
15 금사수金沙水 : 금강산에 있는 계곡 이름이다.
16 만폭동萬瀑洞 : 내금강의 상봉인 비로봉과 중향성 일대의 물이 기암괴석으로 이루어진 계곡을 따라 골골마다 나뉘어 흘러오다가 하나로 모이는 곳이다.
17 절(蕭寺) : 소사蕭寺는 사찰의 이칭이다. 양무제梁武帝가 불교를 신봉하여 사원寺院을 짓고, 소운蕭子雲에게 명하여 비백飛白으로 소사라고 크게 쓴 것에서 유래하였다.
18 한참이나 색동옷~보지 못한 : 춘추시대 초楚나라의 은사隱士 노래자老萊子는 70의 나이에도 부모님을 기쁘게 해 드리려고 색동옷을 입고 재롱을 떨었다는 고사가 있다.
19 부모님(庭闈) : 정위庭闈는 부모님이 살고 있는 방을 뜻하는데, 전하여 부모님이나 가정을 뜻하는 말로 쓰인다.
20 상월霜月(1687~1767) : 용담의 스승이다. 조선의 스님으로 속성은 손씨孫氏, 자는 혼미混迷, 법명은 새봉璽封, 호는 상월이다. 화엄종사華嚴宗師로서 대흥사大興寺 13대 종사大宗師 중 한 분이다. 조계산 선암사仙巖寺의 극준極俊을 은사로 출가하여 화악華嶽으로부터 구족계를 받고, 18세 때 설암雪巖을 참배하고 담론하였다. 이후 벽허碧虛·남악南岳·환성喚惺·연봉蓮峯 등 고승들을 참방하고 1713년(숙종 39)에 선암사로 돌아와 개당開堂하였고, 화엄사·선암사·대흥사 등지에서 학인을 교화하였다. 저서로 『霜月人師詩集』1권이 있다.
21 천고의 꽃다발에~내린 달밤(千古雜華霜月夜) : 화엄종주인 스승 상월을 빗대어 표현한 것이다. 잡화雜華는 『華嚴經』을 지칭하고, 상월霜月은 스승의 법호이다.
22 대의왕大醫王 : 석가모니불을 가리킨다.
23 용성龍城 : 남원南原의 옛 이름이다.
24 중니仲尼 : 공자孔子의 자이다.
25 대경大經 : 공명정대公明正大한 원리原理와 법칙法則을 말한다.
26 공문空門 : 공空을 배우는 문호, 즉 불교를 뜻한다.
27 하룻밤 자고 갔던 사람(一宿人) : 당나라 영가 현각永嘉玄覺(647~713) 대사를 지칭한다. 천태의 지관법문止觀法門에 정통했던 현각은 좌계 현랑左谿玄朗의 권고로 무주 현책婺州玄策과 함께 조계의 육조 혜능六祖慧能을 참례하고, 문답하는 자리에서 곧바로 인가를 받았다. 그 즉시 떠나려다 육조의 청으로 하룻밤 자고 갔다 하여 당시 사람들이 그를 '일숙각一宿覺'이라 칭하였다.
28 제회際會 : 풍운제회風雲際會의 준말로서 임금과 신하가 의기투합하는 것을 말한다. 『周易』 건괘乾卦 문언文言의 "구름은 용을 따르고 바람은 범을 쫓는다.(雲從龍, 風從虎.)"라는 말에서 나온 것이다.
29 범음梵音 : 범패승梵唄僧의 소리를 일컫는 말이다. 범패는 어산魚山이라고도 한다.

30 옥천玉泉 : 옥천사玉泉寺에서 처음으로 범패梵唄를 가르쳤던 진감 선사眞鑑禪師를 지칭한다. 한국 범패의 시조로 추앙된다. 「眞鑑禪師大空塔碑文」에 따르면 진감 선사는 804년(애장왕 5) 세공사歲貢使로 당나라에 갔다가 830년(흥덕왕 5)에 귀국하여 옥천사에서 범패를 가르쳤다고 한다. 옥천사는 지금의 쌍계사雙溪寺이다.

31 원유遠遊의 가르침 : 『論語』「里仁」에서 "부모님이 살아 계실 때에는 멀리 나가서 놀지 말 것이요, 나가서 놀더라도 반드시 일정한 처소가 있어야 한다.(父母在。不遠遊。遊必有方。)"라고 하였다.

32 콧구멍 : 본래의 면목을 상징하는 말이다. 선종에서 주로 사용하는 용어이다.

33 십계十界 : 모든 세계를 지옥·아귀·축생·아수라·인간·천상·성문·연각·보살·불의 열 종류로 분류한 것이다.

34 옥황상제(紫皇) : 자황紫皇은 자미궁紫微宮의 황제皇帝란 뜻으로 곧 옥황상제를 뜻한다.

35 옥과 비단(玉帛) : 옥백玉帛은 고대에 천자께 조회하거나 제후諸侯들이 회맹會盟할 때 가지고 가던 예물이다. 『淮南子』「原道」에 "우禹임금이 제후들을 도산塗山에서 회합하였는데, 옥백을 가지고 온 나라가 1만 국國이나 되었다."고 하였다.

36 그 중도를 잡으셨네(執厥中) : 『書經』「虞書」〈大禹謨〉에서 순임금이 우임금에게 천하를 양위할 때 "인심은 위태롭고 도심은 미묘하니 오직 정밀하고 오직 한결같아야 진실로 그 중도를 잡으리라.(人心惟危。道心惟微。惟精惟一。允執厥中。)"고 당부하였다.

37 사은四恩 : 네 가지 은혜로 부모·국왕·중생·삼보의 은혜, 또는 부모·스승·국왕·시주의 은혜를 사은이라 한다.

38 쌍수雙修 : 정혜쌍수定慧雙修의 준말로서 선정과 지혜를 균등히 닦는 것을 말한다.

39 유월의 바람을 타고 : 『莊子』「逍遙遊」에서 "붕새가 남쪽 바다로 옮겨갈 때는 수면을 치면서 삼천 리를 달리다가 회오리바람을 박차고 구만 리 상공으로 솟아올라 6월의 큰바람을 타고서 남쪽 바다로 날아간다."고 하였다.

40 누런 잎을~달래는 것 : 방편인 경전에 집착하지 말라는 뜻이다. 『大般涅槃經』 권20 「嬰兒行品」(T12, 485b)에서 "저 어린아이가 울 때에 부모가 버드나무의 누런 잎을 들고서 '울지 마라 울지 마라, 내가 이 황금을 너에게 줄게'라고 말하면 어린아이가 그것을 보고는 진짜 황금이라고 생각하곤 울음을 그치는 것과 같다.(如彼嬰兒啼哭之時。父母即以楊樹黃葉而語之言。莫啼莫啼我與汝金。嬰兒見已生真金想便止不啼。)"라고 하였다.

41 동천洞天 : 도가道家 용어로 신선이 사는 곳을 뜻한다. 인간세상에 36동천이 있다고 한다. 『述異記』 권하.

42 진기眞機 : 참된 심기心機, 즉 망상을 벗어난 본연의 실상인 진여眞如를 말한다.

43 혼침惛沈과 도거掉擧 : 두 가지 모두 번뇌심소煩惱心所이다. 혼침은 마음이 어둡고 답답한 것이고, 도거는 마음이 안정되지 못해 들뜨는 것이다.

44 방울방울 거기나~게 없다네 : 일체 현상이 본연의 심기心機 작용作用을 벗어나지 않음을 말한다. 방온龐蘊 거사가 약산 유엄藥山惟儼을 하직할 때, 약산이 선객들에게 산문 밖까지 전송하라 하였다. 거사가 펄펄 내리는 눈을 가리키면서 "좋은 눈이로다! 송이송이 딴 곳에 떨어지지 않는구나.(好雪片片不落別處。)"라고 하였다. 『碧巖錄』 제42칙.

45 담무갈(無竭) : 무갈無竭은 담무갈曇無竭의 준말이다. ⓢ Dharmodgata의 음역으로 보살 이름이며, 담마울가타曇摩鬱伽陀라고도 하고, 법성法盛·법용法勇·법상法上·법기

法起로 의역하기도 한다. 중향성중香城의 성주이고, 항상 『般若波羅蜜多經』을 설한다고 한다.

46 서교西敎 : 서방에서 온 가르침, 즉 불교를 뜻한다.
47 오늘의 일(今日事) : 본래사本來事와 대비하여 사용하는 말이다. 평등한 본연의 성품을 등지고는 분별에 집착하여 나와 너, 이것과 저것 등으로 계교하고 그 가운데서 시비是非·득실得失·성패成敗를 따지는 것을 말한다.
48 옛날 사람(舊時人) : 본래인本來人이라고도 한다. 생멸 변화에 상관하지 않는 진면목眞面目, 즉 불성佛性을 뜻한다.
49 개미의 꿈(蟻子夢) : 인생살이의 부귀영화가 꿈처럼 부질없음을 뜻하는 말이다. 남가일몽南柯一夢의 고사에서 유래하였다. 당나라 때 순우분淳于棼이라는 사람이 술에 취해 집 앞의 홰나무 아래에서 잠이 들었다가 사자使者를 따라 괴안국槐安國에 가서 국왕의 사위가 되어 온갖 부귀영화를 누리며 살았다. 그런데 깨어나 살펴보니, 홰나무 아래에는 개미집이 있고 자기가 갔던 괴안국은 그 개미들의 나라였다고 한다.
50 훤당萱堂 : 『詩經』 「衛風」 〈伯兮〉에 "어이하면 원추리를 얻어 북당(背)에 심어 볼까.(焉得諼草。言樹之背。)"라고 하였는데, '훤諼'은 '훤萱'과 같다. 이에 어머니들이 거처하는 북당北堂을 훤당 혹은 훤실萱室이라 하였다.
51 북극성(北宸) : 천하의 중심인 임금을 뜻한다.
52 호리병 속~달이 뜬다 : 중국 후한 시대에 비장방費長房이라는 사람이 어느 날 이상한 광경을 보게 되었다. 시장에 약장수 할아버지가 있었는데, 언제나 가게 앞에 항아리를 하나 두고 시장이 파하면 항아리 속으로 들어가 사라지는 것이었다. 비장방이 이상하게 여겨 그 할아버지를 찾아가자 할아버지가 그를 항아리 속으로 안내하였는데 그 속에 별천지가 있었고, 약장수 할아버지는 하늘에서 지상으로 유배된 신선인 호공壺公이었다고 한다. 『後漢書』 「方術傳」.
53 상림桑林의 혜택惠澤 : 임금이 기우제를 지내 가뭄이 해소된 것을 말한다. 탕왕이 하나라 걸桀을 정벌한 후 7년 동안 혹독한 가뭄이 들었는데, 태사太史가 점을 치고 하는 말이 "사람을 희생으로 하여 비를 빌어야 한다."고 하였다. 탕왕이 이에 자신이 희생이 되겠다고 자청하여 재계齋戒하고는 모발과 손톱을 자르고 소거素車에 백마白馬를 타고서 자신의 몸을 흰 띠풀(白茅)로 싸서 희생의 모양을 갖추고 상림의 들에 가서 세 발 달린 정鼎을 놓고 산천山川에 기도하면서 여섯 가지 일로써 자책하였다. 그러자 말이 끝나기도 전에 큰 비가 내렸다고 한다. 『事文類聚』 「天道部」 〈禱雨〉.
54 해바라기 마음(葵心) : 해를 향해 기우는 해바라기처럼 일편단심 임금을 사모하는 마음을 말한다.
55 역동易東 : 우탁禹倬(1263~1342)을 지칭한다. 고려 말 정주학程朱學 수용 초기의 유학자로 본관은 단양丹陽이고, 자는 천장天章 또는 탁보卓甫, 호는 백운白雲 또는 단암丹巖, 시호는 문희文僖이다. 성균좨주成均祭酒로 치사致仕한 뒤 예안禮安에 은거하면서 후진 교육에 전념하였다. 경사經史에 통달하였고 역학易學에 더욱 조예가 깊어 세상에서 '역동선생易東先生'이라 일컬어졌다.
56 부자께서도 흐르는 시내를 노래했다 : 『論語』 「子罕」에 "공자가 시냇가에서 말하기를 '떠나가는 것이 이와 같구나. 밤낮으로 쉬지 않는구나(子在川上曰。逝者如斯夫。不舍晝夜。)'라고 하였다."는 구절이 있다.

57 우산牛山의 눈물 : 인생이 짧은 것을 한탄하는 것이다. 우산은 산동성山東省에 있는 산이다. 제 경공齊景公이 우산에서 노닐다가 북쪽으로 국성國城을 바라보고는 눈물을 흘리면서 "어떻게 이곳을 버리고 죽을 수 있겠는가."라고 하며 탄식했다고 한다. 『晏子春秋』「諫上」.

58 신생申生 : 춘추시대 진 헌공晉獻公의 태자이다. 헌공이 총애하던 애첩 여희驪姬가 태자 신생을 죽이려는 계책을 내어 신생이 아버지 헌공을 독살하려는 것처럼 꾸미니, 헌공은 노하여 태자의 스승 두원관杜原款을 죽였다. 어떤 사람이 신생에게 사실을 밝히기를 권하자 말하기를 "아버지는 여희가 아니면 편안히 지내지 못하고 배불리 먹지 못한다. 내가 해명하면 여희가 죄를 얻게 될 것이다. 아버지가 이미 늙으셨으니, 내가 또 그렇게 할 수 없다." 하였다. 또 달아나라고 권하자 말하기를 "아버지께서 그 죄를 살피지 못했으니, 이러한 누명을 쓰고 다른 나라로 도망친다면 그 누가 나를 받아들이겠는가." 하고, 목을 매어 죽었다. 『春秋左氏傳』 희공僖公 4년.

59 용 비늘(龍鱗) : 임금의 위엄을 뜻한다.

60 『서난록舒難錄』 : 원명은 『奮忠紓難錄』이다. 조선 중기의 고승인 유정惟政의 문집으로 일기와 상소문 및 임진왜란 때의 행적 등을 기록한 책이다. 1688년(숙종 14) 5대 법손法孫 남붕南鵬 등이 편집·간행하였고, 1739년(영조 15) 신유한申維翰이 보필하여 밀양密陽 표충사表忠寺에서 개판하였다.

61 동우東隅 : 해가 뜨는 곳으로, 곧 동국東國과 같은 뜻이다.

62 고산곡(高山) : 백아伯牙가 탄 거문고 곡조를 말한다. 백아가 마음속에 '높은 산(高山)'을 생각하고 거문고를 타면 종자기鍾子期가 이를 알아듣고 "훌륭하구나, 험준하기가 태산과 같다.(善哉。峨峨兮若泰山。)"라고 평하고, 백아가 마음속에 '흐르는 물(流水)'을 생각하고 거문고를 타면 종자기가 이를 알아듣고 "훌륭하구나, 광대한 흐름이 강하와 같다.(善哉。洋洋兮若江河。)"라고 평하였다 한다. 『列子』「湯問」.

63 패수貝樹 : 패엽수貝葉樹의 준말로 불경佛經을 뜻한다. '패貝'는 ⓢ Pattra의 음역으로 패다라貝多羅·패다貝多라고 하며, 다라多羅 나무의 잎이다. 인도에서 종이 대신에 글자를 쓰는 데 사용하였다. 패엽은 범어의 음역과 그 번역이 중복 사용된 단어이다.

64 상문桑門 : ⓢ Śramaṇa의 음역이다. 상문喪門·사문沙門·사문娑門·사문나沙門那·사라마나舍囉摩拏라고도 하며, 식심息心·공로功勞·근식勤息으로 의역하기도 한다. 출가 수행자를 일컫는 말이다.

65 취령鷲嶺 : 유람한 산들을 부처님께서 주석하셨던 왕사성王舍城의 영취산靈鷲山에 빗대어 표현한 것이다.

66 죽림竹林 : 머무른 정사를 부처님께서 주석하였던 왕사성王舍城의 죽림정사竹林精舍에 빗대어 표현한 것이다.

67 금어金魚 : 잉어 모양을 새긴 금으로 만든 부절符節이다. 당나라 때 3품 이상의 관원이 찼다고 하여 고관을 뜻한다.

68 십주十洲 : 신선이 산다는 10개의 주, 곧 조주祖洲·영주瀛洲·현주玄洲·염주炎洲·장주長洲·원주元洲·유주流洲·생주生洲·봉린주鳳麟洲·취굴주聚窟洲를 말한다.

69 매각梅閣 : 매화가 활짝 핀 관아官衙를 가리킨다. 남조南朝 양梁나라의 하손何遜이 양주揚州의 법조法曹로 있었는데, 관아의 동쪽 청사에 매화나무 한 그루가 꽃이 만개하였으므로 하손은 그 아래에서 매일 시를 읊곤 하였다. 하손이 뒤에 낙양洛陽으로 돌아

왔으나 그 매화를 잊을 수가 없어 다시 그곳으로 부임할 것을 청하였다. 이후로 동각관매東閣官梅라 하여 지방의 관아를 지칭하는 말로 쓰였다.

70 금헌琴軒 : 수령의 정사당政事堂을 말한다. 공자孔子의 제자인 복자천宓子賤이 선보單父의 수령으로 있으면서 단지 거문고(琴)를 타고 노래만 부를 뿐 공당公堂에 내려간 적이 없는데도 고을이 잘 다스려졌다는 고사에서 유래하였다.『呂氏春秋』「察賢」.

71 호계虎溪의 삼소三笑 : 이별을 아쉬워하는 정을 표현하는 말이다. 여산廬山 동림사東林寺의 혜원慧遠이 평소에는 손님을 전송하며 호계를 넘지 않았는데 도연명陶淵明과 육수정陸修靜이 찾아왔을 때는 이어진 정담에 자기도 모르는 사이 호계를 지나쳤고, 이 일로 세 사람이 크게 웃었다고 한다.

72 소구蔬句 : 육식을 하지 않고 채식을 하는 승려들의 시문을 일컫는 말이다. 야채와 죽순을 먹고 고기는 섭취하지 않는 승려들의 시문이나 언사에 나타나는 특유의 말투와 분위기를 흔히 소순의 기미(蔬笋氣)라 한다.

73 모래를 찌던 나그네 : 소용없는 짓에 집착하는 어리석은 사람을 뜻한다.『首楞嚴經』권 6(T19, 131c)에서 "모래를 쪄서 그것을 밥으로 만들려 하는 것과 같나니, 백천 겁을 경과한들 그저 뜨거운 모래라 할 뿐이다.(如蒸沙石欲其成飯。經百千劫祗名熱沙。)"라고 하였다.

74 밥을 설명하던 사람 : 입으로만 이치를 떠들 뿐, 실제로는 이익을 조금도 누리지 못하는 사람을 뜻한다. 아무리 밥에 대해 잘 설명해도 주린 배가 부르진 않는다. 선가에서 자주 쓰는 표현이다.

75 항사겁恒沙劫 : 헤아릴 수 없을 만큼 긴 시간을 항하恒河, 즉 갠지스 강의 모래알 수량에 비유한 말이다.

76 진묵겁塵墨劫 : 헤아릴 수 없을 만큼 긴 시간을 먼지의 수량에 비유한 말이다. 진점겁塵點劫이라고도 한다. 삼천대천세계를 부수어 미진微塵을 만들어 하나의 미진을 1겁으로 계산했을 때 전체 미진의 숫자에 해당하는 겁수이다.

77 세 수레의 비유 :『法華經』「譬喩品」에서 불타는 집 안에서 놀이에 여념이 없는 어린 아이들을 구하기 위해 아버지가 아이들이 좋아하는 수레로 아이들을 집 밖으로 유인해서는 그들이 불길을 빠져나오자 아이들이 기대도 하지 않은 흰 소가 끄는 훌륭한 수레를 주었다는 비유가 나온다. 여기에서 아버지는 부처님을, 아이들은 중생을, 양·사슴·소가 끄는 세 가지 수레는 삼승三乘 즉 성문·연각·보살의 가르침을, 흰 소가 끄는 수레는 일승법을 비유한다.

78 절정節程 : 송대 성리학의 기반을 다진 소강절邵康節과 정호程顥의 병칭으로 추측된다.

79 누추한 시골에서 안빈하시니 : 공자孔子가 안회顏回를 칭찬한 말에서 나왔다.『論語』「雍也」에서 "어질구나, 회여. 한 덩이 주먹밥과 한 바가지 물로 누추한 시골 구석에서 살자면 다른 사람은 그 걱정을 견디지 못하건만 회는 도를 즐기는 마음을 변치 않으니, 어질구나, 회여!(賢哉回也。一簞食。一瓢飮。在陋巷。人不堪其憂。回也不改其樂。賢哉回也。)"라고 하였다.

80 가섭산迦葉山 : 곧 계족산鷄足山을 지칭한다. 중인도 마가다국에 있는 산으로 마하가섭이 이 산에 오래도록 머물다 입적하였다.

81 도군陶君 : 동진東晉 때의 고사高士인 도잠陶潛, 즉 도연명陶淵明을 지칭한다. 그가

지은 〈歸去來辭〉에 "외로운 소나무를 어루만지며 서성인다.(撫孤松而盤桓)"는 구절이 있다.

82 문수보살(曼殊) : 만수曼殊는 ⓢ Mañjuśrī의 음역인 만수실리曼殊室利의 준말이다. 문수사리文殊師利·만수시리滿殊尸利라고 하기도 하고, 줄여서 문수文殊라 하기도 한다. 대승경전에 등장하는 보살이다.

83 보안보살(普眼) : 대승경전에 등장하는 보살이다.

84 옥 상자와~두루마리의 경책 : 귀중한 서적을 비장秘藏한 것들로서 전하여 귀중한 서적을 뜻한다.

85 자존慈尊 : 자비로우신 존자라는 뜻으로 부처님을 지칭하는 용어이다.

86 기림祇林 : 기타태자의 숲이라는 뜻으로 기수祇樹라고도 한다. 곧 기원정사祇園精舍를 가리킨다.

87 시라尸羅 : ⓢ śīla의 음역이다. 계율戒律·율律로 번역하기도 한다. 육바라밀의 하나로 부처님이 제정한 금계와 율의를 지켜 허물을 방지하고 악을 멀리 여의는 것이다.

88 범주梵呪 : 범어로 된 주문이란 뜻으로 곧 진언眞言을 뜻한다.

89 지남指南 : 나침반이다. 사남司南이라고도 하며, 정확한 지침을 뜻한다.

90 눈가림이니(遮眼) : 경전을 마주하고 있을 뿐 사려思慮에 매몰되지는 않는다는 뜻이다. 어느 날 약산 유엄藥山惟儼 선사가 책을 보고 있자, 그 방 앞을 지나던 백암柏巖이 "화상和尙께서 평소에 다른 사람에게는 경經을 보지 못하게 하시면서 왜 스스로는 경을 보십니까?" 하고 물었다. 그러자 유엄이 "나는 다만 눈가림을 하기 위해 보는 것이다.(我只圖遮眼)"라고 하였다. 『傳燈錄』

91 천봉天峰(1710~1793) : 조선의 승려로 법명은 태흘泰屹, 자는 무등無等, 호는 천봉이다. 황해도 서흥 출신이다. 16세에 유덕사有德寺로 출가하여 명탁明琢의 제자가 되었고, 도원道圓으로부터 구족계具足戒를 받았다. 20세에 우첨雨霑에게 불경을 배운 뒤, 여러 선지식을 찾아 공부하였다. 뒤에 배천의 호국사護國寺에 돌아가 참선 정진하였으며, 해숙海淑의 법을 받았다.

92 눈 내린~오로지 잊었네 : 구도의 의지가 강렬함을 2조 혜가慧可 대사(487~593)의 고사에 빗대어 표현한 것이다. 40세에 숭산 소림사로 보리달마菩提達磨를 찾아간 혜가는 면벽하며 말이 없는 달마에게 가르침을 청하며 물러나지 않았는데, 그날 밤 눈이 내려 무릎까지 쌓였다고 한다.

93 척안隻眼 : 일척안一隻眼이라고도 하고, 정문안頂門眼·정안頂眼·정안正眼·명안明眼이라고도 한다. 천지를 지배하는 마혜수라의 이마에 있는 눈으로서 모든 것을 보는 눈, 즉 진실을 꿰뚫는 안목을 말한다.

94 아홉 번이나~드물다고 허락하리다 : 설봉 의존雪峰義存(822~908) 선사는 행각할 때에 투자投子에게 세 번이나 찾아가고 동산洞山에 아홉 번 올랐지만 끝내 깨달음을 얻지 못했다. 그러다 동산의 권유로 덕산 선감德山宣鑑을 찾아가 마침내 깨달음을 얻었다. 구도자의 간난신고艱難辛苦를 표현할 때 이 예를 많이 사용한다.

95 살수薩水 : 청천강淸川江의 옛 이름이다.

96 검산劒山의 소식 : 검산은 칼이 숲을 이룬 산으로 곧 지옥을 뜻한다. 지옥에 떨어질 것이 분명하다는 뜻이다.

97 늙은 오랑캐(老胡) : 선종禪宗의 초조인 보리달마菩提達磨를 지칭한다.

98 일곱 근 포삼(斤七布衫) : 승려들의 장삼을 조주 스님의 고사에 빗대어 표현한 것이다. 어떤 승려가 조주趙州에게 "만법이 하나로 돌아간다고 하는데, 그 하나는 어디로 돌아갑니까?(萬法歸一。一歸何處。)" 하고 묻자, 조주가 "내가 청주에 있을 때 삼베 적삼 하나를 만들었는데, 그 무게가 일곱 근이었다.(我在青州。作一領布衫。重七斤。)"라고 대답하였다. 『碧巖錄』 제45칙.

99 삼라만상은 한~드러난 것이다 : 『佛說法句經』「普光問如來慈偈答品」(T85, 1435a)에 나온다. 그러나 이 『法句經』은 소승의 『法句經』과는 다른 것이다. 반야부와 화엄·법화 등 대승의 법요를 엮은 것으로 추정되는 의경疑經이다. 후진後秦의 승조僧肇가 『寶藏論』에서 "故經云森羅及萬象一法之所印。"이라고 인용한 것으로 보아 그 번역 시기는 오래된 것으로 추정된다.

100 휴구休咎 : 아름다운 징조(休徵)와 나쁜 징조(咎徵), 즉 길흉吉凶을 뜻한다.

101 황령黃嶺이라 명명한~ 않았다는 것이다 : 색깔의 '황黃'은 오행五行의 '토土', 방위로는 '중앙'에 해당한다.

102 중묘中廟 : 중종中宗 치세를 뜻한다.

103 성상 즉위 24년 정묘년 : 정묘년은 1747년으로 건륭 12년, 영조 23년에 해당한다. 앞에서 건륭 13년, 영조 24년이라 한 것과 맞지 않다. 둘 중 하나는 오기로 판단된다.

104 팔인의 재앙(八人之禍) : 화재火災를 뜻한다. '火' 자를 '八'과 '人'으로 파자破字한 것이다.

105 서산西山을 법조로 하여 5세손이고 : 원문은 "西山法祖三世孫。"이나 '三'은 '五'의 오자인 듯하다. 수정하여 번역하였다. 명진의 법맥은 청허 휴정—편양 언기—풍담 의심—월저 도안—명진 수일로 이어진다. 따라서 서산의 5세손이라야 옳다.

106 월저月渚(1638~1715) : 조선 승려로 법명은 도안道安이다. 9세에 출가하여 천신天信의 제자가 되었고, 금강산에 들어가 풍담 의심楓潭意諶 문하에서 휴정休靜의 밀전密傳을 참구하였으며, 화엄학華嚴學과 삼교三敎에 두루 통하였다. 1664년(현종 5) 묘향산에서 『華嚴經』을 강의하자 화엄종주華嚴宗主라 찬양하며 수많은 청중이 모였다. 저서로 시문집인 『月渚堂大師集』 2권과 『佛祖宗派圖』가 있다.

107 겸추鉗鎚 : 대장간에서 사용하는 집게와 망치이다. 선사가 학인을 지도할 때 사용하는 매서운 수단을 비유하는 말로 쓰인다.

108 검은 장막(緇帷) : 고인高人과 현사賢士가 강학하는 곳에 둘러친 검은 장막을 말한다. 공자孔子가 천하를 주유하면서 검은 장막을 치고서 『詩經』과 『書經』을 강학한 데서 비롯되었다.

109 일전어一轉語 : 선가에서 사용하는 용어이다. 상황을 단번에 전환시킬 한마디, 즉 본성을 깨우치게 하는 한마디를 뜻한다.

110 잣나무의 기쁨(栢悅) : 벗의 행운을 함께 기뻐한다는 뜻이다. 서진西晉 때의 문인 육기陸機의 〈歎逝賦〉에 "참으로 소나무가 무성하면 잣나무가 기뻐하고, 아! 지초가 불타면 혜초가 탄식하도다.(信松茂而栢悅。嗟芝焚而蕙歎。)"라고 하였다.

111 본분가本分家의 곧장 절단하는 언구 : 선가禪家의 화두話頭를 말한다.

112 남과 나를~저절로 완성된다 : 야운 각우野雲覺牛의 『自警文』에서 인용하였다.

113 영해影海(1668~1754) : 조선의 승려로 법명은 약탄若坦이다. 전라도 고흥 분천粉川 출신으로 10세에 출가하여 능가사楞伽寺 득우 장로得牛長老의 제자가 되었다. 17세

에 수연秀演을 찾아가 가르침을 청하고, 이후 수연의 법을 이었다. 송광사松廣寺와 능가사楞伽寺에서 화엄의 교학을 강설하였다. 저서로 3권의 문집이 있었으나 2권은 없어지고 『影海大師文集』 1권만 전한다.

114 낙암洛庵(1666~1737) : 조선의 승려로 법명은 의눌義訥이다. '낙암洛巖'이라고도 하고 능허凌虛라고도 하였다. 속성은 박씨朴氏로 경상북도 일선군一善郡 해평촌海平村 출신이다. 12세에 기양基陽의 곡대사谷大寺로 출가하여 황악산 모운慕雲으로부터 구족계具足戒를 받았다. 28세에 용문사龍門寺 상봉霜峰의 법을 잇고 후학 양성에 힘썼다. 입적 직전에 "유골을 부도에 간직하거나 영정을 안치하지 말라."는 유언을 남겼다. 그의 제자 유기有璣 등이 행장을 짓고, 비는 현풍 유가사瑜伽寺에 세웠다.

115 설봉雪峰(1678~1738) : 조선의 승려로 법명은 회정懷淨이다. 전라남도 영암 출신이며, 9세에 달마산達磨山 희명 장로熙明長老의 권유로 입산하여, 16세에 머리를 깎고 승려가 되었다. 그 후 문신文信에게 경론經論을 배우고 그의 법을 이었다. 청빈한 생활에 여러 경전에 통달하여 남방의 모든 승려들이 그를 선림종주禪林宗主라 불렀다. 법을 이은 제자로 각원覺喧 등 16명이 있다. 다비 후 사리 1과와 영주靈珠 1매를 얻어 미황사美黃寺에 탑을 세웠다. 김진상金鎭商이 찬술한 비가 있다.

116 남악南岳(?~1732) : 조선의 승려로 법명은 태우泰宇이다. 전라도 용성龍城 출신이며, 청허淸虛의 6세손인 추붕秋鵬의 법을 이었다. 참판 오광운吳光運이 찬한 비문에 의하면, 이덕수李德壽와 매우 친하였고, 이덕수는 그를 호남의 종승宗乘이라 평하였다. 저서로는 『南岳集』 1권이 있다.

117 회암晦庵 : 주 10 참조.

118 호암虎巖(1687~1748) : 조선의 승려로 법명은 체정體淨이다. 16세에 출가하여 지안志安의 법을 전수받았다. 대흥사 13대종사大宗師 중 제10종사이고, 영남의 명찰인 통도사와 해인사에 오랫동안 머물면서 후학들을 지도하였다. 만년에는 강석을 파하고 오직 선정禪定만 닦다가 금강산 표훈사表訓寺 내원통암內圓通庵에서 입적하였다.

119 통발과 올가미(筌蹄) : 목적 달성을 위한 수단이나 도구를 비유한다. 즉 깨달음을 얻기 위한 수단인 경론의 언구를 비유하는 말이다.

120 위답位畓 · 위토답位土畓 또는 개인답位畓이라고도 한다. 제사를 지내는 데 드는 비용을 마련하기 위해 운영하는 논밭을 말한다.

121 용집龍集 : 태세太歲의 이명으로 기년紀年할 때 쓰는 말로써 연차年次, 세차歲次를 뜻한다. 용龍이라는 이름의 별은 1년에 한 번 제자리로 돌아온다고 한다. 집集은 별이 그 자리로 다시 돌아온다는 뜻이다.

찾아보기

각 도우覺道友 / 86, 199
감로사甘露寺 / 32, 33, 207, 263, 267, 272, 275
거삼 대사巨三大師 / 142
견성암見性菴 / 264
경화景貨 / 69, 143
관 도우舘道友 / 160
관 상인寬上人 / 78
관 장실關丈室 / 209
교선交禪 / 252
국태 사미國泰沙彌 / 29, 80
금탁錦卓 / 275
기 상인奇上人 / 74
기성 사機性士 / 134
기성 장로箕城長老 / 90, 96, 167, 181, 219

낙암洛庵 / 263
남악南岳 / 263
남애기인南崖畸人 / 30
낭휘 선사朗輝禪師 / 141

달원 상인達原上人 / 190
담 선사湛禪士 / 236
담와병부澹窩病夫 / 33
대암臺庵 / 226, 266
대암암臺巖庵 / 275
대은 사미大隱沙彌 / 237
덕성 상인德星上人 / 54
도솔암兜率庵 / 169
도일 상인道日上人 / 241
동운 장실東雲丈室 / 100

명봉 상인名鳳上人 / 63, 222
명진 대사冥眞大師 / 33, 40, 132, 255, 264
문 도우文道友 / 203

벽송사碧松寺 / 92
보괴 두타寶乖頭陁 / 176
보원寶圓 선사 / 255
봉 상인鳳上人 / 180

삼 두타森頭陁 / 93, 123
상詳 대선사 / 258
상월 화상霜月和尙 / 103, 201, 263
상흡尙洽 장로 / 263
『서난록舒難錄』/ 198
서산西山 / 250, 255
선래 사미善來沙彌 / 147
설봉雪峰 / 263
성 상인成上人 / 170
성 장실性丈室 / 137
성주 사미性柱沙彌 / 154
성학 사미聖學沙彌 / 191
성희性熙 장로 / 251
수일守一 / 33, 255, 264
수 장실壽丈室 / 140
숙 범음淑梵音 / 121
승해僧海 / 115
신순민申舜民 / 30
실상사實相寺 / 33, 272
심인心印 / 165, 232
심 장실心丈室 / 162

안 장실岸丈室 / 153
안 장실安丈室 / 182
여릉汝楞 / 131
연 장실演丈室 / 204
연 장실沇丈室 / 247
열 도우悅道友 / 106

영원암靈源菴 / 33
영해影海 / 263
옥경玉鏡 / 252
우계迂溪 / 243
우 상인愚上人 / 120
우 장실宇丈室 / 41, 56
우진 사미宇眞沙彌 / 52
운서雲瑞 / 73
운집 장로雲集長老 / 251
원각 학인圓覺學人 / 230
원규元圭 / 68
원 상인圓上人 / 76
월암 장로月巖長老 / 50
월저月渚 / 255
유 상인柔上人 / 233
유여 수좌有如首座 / 128
유 장실宥丈室 / 242
윤언 사미允彦沙彌 / 108
윤일 사미允一沙彌 / 114
윤장玧藏 / 33
은 도우블道友 / 183
인관印寬 / 252
인 상인璘上人 / 119
인 상인印上人 / 116
인 상인仁上人 / 216
일 도우一道友 / 215
일 장실日丈室 / 159

자현 사미自賢沙彌 / 75
잠 상인岑上人 / 74
장우長愚 대사 / 252

정 도우淨道友 / 48
정 상인政上人 / 235
정양사正陽寺 / 99, 186
제 상인弟上人 / 74
제 선사濟禪師 / 217
준학 사미峻學沙彌 / 81
지 상인知上人 / 58, 133
지홍 사미志洪沙彌 / 57

채심采心 / 65
척 장실偶丈室 / 240
천봉 장로天峰長老 / 234
체안 선자體安禪子 / 43, 69
초 선사初禪師 / 155
초 장실初丈室 / 139
총 상인聰上人 / 113, 258
최재경崔載卿 / 271
춘 상인春上人 / 238
출형出泂 / 252
취간就侃 대덕 / 263
치영 사미致永沙彌 / 61

탄화 상인綻花上人 / 138
태고암太古庵 / 66
태운 상인泰運上人 / 151
태허당太虛堂 / 263

파근사波根寺 / 32, 33, 261, 272
평 장실平丈室 / 184
포인 도우抱仁道友 / 89
표충사表忠寺 / 74

학 장실學丈室 / 129
한성澣惺 / 274
해 선사海禪師 / 179
현각玄覺 장로 / 255
현 선사賢禪師 / 62
혜 선사慧禪師 / 189, 221
혜암 윤장惠庵玧藏 / 268, 271
호암虎巖 / 263
환 어산還魚山 / 122
환해 장실幻海丈室 / 51
활 선사闊禪士 / 152, 157, 228
활연당豁然堂 / 252
황령암黃嶺庵 / 250
황암黃庵 / 70
회기會器 / 42
회암 화상晦庵和尙 / 92, 263
휘 도우徽道友 / 44, 161
흘 상인屹上人 / 59, 220

극암집

|克庵集|

극암 사성克庵師誠
이대형 옮김

극암집克庵集 해제

이 대 형
동국대학교 불교학술원 교수

1. 개요

『극암집克庵集』은 대구 팔공산 파계사把溪寺를 중심으로 활동한 극암 사성克庵師誠(1836~1910)의 문집으로, 『한국불교전서』 제11책에 실려 있다. 극암은 영파 성규影波聖奎(1728~1812)의 맥을 이은 하은 응상霞隱應祥의 법을 받았고, 제자로 혼원 세환混元世煥(1853~1889) 등을 두었다.

2. 저자

극암 사성의 자字는 경래景來이고, 별호는 연사蓮史와 금거琴居이다. 「세가 자서世家自叙」에 자신과 가문에 대해 기술해 놓았으니 이를 근거로 하면, 달성達城 서씨徐氏이고 속명은 병조炳朝이다. 동고東皐 서사선徐思選(1579~1650)에 대해 8세손이 된다. 부친은 영간榮榦이고, 모친은 전주 이씨李氏 두표斗杓의 따님이다.

극암은 헌종憲宗 병신년(1836) 정월 27일에 옥산리玉山里에서 태어났다. 6세에 부친이 돌아가시고 9세에 입학하였으나 배움을 이루지 못하였고, 14세에 모친께서 또 돌아가셨다. 떠돌다가 16세에 산에 들어가 삭발하고 학암鶴巖 화상께 구족계를 받고, 하은霞隱 화상께 법을 받았으며, 혼허混虛 화상께 불경을 배웠고, 만파萬波 화상께 글쓰기를 배웠다. 대장경을 남김없이 열람하고 남은 힘으로 유학 서적도 공부하니, 경전과 역사서, 여러 사상가들의 책을 널리 읽어 통했다. 왕왕 관리·선비들과 시를 읊조리며 주고받으니, 이에 명성이 경상도에서 대단했다. 1910년 11월 30일에 팔공산 파계사에서 입적하니, 세수世壽 75세, 법랍 60세였다.

상좌인 혼원 세환이 불행히도 단명하고, 혼원의 법자法子인 석응 달현石應達玄이 1911년 무렵에 문집을 편집, 발간했다. 제자 혼원의 문집『혼원집混元集』이『극암집』과 함께 대흥사에 소장되어 있고, 혼원의 제자 우당藕堂은 필사본『우당시고藕堂詩稿』를 남겼다.

3. 서지 사항

『극암집』은 해남 대흥사와 규장각에 소장되어 있는 목활자본으로 3권 1책이다. 반엽광곽半葉匡郭은 19.5×15.8cm, 10행 20자로 되어 있다. 판심版心은 내향이엽內向二葉 화문어미花紋魚尾이다. 표제와 판심제, 권수제 모두 '克庵集'이다.

극암의 법손法孫인 석응 달현과 속세의 조카 서한기徐翰基 등이 1911년 무렵에 편집, 간행하였다.

4. 내용과 성격

권두에 1904년 대구의 유학자 이화상李華祥과 1905년 마산 군수 조병유趙秉瑜의 서문이 있고, 권말에 저자가 쓴 「세가 자서世家自敍」와 법손 석응 달현의 「가장家狀」(1911년), 속세의 조카 서한기의 발문(1909년) 및 박해령朴海齡의 후서後敍(1909년)가 있다.

권1은 오언절구 9수, 오언율시 12수, 칠언절구 9수, 칠언율시 36수, 만挽 8편, 권2는 서書 25편, 권3은 서序 5편, 기記 3편, 찬贊 3편, 문文 7편 등으로 구성되어 있다.

극암은 1883년에 제자 혼원 세환과 혼경 세영混鏡世暎을 데리고 금강산 유람을 갔다. 이에 대한 자세한 기록이 『혼원집』 권2 「금강록金剛錄」에 전한다. 그리고 당시 통천 수령으로 옮겼던 이보인李輔仁의 환대를 받고 시를 수창하였다. 이보인은 통천을 맡기 전에 대구에 있었고, 그때 극암과 교분을 맺었다. 『극암집』에는 이보인을 비롯하여 두 명의 제자들이 지은 시까지 적혀 있어 당시의 분위기를 실감 나게 전해 준다.

1) 유자들과의 교유를 적은 시와 편지

극암의 시에 등장하는 승려로는 혼원混元・수옹睡翁・석응石應・축삼竺森・홍 상인弘上人이 있다. 홍 상인을 제외하고는 다 가르침을 담은 시를 적어 준 것이다. 그러므로 극암은 다른 승려들과 그다지 시를 수창하지 않았다고 할 수 있다. 극암이 시를 수창한 인물은 주로 유자들이다. 그 가운데 관리로는 대구大邱 통판通判 이보인李輔仁, 구산龜山 사군使君 조병유趙秉瑜, 밀주密州 사군 조장우趙章宇가 해당되고, 일반 유자로는 사문斯文 김성호金聲浩, 정현익鄭玄益, 사문 박회도朴會道, 야엄거사也广居士 추문석秋文碩, 사문 채정식蔡廷植, 유생 이덕양李德養, 유생 박재우朴在佑가 해당된다. 이렇게 보자면 극암이 수창한 유자들은 관료보다는 주로 일반 유자들이었다고 할 수 있다.

〈파계사 금당에 쓰다(題把溪金堂)〉의 경우에는 여러 유자들의 시가 부록으로 실려 있다. 백운白雲 이화상李華祥, 치당恥堂 신숙균申琡均, 송재松齋 현경운玄擎運, 성당惺堂 이정상李定祥, 우항雨航 정내조鄭來朝, 중산中山 서경순徐畊淳, 동초東樵 소현규蘇鋧奎, 하산霞山 서긍수徐兢洙, 노산蘆山 우동식禹東軾 등의 시가 실렸다. 이들은 파계사 부근 마을에 거처하는 유자들로 추정되는데, 극암과 이들은 우동식의 표현처럼 "꽃처럼 환하게 서로 흉금을 나누었던(襟懷相許粲花筵)" 사이라 하겠다.

이름을 밝히지는 않았지만 유자들 여럿과 모여 시회를 가졌던 것으로 보이는 시로는 〈계남의 작은 모임(溪藍小會)〉이 있다. 〈난계蘭禊〉 시 등을 통해 보건대, 극암은 유자들과 시 짓는 모임을 정례적으로 가졌던 것으로 보인다.

만시가 8편이라 하였으나 마지막 〈은자의 노래(隱者歌)〉는 만가라기보다는 산림에 은거한 대장부의 삶을 읊은 노래다. 나머지 7편은 모두 유자들에 대한 만시이다. 이 가운데 김도제金道濟에 대해서는 따로 서문을 적어 친밀했던 관계를 기록해 두었고, 상대방이 없는 현실에 대해서는 "책상에 가득한 경전과 역사서 등을 누구와 토론할 것인가.(滿案經史。孰與論是。)"라고 통곡한다고 하였다.

〈은자의 노래〉는 만시 7편의 총합이라 할 수도 있고, 극암 자신의 삶에 대한 스스로의 평가일 수도 있다. 자연 속에서 화평한 마음으로 호연지기를 기르며 소요하는 모습을 담았다. 여기엔 유자와 승려의 지향이 융화되어 자연과 더불어 사는 삶만이 존재한다. 일부를 제시하면 아래와 같다.

세상 티끌 미치지 못함이여	世塵不到兮
언덕과 굽이도는 시냇가에서 즐겁고	阿陸澗槃樂于于

| 마음은 봄처럼 화평함이여 | 心地春和兮 |
| 품성은 달처럼 밝아 어둔 거리 깨뜨리네 | 性天月朗破昏衢 |

세상 영욕이 미치지 않는 자연 속에서 자연의 이치를 즐기며 달이 '어둔 거리'를 밝히듯 무명無明을 타파한다고 읊었다. 불교적 용어를 사용하지 않았지만 위 시는 극암의 오도송으로 보아도 좋지 않을까.

권2에는 편지(書) 25편이 실려 있는데, 사문 김준영金俊榮을 비롯한 유자 18명, 경산慶山 사군 이헌소李憲昭와 기장機張 사군 오영석吳榮錫 등 수령 2명, 응담凝潭을 비롯한 승려 5명으로 구별된다. 유자들과 서신 교환이 많았음을 알 수 있다. 시의 내용은 문안 편지가 대다수이며, 그 밖에 붕우의 도리를 논하거나 시를 구하는 것 등이다. 「보운寶雲 화상께 드리는 편지」는 '선화상先和尙의 비각(碑宇)'에 대한 것이므로 「영파影波 화상의 비각碑閣을 중수重修하는 회문回文」과 관계가 있다고 하겠다. 「하산거사霞山居士 서긍수徐兢洙에게 보내는 답서」에는 자신의 문집을 만들기 위해 법손 석응石應이 애쓰고 있다고 하여 문집 편집의 과정을 보여 준다.

2) 계보, 도교적 성향의 산문

권3에는 여러 문체가 실려 있는데 「결제 상단 축찬結制上壇祝贊」과 「결제 중단 축찬結制中壇祝贊」은 다른 문집에서는 보기 어려운 글이다. 계보 서문이 2편 실려 있는 것과 「기우제문祈雨祭文」과 「천황제문天皇祭文」이라는 도교적 성격의 글이 특징적이다. 「파계사 금당암 칠성전 상량문把溪寺金塘庵七星殿上樑文」 역시 칠성전을 다룬다는 점에서 도교적이다.

계보에 관한 것으로는 「불조보세계佛祖譜世系 서序」와 「승보僧譜 서序」가 있다. 「불조보세계 서」에서는 과거 장엄겁에서부터 28세 달마를 거쳐 임제臨濟의 선풍이 그의 20세손인 석옥 청공石屋淸珙에 이르러서 고려의 태고 국사太古國師 보우普愚(1301~1382), 조선의 함월 해원涵月海源(1691~1770), 영파 성규影波聖奎(1728~1812)를 거쳐 자신에게 이어진다고 했다. 원대元 代 석옥 청공의 법을 전수한 태고 보우의 법맥이 환암 혼수幻庵混修와 구 곡 각운龜谷覺雲 등을 거쳐 휴정으로 이어졌다고 하는 계보 인식은 1764 년 채영采永이 찬술한『해동불조원류海東佛祖源流』의 법통 인식과 일치한 다.「승보 서」에서는 같은 문중이면서도 서로를 알지 못하는 폐단을 고치 기 위해 승보가 필요하다고 했다. 이는 문중이 그만큼 확장된 것을 말하 는 한편, 복제服制 3년·1년 등의 유가의 친족 관계를 불가에서도 수용하 였음을 보여 준다. 계보에 대한 의식은「다축문茶祝文」에서 "소목昭穆을 분 명히 함에 족보가 존재하네.(蓋明昭穆。世譜攸存。)"라는 대목에서도 보이고, 자기 계파에 대한 의식은「영파 화상의 비각을 중수하는 회문」에서도 보 인다.

조선 후기 불가 문집에서는 도교적 성향의 글들이 수록된다. 예를 들어 응운 공여應雲空如(1794~?)의『응운공여대사유망록應雲空如大師遺忘錄』에 실 린「칠성전 불량계 서문七星殿佛粮禊序文」과「산신각 권선문山神閣勸善文」, 「칠성각 권선문七星閣勸善文」등 칠성전이나 산신각에 대한 언급은 이전 문집에서는 찾아보기 어려운 것으로, 조선 후기 불가의 도교적 경향을 보 여 준다고 할 만하다.『극암집』에도 칠성전을 다룬「파계사 금당암 칠성전 상량문」이 있고, 이와 더불어「기우제문」등에서도 도교적 성향을 보인다. 「기우제문」은 "삼가 시절 음식을 갖추고 몇 줄의 고달픈 말로 천지신명 께 고합니다.(謹具時羞。以數行苦語。薰告于天地神祇。)"라고 하여, 부처님이 아 닌 '천지신기天地神祇'께 고한다는 점에서 일반 기우제와 차별이 없다.「천 황제문」은 팔공산 꼭대기에 있는 우뚝한 나무에 제를 지내는 모습을 담고 있다. '천황'이란 표현은 옥황상제를 뜻하므로 도교적 성격임이 분명하다.

5. 가치

『극암집』은 팔공산을 중심으로 19세기 말에 활동한 승려의 모습을 담고 있다. 시를 수창하면서 원시와 다른 이들의 시를 부기하여 당시 분위기를 짐작할 수 있게 하였다.

「결제 상단 축찬」과 「결제 중단 축찬」은 안거에 임하면서 축원한 내용으로 다른 문집에서는 보기 어려운 문체이다. 「불조보세계 서」와 「승보 서」 등에서는 계보를 중시여기는 태도를 보여 주며, 「기우제문」과 「천황제문」 등에서는 조선 후기 불교의 특징인 도교적 성향을 보인다.

6. 참고 자료

김용태, 「극암집 해제」, 규장각한국학연구원(http://e-kyujanggak.snu.ac.kr).
이대형, 「응운공여대사유망록 해제」, 『응운공여대사유망록』, 동국대학교출판부, 2014. 6.

차례

극암집克庵集 해제 / 291
일러두기 / 304
극암집克庵集 서序 / 305
극암집克庵集 서序 / 308

주 / 311

극암집 제1권 克庵集 卷一

오언절구五言絶句-9편
사문 김성호의 은거에 대해 쓰다 題金斯文聲浩幽居 315
은선암을 방문하여 訪隱仙庵 316
이씨의 산속 정자에 갔다가 만나지 못하고 過李氏山亭不遇 317
또 又 318
봄날에 노호 정현익의 은거지에 가서 春日過蘆湖鄭玄益幽居 319
우연히 읊다 偶吟 320
봄날에 되는 대로 읊다 春日謾吟 321
강 누각에 밤에 앉아 江閣夜坐 322
낙조落照 323
입춘立春 324

오언율시五言律詩-12편
이별의 시에 화답하다 和留別 325
덕산에서 자고 일찍 출발하며 宿德山早發 326
중추에 객을 마주하여 仲秋對客 327
봄날 즉석에서 春日卽事 328
나그네 길에 客裏 329
낙금헌의 시에 차운하여 次樂琴軒韻 330

세모에 양진을 건너며 歲暮過陽津 331
객에게 보이다 示客 332
수석대에 대해 쓰다 題水石臺 333
혼원에게 보여 주는 게송 示混元偈 334
수옹에게 보여 주는 게송 示睡翁偈 335
석응에게 보여 주는 게송 示石應偈 336

칠언절구 七言絶句-9편

석천폭포를 보며 觀石泉瀑布 337
수양버들 垂楊 338
그리움 두 수 懷人二絶 339
사월 글방에서 밤에 대화하며 沙月塾夜話 340
나그넷길에 송별하며 客中送別 341
고인의 시를 읽고서 讀故人詩 342
최정산을 바라보며 望最頂山 343
사문 박회도에게 드림 呈朴斯文會道 344
봄날 길을 가다가 春日途中 345

칠언율시 七言律詩-36편

산성에서 봄 아침에 안개를 헤치며 山城春朝啄霧 346
새벽에 동천을 나서며 曉出洞天 347
친구에게 회포를 풀어내며 與友人叙懷 348
초승달 初月 349
제비 鷰 350
아이들 놀이를 보고 看兒戱 351
통판 동릉 이보인의 시에 차운하여 敬次通判洞陵李輔仁韻 352
금강산을 완람하며 통천의 총석정과~ 玩金剛。而意見通川之叢石金蘭~ 354
바다를 보고 觀海 357
밀양 수령 조장우의 시에 삼가 차운하여 謹次密州使君趙章宇韻 358
유생 박재우와 함께 지은 부 與朴生在佑共賦 360
갑자년 가을에 호남에 갔다가 날이 저물어~ 歲甲子秋。爲客湖南。抵暮寄宿~ 361

가을밤에 손 마주해 '마음 심' 자를 뽑아서 秋夜對客拈心字 ········ 362
산에서 등 켜고 대화하다 山燈會話 ········ 363
봄날에 함께 읊다 春日聯吟 ········ 364
반딧불을 노래하다 詠螢 ········ 365
야엄거사 추문석을 이별하며 別也广居士秋文碩 ········ 366
계남의 작은 모임 溪藍小會 ········ 367
사곡의 은거지를 방문하여 쓴 시를 차운하여 次訪師谷幽居韻 ········ 368
대율리 서당을 중수하면서 지은 시에 차운하여 次大栗里塾重修韻 ········ 369
유산객의 시첩에 쓰다 題遊山客詩帖 ········ 370
유학자 만호 채정식의 시에 차운하여 次晚湖蔡斯文廷植韻 ········ 371
잔치를 베풀어 작별함 餞別 ········ 372
팔하 족장 석지의 생일잔치 시에 차운하여 次八下族丈錫止晬宴韻 ········ 373
난계蘭稧 ········ 374
학산의 단란한 대화 鶴山欒語 ········ 375
고향 편지를 보고 느낌이 있어 회포를 적다 見故鄕書有感寫懷 ········ 376
축삼 사미에게 주는 가르침 贈竺森沙彌訓語 ········ 377
이 몇 마디 말을 항상 좋아했는데 홍 상인이~ 此數語常愛. 而因弘上人歸~ ········ 378
동지冬至 ········ 379
연죽와 시에 차운하여 次然竹窩韻 ········ 380
구산 수령 운파 조병유의 생일잔치 시에~ 次龜山使君雲坡趙秉瑜晬宴韻 ········ 381
학산에서 유생 이덕양과 시를 짓다 鶴山客裏與李生德養拈韻 ········ 382
가을날 단아한 모임 秋日雅集 ········ 383
병중에 우연히 읊다 病中偶吟 ········ 384
파계사 금당에 쓰다 題把溪金堂 ········ 385

만시挽詩-8편

매수 정관용에 대한 만시 挽梅叟鄭官容 ········ 389
만호 사문 채정식에 대한 만시 挽晚湖蔡斯文廷植 ········ 390
매석 대아 김도제에 대한 만시 輓梅石金大雅道濟 ········ 391
호군 김정두에 대한 만시 挽護軍金楨斗 ········ 393
극은 이상후에 대한 만시 挽克隱李相厚 ········ 394

동지 신곡 이순일에 대한 만시 輓同知莘谷李順一 395
오위장 마형두에 대한 만시 挽五衛將馬亨斗 396
은자의 노래 隱者歌 397

주 / 398

극암집 제2권 克庵集 卷二

편지(書)-25편

시광 김준영 사문에게 보내는 답서 答詩匡金斯文俊榮書 409
경산 사군 이헌소에게 올리는 답서 答上慶山使君李憲昭書 411
응담에게 보내는 편지 寄凝潭書 412
기장 사군 추원 오영석에게 드리는 편지 呈機張使君秋園吳榮錫書 413
상사 박제순에게 보내는 편지 與朴上舍齊淳書 415
진사 김준근에게 보내는 답서 答金進士俊根書 417
사문 김정로에게 보내는 편지 與金斯文貞魯書 419
대아 두계화에게 보내는 답서 答杜大雅啓華書 420
대아 박정수에게 보내는 편지 與朴大雅廷秀書 421
대아 이춘섭에게 보내는 편지 與李大雅春燮書 422
일허 주지께 보내는 답서 答一虛丈室書 424
일청거사 전낙도에게 보내는 답서 答一靑居士全洛都書 425
효자 김우묵을 위로하는 편지 慰金孝禹默書 426
혜운당께 보내는 답서 答惠雲堂書 428
사문 최정술에게 보내는 답서 答崔斯文廷述書 429
우항 정내조에게 보내는 편지 與雨航鄭來朝書 430
용호 화상께 드리는 편지 呈龍湖和尙書 431
보운 화상께 드리는 편지 呈寶雲和尙書 432
대호 사문 장용수에게 보내는 답서 答大湖蔣斯文龍洙書 433
단산 대아 최봉성에게 보내는 답서 答丹山崔大雅鳳成書 434
중산의 효자 서경순을 위로하는 편지 慰中山徐孝畊淳書 436

운초 대아 홍백우에게 보내는 답서 答雲樵洪大雅百佑書 **437**
매곡 대아 홍명우에게 보내는 답서 答昧谷洪大雅明佑書 **439**
율사 대아 홍규흠에게 보내는 답서 答栗史洪大雅奎欽書 **441**
하산거사 서긍수에게 보내는 답서 答霞山居士徐兢洙書 **443**

주 / **445**

극암집 제3권 克庵集 卷三

서序-5편
성전암 장명등 서 聖殿庵長明燈序 **453**
불조보세계 서 佛祖譜世系序 **455**
승보 서 僧譜序 **457**
연죽와 서 然竹窩序 **459**
학계 서 學契序 **461**

기記-3편
동화사 부도암 독락대 중수기 桐華寺浮圖庵獨樂臺重修記 **463**
파계사 성전암 중수기 把溪寺聖殿庵重修記 **465**
양주 도봉산 회룡사 중수기 楊州道峯山回龍寺重修記 **467**

찬贊-3편
결제 상단 축찬 結制上壇祝贊 **470**
결제 중단 축찬 結制中壇祝贊 **473**
꿈 풀이 찬 夢解贊 **475**

문文-7편
환성사 응향각 상량문 環城寺凝香閣上樑文 **477**
파계사 금당암 칠성전 상량문 把溪寺金塘庵七星殿上樑文 **481**
동화사 금당 탑전 상량문 桐華寺金堂塔殿上樑文 **485**

영파 화상의 비각을 중수하는 회문 影波和尙碑閣重修回文 488
기우제문祈雨祭文 489
다축문茶祝文 491
천황제문天皇祭文 493

세가 자서世家自序 / 494

[부록] 가장家狀 / 496

극암집克庵集 발跋 / 500
극암집克庵集 후서後叙 / 502

주 / 504

찾아보기 / 514

일러두기

1 '한글본 한국불교전서'는 문화체육관광부의 지원을 받아 동국대학교 불교학술원에서 수행하고 있는 '불교기록문화유산아카이브(ABC)사업'의 결과물을 출간한 것이다.

2 이 책은 『한국불교전서』(동국대학교출판부 간행) 제11책의 『극암집克庵集』을 저본으로 하여 번역하였다.

3 번역문에 이어 원문을 병기하였다. 원문은 『한국불교전서』를 저본으로 하였으며, 문文과 행장行狀의 원문에 간단한 표점 부호를 넣었다.

4 원문은 『한국불교전서』를 기본으로 하되 그 저본이 되는 목판본을 대교하여 제시하였다. 역자의 교감 내용에서 '저본'이라 함은 『한국불교전서』의 저본(목판본)을 말한다.

5 원문 교감 내용은 원문 아래에 표기하였다. ㉮은 『한국불교전서』의 교감 내용을, ㉰은 번역자의 교감 내용을 가리킨다.

극암집克庵集 서序

나는 이와 같이 들었다. 옛날 석가모니께서 세상에 나와 가르침을 펴실 때에 마음을 관찰하고 품성을 단련함을 위주로 하고 말없이 내면 관조함을 중요하게 여겼다. 그러나 갖가지 방편들에 대해 말하지 않을 수 없는데 말을 다 하지 못하므로 탄식하고 감탄하는 것을 표현하여 게송을 덧붙였다. 선가禪家의 시詩와 문文은 실로 여기에서 비롯되었다. 혹자는 시문에 대해 서교西敎(불교)의 주변이라고 하는데 그건 잘못이다. 문이라는 것은 도를 꿰는 도구이고 시는 성정에서 나온다. 문으로 도를 깨우치고 시로 성정에 도달하게 되니, 흐름을 따라 근원으로 거슬러 올라가는 비법이 아니라 하겠는가. 이후로부터 큰스님들과 성문聲聞·연각緣覺[1]의 주옥같은 시문들이 찬란하게 볼 만했으니 당나라 태전太顚[2]과 무본無本,[3] 송나라 비연秘演[4]과 혜근慧懃,[5] 우리 삼한의 『선가귀감禪家龜鑑』[6]·『초발심자경문初發心自警文』[7] 같은 것들이 어찌 불교를 배우는 데 해가 되겠는가.

달구達句(대구) 팔공산에 극암克庵 선사가 있다. 선사의 성은 서씨徐氏요 본관은 달성達城으로, 동고東皐[8] 선생의 8세손이 된다. 선사는 양반 가문의 일원으로서 총명하고 지혜로움으로 세상에 쓰일 수 있었는데, 그것을 초개처럼 쉽게 여기고는 훌쩍 떠나서 물외物外를 소요逍遙하며 여래의 법문에 몸을 맡겼다. 왜 그랬을까. 보살의 후신으로서 초제招提[9]의 인연이 미진했기 때문이 아닐까. 한번 삭발한 후에 위로는 서산西山[10]과 영파影波[11]

의 의발을 받들고, 아래로는 혼원混元¹²과 석응石應¹³의 연원을 계발하여 『화엄경華嚴經』과 『원각경圓覺經』에 잠심潛心하였다. 그의 성품은 청아하였고 계행戒行은 탁월하였으니, 대체로 그 홀로 깨달은 묘유妙有¹⁴는 외부인이 쉽게 헤아릴 수 있는 게 아니었다. 선정하던 여가에 간간히 마음에 남아 있는 것들을 표현하여 시가와 문과 편지를 썼다. 간혹 어진 사대부들과 서로 시문을 주고받았으니, 그것을 모은 것이 몇 권이 된다. 또한 시문으로 세상에 유명해졌다.

이 해 중추에 내가 팔공산에 유람 갔다가 파계사把溪寺¹⁵ 미타암彌陀庵에서 선사를 만났다. 선사는 머리카락과 수염이 하얗고 몸이 맑게 야위어 날아갈 듯한 도인의 기상이 있었다. 선사는 나를 이끌어 주지 방으로 들어가서는 친구들을 언급하며 안부를 물었다. 그리고는 글 모은 것을 찾아 보여 주었다. 대체로 그 현묘한 부분은 의례히 자신의 본색을 드러낸 것이고 왕왕 범문梵門(불문)을 초탈하여 맑고 고상하며 천연스러웠으니, 우리 유가의 문인이나 석사들과 우열을 가리기 어려웠다. 선사는 시에 대해 가히 능히 바르게 하고 능히 변화를 줄 수 있다고 할 만하다. 이로써 보자면 선사의 시는 게송에 근본을 두고 성품을 단련하며 내면을 관조하는 오묘함이 있음을 알 수 있다. 이에 그 문장의 아름다움을 기뻐하고 그와의 사귐을 믿으며 나의 졸렬함을 잊고 서두를 더럽히게 되었으니 혹시 한번 웃을 거리가 되지 않겠는가.

갑진년(1904) 추석에 진사 백운白雲 이화상李華祥¹⁶이 서문을 쓴다.

克庵集序

如是我聞。粤昔牟尼氏之出世立敎也。以觀心鍊性爲主。含默內照爲貴。然而種種方便。不得無言。言之不盡。而發於咨嗟詠歎之餘。則賡之以偈。禪家之有詩若文。實權輿於此。或者謂詩文。卽西敎之傍門則誤矣。文者貫道之器。詩出於性情。因文而悟道。自詩而達性。豈非沿流泝源之妙法乎。自玆以還。諸大沙門聲聞緣覺之咳珠唾玉。彬彬可觀。如唐之太顚無本。宋之秘演惠勤。[1] 我東之龜鑑自警。庸何傷於學佛哉。達句之八公。有克庵師。師之姓徐。系出達城。於東皐先生爲八世孫。以師簪纓之族。聰慧之才。見需於世。易若拾芥。然而脫然舍去。逍遙物外。托身於如來法門。何以故。無乃菩薩後身未盡招提之前緣耶。一自落紺。上承西山影波之衣鉢。下啓混元石應之淵源。潛心於華嚴圓覺之篇。性氣淸雅。戒行卓越。槩其獨悟之妙有。非外人容易窺測。禪定之暇。間以所存乎中者。發以爲詩歌若文若札翰。或與賢士大夫。迭相酬唱。所著集爲幾局。又以詩文。鳴於世。是歲之中秋。余遊公山。遇師於把溪之彌陀庵。鬚眉皓白。淸癯瀅潔。飄飄有道人氣象。携入上方。道舊故。問暄凉。因討所集局而觀之。蓋其玄妙處。例是自家本色之呈露。徃徃超脫梵門。淡宕高夾[2]天然。與吾儒家文人碩士相頡頏。師之於詩。可謂能正能變者也。以是觀之。師之詩本於偈。而鍊性內照之妙。從可知矣。於是乎悅其美而恃其交。忘其拙而穢其頂。倘無一粲耶。

　　甲辰秋夕。進士白雲李華祥序。

---

1) ㉄ '惠勤'은 '慧懃'의 오자인 듯하다.　2) ㉄ '夾'은 '爽'의 오자인 듯하다.

극암집克庵集 서序

팔공산은 교남嶠南(영남)의 명산이다. 고명한 선사가 있으니 '극암克庵'이라고 하는데, 달성達城의 명망 있는 집안 사람이다. 어려서 부모를 여의고 몸을 의탁할 곳이 없어 결국에 여래의 제자가 되어 부도浮圖(탑)에 몸을 숨겼다. 도력이 높고 문장 또한 높아서 고귀한 선생들이 다투어 그 얼굴을 알고자 했다. 나 또한 누차 그 암자에 나아가서는 사귐을 허락받았다. 저술한 문집 몇 권을 손제자 달현達玄이 발행해서 세상에 전하고자 했다.

내 생각에,『사기史記』한 부部를 명산대천에 두었으니 명산대천을 보면 그 문장을 알 수 있다. 창려昌黎[17]의 문장은 천 리의 강과 같아서 강을 보면 그 문장을 알 수 있다. 동파東坡[18]의 문장은 만 곡斛[19]의 샘과 같아서 샘을 보면 그 문장을 알 수 있다. 그러한즉 명산대천은 사마천司馬遷[20]의 문집이요, 천 리의 강과 만 곡의 샘은 창려와 동파의 문집이다. 이제 극암의 문장은 팔공산과 같으니, 팔공산은 극암의 문집이다. 그 유구함은 천지와 같으니 어찌 꼭 발행할 필요가 있겠는가. 대개 극암은 깊고 빼어난 곳을 찾아 선택하여 이 산에서 늙었다. 기거함이 이 산에서 연속되었고 호흡이 이 산과 통하였으니, 그 문장이 산과 같음은 진정 그러하다. 왼쪽으로는 금호강을 끼고 오른쪽으로는 낙동강이 흐르며, 여덟 고을(州)에 걸쳐 수많은 봉우리들이 늘어서 있으니 기세가 웅장함이요, 높고 낮으며 험하고 평탄하니 산세가 갖추어짐이요, 수려하고 명랑하니 이치가 통창

함이요, 울창하고 빽빽하니 지역이 그윽함이요, 휑하니 어두움은 뜻이 깊음이요, 지역이 멀고 티끌이 없음은 말(辭)이 청결함이요, 바위가 무더기로 야위며 나무들이 울퉁불퉁 늙어 감은 격이 기이함이요, 이슬 맞은 꽃이 봄에 흐드러짐은 색이 고움이요, 서리 맞은 과일이 가을에 익어 감은 맛이 짙음이요, 찬 샘이 차디차고 그윽이 새들이 지저귐은 소리가 맑음이라. 이렇게 말하자면 팔공산의 풀 하나 나무 하나가 모두 극암의 한 글자 한 구절이다. 산이 무너지지 않으리니 문장 또한 썩지 않으리라. 또한 어찌 『극암집』을 별도로 저술하겠는가. 별도로 저술함이란 복사본이요 정본이 아니다. 그러나 세상에서 팔공산을 보지 못한 자가 또한 많다. 팔공산이 어떠한지 알고자 하면 먼저 『극암집』을 보는 것이 좋다. 이것이 또한 『극암집』을 후세에 전하지 않을 수 없는 이유이다. 드디어 한마디 말로 서두를 꾸며 팔공산에 감춰 둔다.

을사년(1905) 7월 초하루 임신일에 운파거사雲坡居士 조병유趙秉瑜[21]가 구산龜山(마산) 근민헌近民軒[22]에서 쓰다.

克庵集序

八公嶠南之名山也。有高師。曰克庵。達城之望族也。幼而失怙恃。無所於托身。卒爲如來弟子。而隱於浮圖。道高而文亦高。薦紳先生。爭欲識其面。余亦屢造其廬。許之交雅矣。所著文集若干卷。其孫達玄。將鋟梓。壽於世。余謂。史記一部在名山大川。觀於名山大川。其文可知也。昌黎之文。如千里之河。觀於河。其文可知也。東坡之文。如萬斛之泉。觀於泉。其文可知也。然則名山大川。史遷之文集也。千里之河。萬斛之泉。昌黎東坡之文集也。今夫克庵之文。如八公之山。八公之山。克庵之文集也。其悠久。可以與天地同。何必鋟梓爲哉。蓋克庵尋幽選勝。老於是山。起居與山接。呼吸與山通。其文之與山同固也。左挾琴湖。右控洛江。亙八州而列千嶂。氣之雄也。有高有低。有險有夷。體之具也。粹麗明朗。理之暢也。蒼欝蕭森。境之幽也。谽呀黝冥。旨之深也。地逈而無塵。辭之潔也。石磈磊而癯。樹擁腫而老。格之奇也。露花春爛。色之艷也。霜果秋熟。味之濃也。寒泉冷冷。幽昜[1]咬咬。聲之清也。由是言之。八公之一草一木。皆克庵之一字一句也。山不壞。文亦不朽。又何克庵集之別著乎。若別著。副本也。非正本也。然世之不見八公者亦多矣。苟欲知八公之何如。先觀克庵集爲可。是克庵集之又不可以不傳於後也。遂以一語。弁其卷。藏于八公山中。

乙巳七月朔日壬申。雲坡居士趙秉瑜題于龜山近民軒。

---

1) ㉠ '昜'는 '鳥'의 오자인 듯하다.

주

1 성문聲聞·연각緣覺 : 성문은 가르침을 듣는 자를 의미하는 ⑤ śrāvaka의 의역이다. 부처님 당시에는 원래의 뜻 그대로 재가·출가의 구분 없이 부처님의 가르침을 듣는 불제자를 의미했다. 그러므로 부처님이 가르치는 음성을 듣고서 수행하는 사람을 성문이라 한다. 연각은 스스로 깨달음을 얻은 성자로 ⑤ pacceka의 의역이며, 벽지불辟支佛 또는 독각獨覺이라고도 한다.
2 태전太顚(732~824) : 당나라 정원貞元 6년(790)에 조주潮州 영산靈山 축융봉에 은거하여 법을 전하자 많은 제자와 고명한 학자가 사방에서 모여들었고, 그곳 자사로 좌천된 한유韓愈와 교유하였다.
3 무본無本 : 당나라 시인 가도賈島(779~843)가 승려였을 때 사용했던 법명이다.
4 비연祕演 : 송나라 구양수歐陽修와 친구였던 승려로서 『釋祕演詩集』을 남겼다.
5 혜근慧懃 : 송나라 때 임제종 승려로 자는 불감佛鑑이다. 어릴 때부터 광교 원심廣敎圓深을 사사했다. 나중에 오조 법연五祖法演을 참알參謁하고 그 법사法嗣가 되었다.
6 『선가귀감禪家龜鑑』 : 1564년(명종 19)에 휴정이 선종의 요긴한 지침을 모아서 지은 책이다.
7 『초발심자경문初發心自警文』 : 고려 보조 지눌普照知訥의 『誡初心學人文』, 신라 원효元曉의 『發心修行章』, 고려 야운野雲의 『自警文』 세 가지를 후세에 하나로 편찬한 책이다. 처음 출가 수행하는 사람을 경계하기 위해 가르치는 책으로 많이 활용되고 있다.
8 동고東皐 : 서사선徐思選(1579~1650). 자는 정보精甫이며, 곽재겸郭再謙의 문하에 종유하였고, 1613년(광해군 5) 생원시에 입격하였다.
9 초제招提 : ⑤ catur-diśa의 음사. 사방四方이라 번역한다. 모든 수행승을 통틀어 일컫는 말인데, 대개 사찰의 의미로 사용한다.
10 서산西山 : 청허 휴정淸虛休靜[1520(중종 15)~1604년(선조 37)]. 완산完山 최씨崔氏이며, 이름은 여신汝信, 아명은 운학雲鶴, 자는 현응玄應이다.
11 영파影波(1728~1812) : 법명은 성규聖奎, 영파는 법호이다. 함월涵月의 법을 이어받은 제자이고 환성喚醒의 손자뻘 제자이다. 경북 영천 은해사에 주석하며 화엄의 종지를 드날렸고, 해남 두륜산 대둔사大芚寺의 13강사講師에 속한다. 대흥사에 부도가 남아 있다.
12 혼원混元(1853~1889) : 법명은 세환世煥, 자는 정규正圭, 속성은 두씨杜氏이다. 1912년 발행된 『混元集』이 전한다.
13 석응石應 : 법명은 달현達玄이다. 태백산 각화사 중창주이며 혼원 세환의 제자이다.
14 묘유妙有 : 만물이 실체가 없는 가운데 여여하게 존재하고 있는 모습.
15 파계사把溪寺 : 대구 팔공산 서쪽 기슭에 자리잡은 동화사桐華寺의 말사. 804년(애장왕 5) 심지心地가 창건하고, 1605년(선조 38) 계관戒寬이 중창하였으며, 1695년(숙종 21) 현응玄應이 삼창하였다. 이 절에는 영조英祖의 출생과 관계되는 설화가 전해지고 있다.
16 이화상李華祥[1842(헌종 8)~1915] : 조선 말기의 유학자. 자는 재중載重이고, 호는 백운정白雲亭이다. 본관은 인천이며, 경상북도 대구 무태리無台里에서 태어났다. 고조

는 이시채李時采로 도암陶菴 이재李縡의 문하에서 배웠다.
17 창려昌黎 : 한유韓愈(768~824). 당나라의 문인이자 사상가. 자는 퇴지退之이며, 선조가 창려昌黎 출신이므로 '한창려'라고도 했다. 문장에 있어서는 유종원柳宗元과 함께 고문운동을 주도하고, 산문의 새로운 경지를 개척하여 당송팔대가唐宋八大家의 머리를 차지하였다. 사위이자 문인인 이한이 한유의 사후에 그의 시문을 모아 『昌黎先生集』을 간행한 것이 전해진다.
18 동파東坡 : 소식蘇軾(1037~1101). 자는 자첨子瞻, 호는 동파거사東坡居士이다. 사천四川 미산眉山 사람으로, 아버지 순洵, 아우 철轍과 함께 '삼소三蘇'라고 불리며 모두 당송팔대가에 속했다.
19 곡斛 : 옛날에 곡식을 계량하던 10말들이 그릇(휘) 또는 용량을 재는 단위이다.
20 사마천司馬遷 : 전한 시대의 역사가. 한무제의 태사령太史令이 되어 『史記』를 집필하였고, 기원전 91년에 완성하였다.
21 조병유趙秉瑜 : 고종 광무光武 원년(1897)에 무주 군수를 지내고 다음 해에 무주군 읍지 『赤城誌』를 간행한 기록이 있다.
22 근민헌近民軒 : 관아의 중심 건물인 동헌東軒으로 부사가 행정을 처리하던 곳이다.

극암집 제1권

克庵集 卷一

오언절구 五言絶句

사문[1] 김성호의 은거에 대해 쓰다
題金斯文聲浩幽居

물 맑아 마음도 따라 맑고	水淨心隨淨
산 깊어 도심도 절로 깊은데	山深道自深
어질고 지혜로운 이가 없으니	豈無仁智者
이 즐거움을 뉘와 함께 찾을까	此樂與誰尋

은선암을 방문하여
訪隱仙庵

샘물 소리는 가야금 악보 전하고	澗響傳琴譜
바위 이끼는 전서 글씨 배운 듯	巖苔學篆書
흰 구름이 한 줄기 길을 열어	白雲開一路
나를 인도하여 은선암에 드네	導我入仙廬

이씨의 산속 정자에 갔다가 만나지 못하고
過李氏山亭不遇

정자 아래 천 그루 대나무들	庭下千竿竹
시렁 위에는 백 가지 서적들	架頭百本書
난간에 기대니 바람 불어와	憑欄風自遠
상쾌함이 태청²인 듯하네	夾¹⁾若太淸居

---

1) ㉠ '夾'은 '爽'의 오자인 듯하다.

또
又

그윽한 꽃에는 나비 그림자만   幽花惟蝶影
깊은 나무에는 매미 소리만   深樹只蟬聲
오래도록 쓸쓸히 기다리노니   移時悵延佇
뉘와 함께 속마음 이야기할까   誰共話中情

봄날에 노호 정현익의 은거지에 가서
春日過蘆湖鄭玄益幽居

울타리가 강가에 가까우니	籬落江湖近
온통 백로처럼 하얀 백사장	十分白鷺沙
객이 가면 문은 닫히지만	客去門空閉
꽃향기는 여전히 집에 가득하리	花香尙滿家

우연히 읊다
偶吟

연못은 하나의 거울이 되고	方塘開一鑑
구름 그림자가 또 배회하네	雲影更徘徊
맑은 뜻을 어떻게 얻을까	淸意如何得
근원에서 물은 절로 오누나	源頭水自來

봄날에 되는 대로 읊다
春日謾吟

봄날에 아름다운 게 많아	春日多佳麗
산새들 갖가지로 울어 대고	山禽百種啼
환한 꽃에 마음 절로 즐거워	花明心自樂
나막신 끌고 앞 시내 건너네	懶屐渡前溪

강 누각에 밤에 앉아
江閣夜坐

달이 텅 빈 물가를 비추고	月上虛洲白
구름 돌아가 산은 푸른데	雲歸亂峀靑
먼 하늘에 별자리 옮아가고	遠天星斗轉
찬비가 새벽 향해 듣누나	寒霏向曉零

낙조
落照

연꽃이 붉어 떨어지려 하는데	藕花紅欲墮
억새 잎 푸르러 다시 아득하고	荻葉綠還迷
초동이 노래하며 소와 내려오니	樵歌牛共下
해는 이미 서산으로 기울었네	山日已傾西

입춘
立春

뜰의 매화는 막 잠에서 깨고	庭梅初覺夢
시냇가 버들은 비로소 싱그럽네	澗柳始生心
소반의 채소는 새 맛을 알리니	盤菜開新味
춘정을 절로 금할 길 없어라	春情自不禁

오언율시
五言律詩

이별의 시에 화답하다
和留別

밤 깊도록 눕는 것도 잊고서	夜闌忘倚枕
시 끝나도록 등불 옮기지 않았네	詩竟未移燈
봄에 나그네 된 것도 아쉬운데	已恨春爲客
늙어 벗을 이별함 거듭 서운해	重嗟老別朋
바다 갈매기 좋아서 같이 놀고	海鷗憐共逐
숲의 이슬 좋아서 서로 엉기지	林露愛相凝
근심의 많고 적음 알고 싶은가	欲識愁多少
산 구름이 거듭 만 겹이라네	山雲更萬層

덕산에서 자고 일찍 출발하며
宿德山早發

새벽에 일어나 행장을 차리니	晨起治筇屨
대계[3]의 묵은 안개 맑아졌네	戴溪宿霧晴
산이 밝음은 인자의 뜻이요	山明仁者意
물이 고움은 지자의 정이라	水麗智人情
병든 학 여전히 춤출 수 있고	病鶴猶能舞
어린 닭 비로소 울음 배우네	乳鷄始學鳴
밤새도록 마음을 다 토로하고	通宵論膽盡
아침 일찍 다시 길에 오르네	早日更回程

중추에 객을 마주하여
仲秋對客

마침 온 이들이 모두 구면이라	適來皆舊面
거듭 마주하니 또 어떠한가	重對叓何如
이별의 아쉬움이 길더니	離恨長時在
앉은 자리 향이 간 후에도 남아	座香去後餘
맑은 연기는 옛 글자 모양이요	澹烟浮古篆
붉은 잎은 새 책을 실은 듯하네	彤葉載新書
날이 저물어 산 더욱 고요하니	日暮山逾靜
솔 소리가 물소리와 어울리누나	松琴和澗疎

봄날 즉석에서
春日卽事

봄이 온 지 며칠 안 되는데	春來知幾日
산빛이 침침하게 울창하네	山色欝沈沈
봉우리 눈이 남아 빛나는데	峯雪殘猶暎
바위샘은 한층 깊게 흐르네	巖泉瀉更深
밭 노인은 씨앗을 뿌리고	田翁播舊種
마을 아이는 새 숲 태우는데	村穉燒新林
노니는 새는 어떤 심성인가	遊鳥何心性
공연히 백 번 읊조리누나	公然百度吟

나그네 길에
客裏

들녘 나무 외딴 마을 밖에서	野樹荒村外
산길에 해는 다 져 버리고	山蹊盡日斜
소식을 물을 사람 없으니	無人間來信
지금 나는 집 떠난 지 오래	今我久離家
산마루 밤에 새 달을 지나니	嶺夜經新月
성의 봄에 꽃은 일찍 피어	城春及早花
머문 구름은 멀리 뜻 가지고	停雲將遠意
아스라이 하늘 끝에 이르네	目極到天涯

낙금헌의 시에 차운하여
次樂琴軒韻

이름난 경치를 독차지한 주인	擅得名區主
세상 밖 모습이 절로 어여뻐	自憐物外形
문 가까이 흐르는 물이 맑고	臨門流水淨
난간 기대니 늦은 산 푸르며	倚檻晚山靑
술을 대하는 손님이 가득하여	對酒賓盈座
거문고 고르니 달이 뜰에 뜨고	調琴月上庭
전통 있는 집이라 가훈 있어	傳來家有訓
밭일 마치고 또 경전을 읽네	耕罷又治經

세모에 양진을 건너며
歲暮過陽津

먼 객은 공연히 눈을 남기고	遠客空留雪
찬 창에 해는 다시 밝아서	寒窓日再明
버들 끝에 시냇물 빛이 깨어나	柳梢醒澗色
물 떨어져 꼴깍대는 샘 소리	水下咽泉聲
이별이 익숙해 선물도 없지만	慣別無相贈
회포는 여전히 평온하지 못해	論懷尙不平
술 한 잔에 다하길 권하다	一盞相勸盡
문득 호탕한 노래 짓노라	翻作浩歌行

객에게 보이다
示客

앞산에 비바람 거세더니　　　　　前山風雨急
꽃과 나무 절반이나 떨어졌는데　　花樹半離披
글의 맛은 자주 맛보았는지　　　　書味頻嘗否
샘 소리는 잘 듣고 있는지　　　　　泉聲熟聽之
연꽃 등불은 악몽을 없애 주고　　　蓮燈除惡夢
파초 이슬에 새 시를 쓴다네　　　　蕉露寫新詩
노니는 이의 두 눈은 푸르러　　　　遊人雙眼碧
마음 아는 이에게만 허락하네　　　　只自許心知

수석대에 대해 쓰다
題水石臺

여름 하늘은 불난 집 같으니	夏天如火宅
물가 정자의 경치 유독 좋아	水榭境偏佳
담 넘어 꽃은 몇 송이 피고	隔墻花數朶
길가 풀은 온통 길 메웠구나	夾路草全埋
담담한 건 누구의 말투인가	淡平誰口氣
데면데면한 건 나의 마음	踈傲我胷懷
좋은 곳에 사람들 오지 않으니	勝地無人到
흰 바위 끝에서 노래 부르네	行歌白石崖

혼원에게 보여 주는 게송
示混元偈

기원[4]의 나무를 배양하니	培養祇園樹
대들보감이라고들 하네	人言材可樑
휘황한 처마 위 편액에	煌煌楣上額
세 글자 '혼원당'이라	三字混元堂
옛날 염화 모임 당시에	昔日拈花會
음광이 홀로 웃었지[5]	飮光獨破顔
노란 매화는 전처럼 피어	黃梅依舊發
이로써 좋은 인연 돌아오니	從此好緣還
겨자와 바늘이 상합하듯[6]	芥緣針上合
파초 소식이 눈 속에 피네[7]	蕉信雪中由
아이가 울음 막 그친 후에[8]	兒啼方止後
누런 잎 가을까지 다하지 않네	黃葉不盡秋

수옹에게 보여 주는 게송
示睡翁偈

갑자기 육적[9]의 난을 겪고	俄經六賊亂
순식간에 아이를 잃어버려	驀地失家兒
옷 속 구슬을 깨닫지 못하고[10]	不覺衣珠在
공연히 구걸하는 아이 되었네	空然作乞兒
똥 치는 일 그만두고 귀해지니	糞役除還貴
집 가득히 보물 맡은 아이라네	滿堂典寶兒
실상을 이제 보이노니	實相於今示
본래 주인 아들이라네	本來主人兒

석응에게 보여 주는 게송
示石應偈

뜻은 여여한 옥을 얻음인데	意得如如璞
보는 건 모두 평범한 돌이라	見皆例石評
가다듬으면 미옥이 있으리니	磨來美玉在
결론을 말하면 경영을 시작하라 권하네	終謂始經營
전해 줄 그릇을 시험삼아 만들어	試作相傳器
등불 중에 첫째가는 정미함을 갖추라	爲燈第一精
점점이 사바세계에 걸리면	點懸娑婆界
빛이 용화[11]의 밝음 이으리	光續龍華明

칠언절구
七言絶句

석천폭포를 보며
觀石泉瀑布

종일토록 석천을 경영하노라니	盡日經營石一泉
누구 별장에 그려 놓은 하천인가	誰家別業畫中川
이 행차는 인간 모임 아니리니	此行不是人間會
지팡이 짚고 훌쩍 하늘에 오른 듯	筇屨脩然若上天

수양버들
垂楊

노랗게 나와 푸르게 퍼져 가지마다 무거우니	黃抽綠展壓枝枝
고운 빛이 흐르는 듯한 이월 시기에	嫩色如流二月時
정녕 미인이 막 머리 감은 듯하고	政似佳人新沐髮
바람결에 빗질하니 불기를 멈출 수 없네	當風梳櫛不禁吹

그리움 두 수
懷人二絕

[1]
부평초 마을에 한 번 만남이 어찌 이리 더딘가	萍鄉一展此何遲
영남 나무와 호남 구름[12]이 꿈에 드는 때에	嶺樹湖雲入夢時
그대의 아름다운 시문 소식을 듣고서는	聞說吾君麗藻響
발언하기를 낭선[13] 시와 같다 하노라	發言同調浪仙詩

[2]
빛나는 기상은 세상에 전에 없었고	彬彬氣宇世無前
문단에서 고명하여 여러 문체 능했지	文苑名高衆體圓
혹시 작품에서 나를 생각함이 있던가	倘有淸篇思我未
그리는 마음은 하루가 일 년 같다네	望中懷緖日如年

사월[14] 글방에서 밤에 대화하며
沙月塾夜話

거울 속에 가듯 십 리에 걸친 모래밭	鏡裏行人十里沙
뜰 가득한 매화 달은 누구 집이런가	滿庭梅月是誰家
그대의 좋은 이야기에 춘정이 많으니	聞君良話多春意
흥미진진함이 차 마시는 것보다 낫네	入髓津津勝喫茶

나그넷길에 송별하며
客中送別

동풍에 비 내려 삼일을 머무르면서　　　一雨東風三日留
그대를 마주하여 가슴 바다에 빈 배 띄웠네　　對君胷海泛虛舟
늦봄은 예로부터 이별 한이 많더니　　　暮春從古多離恨
꽃은 절로 말 없고 물만 절로 흐르네　　花自無言水自流

고인의 시를 읽고서
讀故人詩

시 속에 그림 있음은 예로부터 드무니	詩中有畫古來稀
유마[15]를 불러일으킴도 또한 마땅하리	喚起維摩亦復宜
영남 나무와 호남 구름이 이어졌다 끊기는 곳	嶠樹湖雲連斷處
그대 그리워도 보지 못하니 꿈에도 아쉽구나	思君不見夢依依

최정산[16]을 바라보며
望最頂山

아스라이 먼 기세로 산들을 거느리고　　　崢嶸遠勢控重山
서늘하고 맑은 새벽에 좋은 안색 드러내네　夾[1]氣晴晨呈好顔
절정에 올라 하늘 가까이 한번 움켜쥐니　　絕頂登臨天一握
소요하는 경관이 어느 사이에 있는가　　　逍遙壯觀在那間

---

1) ㉭ '夾'은 '爽'의 오자인 듯하다.

사문 박회도에게 드림
呈朴斯文會道

만물에 통하여 티 없이 진실한 보배거울	徹物無瑕寶鑑眞
단전을 다스려 배양하니 온화한 봄이라	丹田治養穩然春
이번에 온 안부의 뜻은 지난해 있어	今來候意曾年在
진중하시길, 절각건[17]의 선생이여	珎重先生折角巾

봄날 길을 가다가
春日途中

검푸른 머리 기다란 대여섯 살 아이들   綠髮鬖鬖五七兒
노래하며 시냇가에서 풀을 뜯더니만   相歌採草上溪湄
문득 모두들 수양버들 아래로 가서는   俄然齊到垂楊下
다투어 여린 가지 꺾어 버들피리 부네   爭折柔條作笛吹

칠언율시
七言律詩

산성에서 봄 아침에 안개를 헤치며
山城春朝啄霧

비 그치고 수증기가 산성을 압도하여	雨餘蒸氣壓山城
담백하고 아득하게 온통 평평하네	澹泊迷茫一望平
들녘 가린 건 형체 아닌 짙은 빛깔	遮野非形濃色合
숲에 붙은 건 포말 없이 생긴 습기	着林無沫濕痕生
봄날에 달콤한 꿈 끝나기 전에	春天未罷初酣夢
낮 해가 오히려 맑은 정취 머금으려	午日還含欲曙情
늦게야 동풍이 골짜기에 불어오니	向晩東風吹倒壑
온갖 솔들이 미동하여 파도 소리 내네	萬松微動碧波聲

새벽에 동천[18]을 나서며
曉出洞天

시냇가 초가집은 바람 가리지 못하고	溪頭茅屋不禁風
가을 버들은 하늘하늘 해는 동쪽에	秋柳毿毿日在東
호탕한 산들은 안개 숲 너머로	浩蕩羣山烟樹外
구불구불 한 줄기 길은 논 사이로	委蛇一路水田中
다정한 들녘의 새는 오르락내리락	多情野鳥飛還下
무수한 벼랑의 꽃은 푸르고 붉어	無數崖花碧又紅
여기서 팔공산까지는 삼백 리	此去公山三百里
응당 걸음걸음 허공을 여의지 않으리	祗應步步不離空

친구에게 회포를 풀어내며
與友人叙懷

동갑에 마주하여 옛일을 말하노니	同庚相對話曾年
기억하네 미친 듯 윗자리 욕심내던 때	憶昔淸狂座上先
뱃속에 기서 있음을 응당 자부하나	腹有奇書應自負
베개에 영험한 꿈[19] 없이 어리석은 잠	枕無靈夢尙憨眠
납주[20]를 줄이니 매화 쇠잔한 후요	闌刪騰酒殘梅後
봄 근심을 야기하니 늙은 기러기 옆이라	惹起春愁老鴈邊
세상 연연해하는 정을 제거하지 못하고	戀世情根除未盡
좋은 시절에 처연함을 더욱 깨닫노라	良辰倍覺轉悽然

초승달
初月

사랑스레 보나니 친구 편지 받은 듯	愛看如得故人書
겨우 어둔 거리 파헤쳐 내 집 비추네	纔破昏衢照索居
외롭고 멀리 강 바다 언덕을 나누고	孤且逈分江海岸
가늘어도 밝게 두우성[21]을 흩뜨리니	纖猶明散斗牛墟
나방처럼 그린 눈썹 이루려 화장대 열고	蛾成眉畫開粧鏡
고래가 낚싯바늘 토해 꼬랑지에 걸렸네	鯨吐釣鉤掛尾閭
너와 같이 시를 읊어 매화 아래 앉으니	伴爾吟詩梅下坐
맑은 빛이 병들었던 나를 일으켰구나	淸輝解起病餘余

제비
鷰

쌍쌍이 나는 제비는 티끌 멀리하니	于飛燕燕迥迢塵
붉은 턱 검은 옷의 그 모습 참되라	丹頷玄衣厥像眞
신의 지켜 삼·구월을 어기지 않고[22]	守信無違三九月
집 지을 때 부자와 가난뱅이 가리지 않고	營巢不擇富貧人
주렴 넘어 슬며시 보는 정은 예전 같고	隔簾顧眄情如舊
장막으로 들리는 지저귐은 더욱 새롭네	入幕喃哅聽更新
네가 좋아 시를 지으니 시상 넉넉하고	愛爾裁詩詩料足
문장은 천고에 저절로 서로 친하도다	文章千古自相親

아이들 놀이를 보고
看兒戲

동쪽 거리에 모였더니 다시 서쪽에 모여	俄聚東街夏聚西
한 무리는 송아지요 한 무리는 닭이라	一羣之犢一羣鷄
나는 족제비 따라 매달리듯 나무 오르고	戲隨飛鼬懸登樹
시냇물에서 물고기 헤엄 배워 출몰하며	浴學游魚出沒溪
벼랑의 버들 겨우 싹 나는데 피리 만들고	岸柳鑱萌吹盡笛
산의 꽃이 막 피는데 꺾어서 머리에 꽂아	山花初發插爲笄
기뻐함도 까닭 없고 슬퍼함도 까닭 없어	喜曾無故悲無故
절반은 노랫소리요 절반은 울음소리구나	半是歌聲半是啼

통판[23] 동릉[24] 이보인의 시에 차운하여
敬次通判洞陵李輔仁韻

봄 회포를 풀 길 없어 그저 앉았는데	春懷無賴坐春深
수령[25]께서 멀리 적막한 숲에 오시니	梟舃遙臨寂寞林
백 리 동풍에 보리 기운이 보이고	百里東風看麥氣
하늘의 밝은 달은 매화 마음에 있어라	一天明月在梅心
결백한 행실에 어찌 비단옷 꾸미리	履素何營畫衣錦
청렴한 정치는 밤에 황금도 사양하리[26]	政淸應却夜懷金
이전의 도령[27]이 지금의 태수이니	陶令前身今太守
만년의 결사로 기쁘게 서로 찾는구나	晚年結社喜相尋

부. 혼원 세환이 지은 시 附混元世煥

휴공의 화려한 깃발이 깊은 산에 들어오니	休公華斾入山深
향사[28]의 남은 풍속이 또한 나의 숲이라	香社遺風又我林
대궐 그리는 붉은 충심에 응당 꿈꾸리니	戀闕丹忠應有夢
백성을 자식 돌보듯 매양 상심하는구나	視民赤子每傷心
현 주위엔 〈백설가〉[29]요 마음은 물 같아[30]	絃邊白雪襟如水
취한 청춘은 주머니 황금[31]을 다 쓰고	醉裏靑春槖盡金
이후에 밝은 꽃으로 경치 좋을 때에	伊後明花時景好
바라건대 마차 타고 다시 찾아 주시길	幸敎車馬更相尋

석응 달현이 지은 시 石應達玄

거문고와 학, 쓸쓸한 골에 깊이 들어오니	琴鶴蕭凉入洞深
온 산 가득히 꽃과 나무가 숲을 이루었네	滿山花木自成林
매화 난간에 달 뜨자 막 잠이 깨고	梅軒月上初醒夢

쑥 문에 구름 열리자 멀리 마음을 쏟네	蓬闕雲開逈注心
노래는 춘정에 어울려 〈백설가〉 많고	歌和春情多白雪
시와 술 겸하니 진정 황금을 쓸 만하네	詩兼酒政散黃金
관청이 사찰과 같음을 알 만하니	聊知官府如僧舍
맑고 한가함에 흥이 나 여기서 찾네	興在淸閒有此尋

금강산을 완람하며
통천의 총석정과 금란굴을 보려 했고, 배를 타면 볼 수 있었는데 고용할 사람이 없어서 안타까웠다. 동릉 이보인께서 당시 통천군 수령이셨는데[32] 방문하니 기뻐하고서 즉시 뱃사공에게 배를 띄우라 명하셨다. 장관을 관람하고 며칠 머무르는데 대접을 후하게 해 주시고 도에 관한 논의가 굉장해서 나그네 시름을 싹 잊었다. 이별을 하게 됨에 시와 서문을 써 주셔서 화답하여 올린다

玩金剛。而意見通川之叢石金蘭。乘船可見也。無雇直恨矣。洞陵李侯輔仁。時宰是郡。訪入欣然。卽命艘工泛舟。壯觀歸。留數日。官供甚厚。道論恢宏。頓忘覊懷。臨別贈詩並序。扳和以呈。

태수의 풍류는 붙잡을 수 없으니	太守風流不可攀
표연히 멀리 티끌세상 벗어났네	飄颻烏遠塵寰
관직은 태평성대에 백성과 함께 즐겁고	官於聖世民同樂
지역은 신선 구역이라 업무도 한가하네	地是仙區吏亦閒
영남에서 친분 있어 지팡이 짚고 오니	舊誼嶠南携鉢錫
세상 밖 장쾌한 유람으로 강산을 말하네	壯遊物外話江山
이즈음 밝은 달에 가을 흥취가 많으니	伊來明月多秋興
팽아에서 백한을 놔 주었다[33] 말하리라	爲說彭衙放白鷴

부. 혼원 세환이 지은 시[34] 附混元世煥

난석헌[35] 아스라이 높이 잡고 오르니	蘭石軒高尙可攀
이 몸이 티끌세상에 있음을 잊었네	此身忘却在塵寰
세금은 민가로 옮겨 주어 집마다 풍족하고	租輸野屋家家給
꽃은 빈 뜰에 지고 일마다 한가롭네	花落空庭事事閒
관리로 숨는 게[36] 두터운 봉록 때문이랴	吏隱何須由厚祿

벼슬로 유유자적하며 명산을 사랑하네	宦遊兼自愛名山
옛 뜰의 솔과 국화는 여전히 탈 없으니	故園松菊猶無恙
가을바람 향해 백한 놓아 주지 마시라	莫向秋風放白鷳

혼경 세영이 지은 시 混鏡世映

난석헌 높다란 누각을 잡고 오르니	石宇高軒可仰攀
붉은 누각의 영각[37] 티끌세상과 달라	丹樓鈴閣異塵寰
밭을 사양하고 농사 권하는 백성들이요	讓田民俗耕桑勸
문서 처리도 한가한 관아의 뜰이라	字牧官庭簿牒閒
예로부터 통천은 큰 바다와 이어져	從古通川連大海
지금까지 은거한 관리들의 명산이러니	至今隱吏鎭名山
이곳 수령의 풍류가 넉넉하여	使君五馬風流足
동쪽에서 놓아 주지 않은 백한 얻었네	且得東來未放鷳

원시 原

　내가 달성에서 금란金蘭(통천)으로 옮기고 다음 해 가을에 달성 파계사의 혼원이 제자 혼경과 함께 스승 극암 화상을 모시고 와서, 월정사와 풍악산 경치들을 두루 유람하고 관동팔경의 제일인 누대(총석정) 위로 나를 방문하였다. 스승과 상좌는 문학으로 세상에 유명하므로 돌아갈 때 율시 한 수를 지어 주었다.

　余自達城。陞移金蘭之越明年秋。達之把溪上人混元。與弟混鏡。陪師克庵和尙。遍歷月精楓岳諸勝。訪余於關東八景第一樓上。蓋其師佐以文學鳴於世也。於其歸。聊贈一律。

| 봉래·영주산 찾아 어렵사리 오시니 | 冥搜蓬瀛苦躋攀 |

표연히 지팡이 날려 티끌세상 벗어났네	飄然飛錫出塵寰
노란 꽃 붉은 잎에 새로운 시 있으니	黃花彤葉新詩在
밝은 달 흰 구름에 옛 꿈이 한가롭네	明月白雲舊夢閒
행장은 세 벌 옷에 바루 하나뿐이거늘	行李三衣兼一鉢
돌아갈 길은 만 겹 천 겹의 물과 산이라	歸程萬水復千山
영남의 인사들이 내 소식 묻는다면	嶠南人士如相問
가을에 이미 백한 놓아 주었다 말해 주오	爲道秋來已放鷳

바다를 보고
觀海

천지가 나뉘어 하나의 둥그런 원이 되고	兩儀肇判一丸圓
드넓게 푸르고 푸른 물 기운 이어지니	浩瀚蒼蒼水氣連
헌원씨[38] 구획한 구역들은 원래 섬이요	軒畫萬區元是島
우임금은 구주의 못과 하천을 유통시켜	禹通丸[1)]澤若干川
흰 구름이 머물러 동서의 기슭 이루고	白雲留作東西岸
붉은 해는 떠올라 상하의 하늘 나누네	紅日昇分上下天
하백[39]이 바다 보면 마땅히 탄식하리니	河伯望洋宜有歎
끝없는 이 바다 밖에 다시 끝없으리	無邊此外夐無邊

---

1) ㉠ '丸'은 '九'의 오기이다.

밀양 수령 조장우의 시에 삼가 차운하여
謹次密州使君趙章宇韻

[1]
신선 수레가 강하촌에서 내려와서	仙驂飛自絳霞村
죽수원 남쪽 누대에 이르러 앉으니	莅坐南樓竹樹園
집안 형세는 사람들이 전해 역사에 남고	家勢人傳靑史蹟
하늘 은혜가 봉황처럼 내려 붉은 흔적	天恩鳳降紫泥痕
도시는 정치 잘해서 노래 울리고	治明市巷謳歌發
산하를 울리는 북소리 떠들썩했네	聲動山河鼓吹喧
만호후[40] 임명보다 한 번 만남이 좋아	一識賢於封萬戶
자욱한 먼지로 문에 가득한 마차 손님	盈門車馬客塵昏

[2]
학창의에 화양건 쓴 선비들 즐비하니	鶴氅陽巾濟濟多
매화누각 희미한 달밤에 읊조리네	夜吟梅閣月微斜
술동이에 비친 푸른빛은 수원의 대나무	芳樽綠暎睢園竹
채색 붓은 붉게 업수의 꽃을 머금었네[41]	采筆朱含鄴水花
종정[42]은 태평한 도호부[43]의 자취요	鍾鼎泰平都護府
관모는 정중한 대방가 모습이라	簪纓鄭重大方家
먼 지방의 백성이 임금의 덕을 느껴	遐氓咸戴吾王德
사방에서 태평세월 〈격양가〉를 부르네	四境康衢擊壤歌

[3]
거문고 소리 더 맑아지고 풍속[44]은 새롭네	琴語轉淸武俗新
천지가 동포요 백성을 자식처럼 대하니	同胞天地子來民

연산 굴에서 젖이 다시 나오게 하고　　　　　治能乳復連山穴
합포 물가에 구슬이 돌아옴⁴⁵ 같구나　　　　瑞可珠還合浦濱
한강 북쪽 이름난 꽃에 천 리 달 비추고⁴⁶　漢北名花千里月
한강 남쪽 아름다운 풀 일 년 내내 봄이라　江南芳草一年春
도끼 들어오지 않는 사찰은 고요하니　　　　斧斤不入沙門靜
우리 수령의 인자한 정치에 감동하네　　　　感頌吾侯政有仁

유생 박재우와 함께 지은 부
與朴生在佑共賦

진리 찾으러 함께 짙푸른 하늘에 모이니 尋眞共集蔚藍天
세상 생각은 잿빛 한 점 연기로 변했네 世念灰成一點烟
졸게 하는 어리석음 구름의 골을 지나고 睡到癡雲輕過壑
깨어나니 찬 달에 고요함이 깃드는 자리라 覺來寒月靜生筵
언덕에 버들 푸르고 꾀꼬리 우짖는데 岸柳靑垂鸎語後
우물가 오동은 봉황 머물기 전 잎이 지네 井梧黃落鳳棲前
손님 마주해 말없이 노래로 귀를 씻노라 對客無言歌洗耳
창랑[47]의 바깥 영수[48]에서 滄浪以外潁之川

갑자년(1864) 가을에 호남에 갔다가 날이 저물어 참봉 김세순의 서사書社[49]에서 묵게 되었다. 대접이 정성스러웠고 언론이 갈수록 대단하여 산수를 평가하면서 밤새도록 객회를 잊었다. 歲甲子秋。爲客湖南。抵暮寄宿於叅奉金世淳書社。接待欵曲。言論愈奇娓娓。山水之評。忘懷達夜。

성곽 밖 황엽촌의 청아한 집	郭外淸庄黃葉村
그윽한 곳 맑은 사람, 누구의 뜰이런가	地幽人澹是誰園
임금 그리노니 대궐엔 매화가 처음 꿈꾸고	懷君禁苑梅初夢
나를 기다리는 서녘 봉우리 달만 외로워	待我西峯月一痕
초나라에서 온 손님은 누각 올라	客裏登樓來楚峀
시 많은 숲에서 오문을 지나네[50]	詩多落木過吳門
만남의 자리는 점차 이별의 한 만드니	逢筵轉作相離恨
어느 해에나 다시 만날지 모르겠네	不識何年更對論

가을밤에 손 마주해 '마음 심' 자를 뽑아서
秋夜對客拈心字

영험한 무소뿔[51] 하나가 두 마음 비추네	一點靈犀照兩心
뜰 가운데 노란 꽃을 누가 기뻐 웃는가	黃花誰喜笑庭心
서리 앞서 서 있는 나무는 아득히 꿈꾸며	霜前木立蒼茫夢
비 그치고 별이 하늘 가운데를 여니	雨後星開碧落心
진중한 시어로 아름다운 생각 쏟아 내며	珍重新詞傾繡肚
은근한 정의로 잔을 싹 비우네	殷勤舊誼凸盃心
그대 이야기 듣노라면 차 마시는 것 같아	聞君話語如茶喫
흥미진진하게 들어와 마음을 깨우치네	入髓津津徹悟心

산에서 등 켜고 대화하다
山燈會話

촛불 밝힌 좋은 밤에 기분 유쾌한데	秉燭良宵意蕩然
시 인연은 나를 피곤하게 해 잠드네	墨緣惱我困來眠
붉은 앵두 기운이 무르익어 꿈 달콤하고	紅杏氣熏酣夢熟
흰 버들에 바람 솔솔 버들솜 날리네	白楊風細絮魂牽
제정[52]의 노인은 에워싼 산 속에 누웠고	滁亭翁臥環山裏
난계[53]의 손님은 곡수가에 왔으니	蘭稧客來曲水邊
인간세상 유일한 경물이라 말하지 말라	廉道人間惟景物
저 가난한 선비는 돈을 상관 않느니	任他寒士不關錢

봄날에 함께 읊다
春日聯吟

복사꽃·살구꽃 핀 성의 버들 시냇가	桃李城邊楊柳溪
진리 찾는 길은 구름 속으로 아득하네	尋眞一路入雲迷
까치 울어 다시금 깨닫노니 청산은 깊고	雉鳴更覺靑山邃
꾀꼬리 앉아 다시 보니 잎사귀 낮아라	鸎坐翻看綠葉低
숲 아래 진 꽃은 늦봄을 부여잡고	林下殘花持晩節
솔 사이 밝은 달은 외로움 위로하네	松間明月慰幽棲
사람들에게 이름난 경치 자랑하고자	對人欲售名區景
새로운 시 읊어서 시폭에 쓰노라	吟得新詩直幅題

반딧불을 노래하다
詠螢

그림처럼 맑은 가을밤은 더디 가는데	淸秋如畫夜遲遲
반짝이며 공중에 흘러 속일 수 없네	熠燿流空自不欺
환영인 듯 이리저리 별처럼 반짝이다가	幻作紛紛星散曉
깜빡깜빡 날아오니 초가 꺼질 때라	飛來耿耿燭殘時
잠깐 이슬에 젖어 근심스레 비추더니	乍沾白露愁邊照
몰래 미풍이 이지러진 것 걷어 가는데	暗挖輕風拾處虧
마침내 숲 창가에 와 어지러이 나니	竟到林窓交影亂
아이 불러 너를 희롱하며 시 읊노라	呼童弄汝一吟詩

야엄거사 추문석을 이별하며
別也广居士秋文碩

강가에 비가 수수수 내려 어둔 나무에	江雨瀟瀟江樹暗
이별의 근심 어이 견디나 풀벌레 소리	離愁堪聽草虫鳴
무료하게 걸린 책상[54]엔 등불만 깜박대고	無聊倒榻寒燈耿
쓸쓸이 누각에 오르니 달만 밝아라	怊悵登樓殘月明
학이 알리니 배 돌림[55]은 이미 경험했고	鶴報船歸曾見驗
화전안후[56]로 다시 이름 남기네	花前鴈後更留名
지금에야 정이 병이 되는 줄 안 것처럼	如今始覺情爲病
하늘 끝으로 송별함에 눈물이 나려 하네	目送天涯淚欲生

계남의 작은 모임
溪藍小會

서너 칸 신선 암자가 시내를 베고 있어	數架仙庵枕碧溪
앉아서 현묘한 이야기에 세상사 아득해	坐來玄話世情迷
숲 깊고 하늘은 파랗게 옷에 물들까	林深空翠衣邊濕
누각 멀리 아지랑이는 눈 아래 나지막이	樓逈晴嵐眼下低
일생동안 변하지 않으니 마음은 돌이 되고	不動一生心化石
천 리를 두고 따르니 믿음이 사다리 되네	相從千里信爲梯
백 년을 어찌 지금처럼	百年安得如今日
경치 좋은 곳 소요하며 속세 밖에 머물까	選勝逍遙物外棲

사곡의 은거지를 방문하여 쓴 시를 차운하여
次訪師谷幽居韻

벼루 밭의 농업은 해마다 흉작 없고[57]	硯田農業歲無荒
설야에 달빛 실은 배를 몇 번이나 맞았나[58]	雪夜幾迎帶月檣
기한보다 앞섬을 학이 울어 객에게 알리고	報客先期回叫鶴
어지러이 파초 밟은 흔적은 양이 지나감이라	踏蕉浪跡已過羊
북악의 흰 구름은 화산[59]의 눈썹이요	白雲北岳華山媚
남쪽 이웃의 보배나무는 효리의 아름다움	寶樹南隣孝里芳
주인옹은 무엇을 좋아하는지 물으니	問道主翁何所樂
소나무 어루만지며 종일토록 홍겨워한다네	撫松盡日興懷長

대율리 서당을 중수하면서 지은 시에 차운하여
次大栗里塾重修韻

팔공산 아래 있는 서당 하나	八公山下一書堂
부서지는 혼돈을 몇 년이나 겪었나	破却天荒幾度霜
활기찬 물은 흘러서 바다로 돌아가고	活水流源歸大海
어린 오동에 흙 돋우며 아침 해 기다리니	穉梧培土待朝陽
근면히 실천하여 높은 경지에 오르리라	須勤踐履升高域
거문고 노랫소리와 술잔으로 잔치하니	爲有絃歌讌落觴
즐비한 푸른 깃의 많은 선비들	濟濟靑襟多少士
밝고 성스러운 세상 광경 보기 좋아라	文明聖世好觀光

유산객의 시첩에 쓰다
題遊山客詩帖

골짜기 비가 개자마자 온갖 시내 맑고	峽雨纔乾百澗晴
산은 시 쓰는 붓에 따라 자리에 생기네	山隨詩筆座間生
세상 인연은 그물 같아 벗어나야 하는데	塵緣似罟宜抽跡
경치 좋은 곳 바둑판 같아 정을 붙이네	勝地如枰任寄情
국화 술잔은 사람에게 짙은 향기 남기고	菊醆留人香淹苒
솔 창에서 초 심지 자르니 눈 밝아지네	松窓剪燭眼虛明
나에게 이틀 머묾은 진실로 좋으니	於吾信宿眞良晤
이별가[60] 불러 지팡이 재촉하지 말라	莫唱驪歌促杖輕

유학자 만호 채정식의 시에 차운하여
次晚湖蔡斯文廷植韻

시는 청산을 살 만큼 값을 매길 수 없고	詩能無價買靑山
깊이 정을 맺어 웃으며 이야기 한다네	深結情懷笑語閒
떠남을 만류하여⁶¹ 흔연히 옥국에 머물게 해	投轄堪欣留玉局
마차 멈추고 돌아감도 잊고 연관⁶²에 누우니	停驂忘返臥蓮關
가을 꽃 담백하여 새 족보를 여는 듯하고	秋花儋[1]泊開新譜
봉우리 달은 뚜렷이 옛 얼굴임을 증명하네	峯月分明證舊顔
한 굽이 파계사는 풍경이 좋으니	一曲把溪風景好
바라건대 완상함을 재촉하지 마시게	願言遊賞莫催還

---

1) ㉮ '儋'은 '澹'의 오자인 듯하다.

잔치를 베풀어 작별함
餞別

석양에 창연하게 새가 돌아오는데	夕照蒼然宿鳥回
이 마음 의지할 데 없어 억지로 누대 올라	此心無賴强登臺
멀리 바라보니 연못은 깊이가 천 길이라	遙看潭水深千尺
양관삼첩[63] 다시 불러 한 잔 권하노니	更唱陽關進一盃
고향 그리는 기러기는 근심스레 울어 대고	鄕懷叫鴈愁邊至
봄 알리는 매화는 눈 속에 피었구나	春信寒梅雪裏開
그대 만나 비로소 불교와 인연[64] 중함을 알고	逢君始覺桑緣重
시를 완성해야 하니 이별을 재촉 마시라	莫以詩成餞別催

팔하 족장[65] 석지의 생일잔치 시에 차운하여
次八下族丈錫止晬宴韻

호남아는 쓰일 시기가 있나니	好箇男兒用有時
서산의 해가 느리다고 말하지 말라	西山休道日遲遲
경륜으로 늙어 감을 누가 알랴	經綸老去人誰解
천지의 흐름을 나는 절로 아나니	天地推旋我自知
난새의 집 안에 현악기 나누니 숫자도 기이해	鸞戶分絃奇亦數
고니의 뜰[66]에서 술 올리며 시로 축하드리니	鵠庭奉酌賀惟詩
성대한 잔치에 참여 못함이 오히려 부끄럽고	未叅盛宴還堪愧
다만 해마다 이때가 오기를 기원하네	只願年年趂此期

난계
蘭禊

영남의 인물이 연초에 비교하니	嶠南人物比年初
진나라 풍류[67]보다도 풍성하도다	晉代風流較有餘
난초 지역을 택하여 계회를 도탑게 하니	地擇芳蘭敦宿契
긴 대나무[68] 사이 오솔길 열어 동거 허락하네	逕開脩竹許同居
증점이 봄옷 이룬 것[69]을 기쁘게 여기고	追憐點也成春服
왕희지가 본서 적은 것을 전해 얻었네	傳得羲之寫本書
곡수에 잔을 더해[70] 희귀한 일 만드니	曲水添觴稀事做
돌아오는 흥미는 꿈처럼 맑기만 하네	歸來興味夢淸如

학산의 단란한 대화
鶴山欒語

돌도 얼고 모래도 차갑게 나막신 울리니	石凍沙寒屐齒鳴
영험한 지경에 머묾이 최고로 영화롭네	來棲靈境最爲榮
빈 뜰 가득한 눈에 매화의 혼이 무거운데	庭空雪壓梅魂重
늙은 나무를 바람이 흔들어 새의 꿈 가볍네	樹老風搖鳥夢輕
수제비 먹고 금산사에서 벼룩 잡으며 앉았고	飥飥金山捫蝨坐
소나무 백학관에서 바둑 두는 소리 들으며[71]	松聲鶴觀聽碁行
배회하다가 다시 앞 자취 찾으면서	徘徊還覓前塵跡
그저 시를 부여잡고 눈길 닿는 대로 짓노라	謾把詩愁觸物成

고향 편지를 보고 느낌이 있어 회포를 적다
見故鄕書有感寫懷

구름이 눈을 빚더니 그늘이 맑아지는데	愁雲釀雪遞陰晴
고향 편지를 보니 온갖 감회가 생겨	却見鄕書百感生
고향 생각에 눈물이 흘러 쓸쓸해지네	淚暗松楸空悵望
봄이 돌아와 꽃나무들이 분명해지지만	春回花樹自分明
범지72가 집에 돌아갈 날 어찌 있겠나	梵智還家寧有日
자경73의 기러기는 끝내 소리 없었지	子卿歸鴈竟無聲
비록 모습은 달라도 윤리는 같으니	雖異形骸秉彝在
마칠 때 영화로웠는지 묻는 객이 있으리	終時有客問枯榮

축삼 사미에게 주는 가르침
贈竺森沙彌訓語

비방을 들어도 화내지 않으니 불이 허공에서 타다가 끝내는 절로 꺼지는 것과 같고, 비방을 들어도 스스로 구하니 누에가 실을 토해 내 도리어 면을 짜는 것과 같으며, 과오가 없는데 비방을 받았으니 그렇게 말한 자가 망령될 뿐 내게 무슨 관계가 있는가 하였다. 너는 명민하고 재주가 타인보다 앞서서 시기를 많이 받으니 더욱 삼가야 한다. 이어서 율시를 보여 준다.

聞謗而不怒。如火焚空。終自息滅。聞謗而自救。如蠶吐絲。反爲纏綿。無過而被謗。彼言者妄。於我何有。汝是性敏。才在人前。人多忌勝。尤可愼之。繼以四律示。

인간 선악은 하늘에서 받아 태어났으니	人間善惡禀天生
내 마음의 저울로 경중을 헤아리네	以我心衡稱重輕
나뭇가지 강건해야 바람에 꺾이지 않고	樹枝剛健風難折
여울의 바위 모서리에 물소리 나기 쉬워	灘石方尖水易聲
새들이 봄 노래하나 봄은 절로 정숙하고	衆鳥喧春春自淑
한 점 구름이 해를 가려도 해는 밝아라	點雲蔽日日惟明
충심과 믿음으로 사귀면 모욕하지 않고	忠信交人人不侮
심상하게 분노 참으면 화평이 영원하리	尋常忍憤永和平

이 몇 마디 말을 항상 좋아했는데 홍 상인이 돌아간다
기에 이별 선물로 비로소 사용한다
此數語常愛。而因弘上人歸。代贐始用

이 년 만에 기별하고 일 년은 참으니	二年通寄一年强
억지로 인정 잡아 멀리서 바라보네	强把人情自遠望
나는 본래 아녀자의 눈물 없으나	顧我本無兒女淚
그대 떠나니 장부의 마음 어렵구나	離君難作丈夫腸
봄에 말 같은 마음은 가벼이 달려가고	春馳意馬輕輕動
버들 근심가지 흔들어 나날이 길어지네	柳挍愁絲日日長
아스라한 연기구름의 하늘 밖 길을	縹緲烟雲天外路
어이하여 홀연히 왔다가 서둘러 가는가	來何忽也去何忙

동지
冬至

광음이 번갈아 가며 서로 재촉하니	光陰代謝自相催
다시금 하늘 보니 봄이 다음에 오겠네	復見天心春次來
홀연 조화의 권한 돌이켜 풀무[74] 불어	忽返化權噓橐籥
세상사 세밀히 생각하여 재에 그리나니	細思塵冗畫爐灰
근심스런 기러기 소리 포구에 들리고	愁邊有鴈聽江浦
병들어 이른 매화에 답할 시도 없구나	病裏無詩答早梅
햇살은 점차 길어져 세모를 당하니	日線漸長當歲暮
많지 않은 여흥으로 술잔을 대하네	無多餘興臘前盃

연죽와 시에 차운하여
次然竹窩韻

대나무 엮은 거처는 정녕 쓸쓸하여	幽居編竹定蕭然
일마다 따라 함에 다만 하늘 뜻 듣네	事事隨爲但聽天
순씨의 여덟 용[75]이 내려와 식사하고	荀氏八龍今下食
장씨의 세 오솔길[76]에 다시 잔치 열었네	蔣家三逕復開筵
영화와 시듦은 청한한 세계 못 들어오고	榮枯不入淸閒界
근심과 즐거움은 노대가와 무관하다네	憂樂無關老大年
그중에 진실한 뜻을 물어보고자 하면	倩問箇中庭實意
우러러 집에 걸린 현판을 보시라	仰瞻堂宇揭諸扁

구산[77] 수령 운파 조병유의 생일잔치 시에 차운하여
次龜山使君雲坡趙秉瑜晬宴韻

붉은 명협[78] 이파리 다시 보여 생일을 받으니	丹蓂重見受生年
진실로 왕대가 있어 늙지 않는 신선 되고	信有篔簹不老仙
감사히 〈육아장〉[79] 부름에 어찌 끝이 있으리오	感誦莪章那有極
노래자[80]의 춤 기쁘게 드리니 다시금 어여뻐	喜供萊舞更堪憐
백성 근심하느라 흰 머리가 남쪽에서 짧아지나	憂民白髮南州短
나라 사랑하는 붉은 마음은 대궐 향해 그리네	愛國丹心北闕懸
향리와 벗들과 나란히 나아가 축하드리니	吏胥賓朋同進賀
장수하시고 복록이 완전하시길 기원하네	壽而康樂福完全

학산에서 유생 이덕양과 시를 짓다
鶴山客裏與李生德養拈韻

좁은 동천[81]에서 천신들을 접하니	洞天圍小接諸天
하늘이 인연을 주어 나란히 앉았네	天借佳緣一榻聯
초동은 청산을 잘라 집으로 돌아가고	樵斫靑山歸野墅
농부는 물을 나눠 자기 논으로 이끄네	農分白水引禾田
옛 정은 스러지지 않아 돌처럼 굳은데	舊情不壞盟深石
물거품 자취는 뒤 배에 새기지 못하나	浪跡無浪刻後船
시의 고결한 맑음은 기운과 맛이 같아서	詩上淸標同氣味
앉아서 담소하니 흔연히 기쁘구나	坐來談笑意欣然

가을날 단아한 모임[82]
秋日雅集

향기는 지초·난초 같고 날카로움은 쇠 끊을 듯	臭味芝蘭利斷金
한마디 말로 허락하고 자세히 마음을 논하네	一言然諾細論心
강 하늘에 서리 무거워 갈대는 차가우니	江天露重蒹葭泠
숲속 집에 가을은 깊어 귀뚜라미 우는데	林屋秋深蟋蟀吟
국화는 서리 맞아도 고운 자태 지니고	殘菊經霜持艷態
거문고[83]는 함에서도 맑은 소리 남아 있듯	素琴在匣剩淸音
그대는 세상사 거친 일에 물들지 않음 아나니	知君不染塵荒事
얼음 같은 달이 빛나서 흉금을 꿰뚫는도다	氷月交光照徹襟

병중에 우연히 읊다
病中偶吟

지리하게 해 넘도록 고통에 신음하면서	支離隔歲沉吟苦
신이한 방책 얻어 이전처럼 지내길 비네	聊得神方依舊平
수평선 구름은 맑고 하늘은 정갈하니	極浦雲晴天臬淨
동해에 해가 솟아 바다가 환해지고	扶桑日出海門明
수성[84]은 밤에 떠서 긴 그림자 드리우니	壽星開夜長垂影
병든 나무가 회춘하여 다시 꽃 피우리	病樹回春夏發榮
인명은 재천이니 회복할 날 있어서	人命在天蘇有日
이 삶을 영원히 지켜 백 년 동안 살리	此生永保百年生

파계사 금당[85]에 쓰다
題把溪金堂

팔공산에서 기거한 지 이미 여러 해	公山臥起已多年
아침저녁 노을 안개가 자리에 이네	早晚煙霞隨一筵
연꽃 비 내리는 도량은 채색 구름 속	蓮雨道場雲彩裏
옥 글씨 있는 춘전[86]은 환한 햇살 속	玉書春殿日華邊
바람결에 눈 내리다 막 그치니	和風雪盡吹初之
흰 달이 하늘에서 절로 원만하구나	白月天空滿自圓
책상에서 경전 보다 옮겨 난간에 기대니	看罷床經移凭檻
화로 향은 다 타고 물방울이 뚝뚝 듣네	爐香燒歇水涓涓

부. 백운 이화상이 지은 시 附白雲李華祥

영산에서 의발을 전한 지 천여 년	靈山傳鉢後千年
다시금 금당에 법회 설한 것을 보네	重見金堂設法筵
살 방도로 글도 쓰고 그림도 그리는데	活計有書兼有畵
선사 마음엔 가운데도 없고 주변도 없어	禪心無裏亦無邊
봄은 아닌데 보리수꽃 여전히 피어 있고	非春覺樹花長在
밤이라 하늘 받들어 달이 다시 원만하네	是夜承天月復圓
백수가 되도록 무슨 사업을 하였던가	白首做來甚事業
자비의 바다로 세속을 건지기 바라노라	願將慈海報埃涓

치당 신숙균이 지은 시 恥堂申琡均

사찰에서 선정한 지 몇 해런가	空門入定幾何年
종일토록 가부좌하여 법회에 참여하네	鎭日跏趺講法筵
이처럼 청허하여 한 물건도 없으니	如是淸虛無一物

이생의 인과가 어디에 있을 것인가	異生因果在誰邊
종소리 울려 퍼지는 기림[87]은 적막하고	鍾聲撞破祇林寂
부처 눈은 밝아서 지혜 달처럼 원만하네	佛眼通明慧月圓
그중에 현묘한 것을 생각하노라니	想到箇中玄妙處
세 정병[88]에 담긴 물 뚝뚝 떨어지네	三瓶淨水自涓涓

송재 현경운이 지은 시 松齋玄擎運

물 마시며 산 바라본 지 70년	飮水看山七十年
바리때로 늙은 시인의 자리를 어찌 알리	豈知甁鉢老詩筵
분분히 벼슬아치들이 숲에 모여들고	紛紛冠蓋停林下
수많은 승려들이 나무 옆에서 강의 듣네	濟濟闍梨講樹邊
삼천[89]의 구름기운을 무지개 멀리 꿰뚫고	雲氣三天虹遠貫
만경의 호수 가운데 달은 길이 원만한데	湖心萬頃月長圓
휴공은 그야말로 근심 많은 인물이라	休公也是杞憂子
몇 날 밤이나 찬 등불에 눈물 떨구었나	幾夜寒燈淚滴涓

성당 이정상이 지은 시 惺堂李定祥

자취를 산에 붙인 지 몇 년인지 물으니	寄跡烟霞問幾年
판향[90] 어리는 자리에서 강연하네	瓣香凝注講眞筵
공허한 형체로 물외에서 노니니	空寂形骸遊物外
청한한 바루는 시 옆에 놓여 있네	淸閒巾鉢任詩邊
흰 머리에 남풍 불어 이미 늦음 알고	白首南風知已晚
푸른 산의 새 달은 원만한 마음 비추니	碧山新月照心圓
현묘한 이치의 유래는 물처럼 깊은데	玄理由來深似水
유동하는 활기로 물방울 소리 듣네	活機流動聽涓涓

우항 정내조가 지은 시 雨航鄭來朝

사찰[91]에서 교제 논한 때가 이미 작년	祇樹論交已昔年
우담바라 날마다 경전 외는 자리 둘렀네	曇華日繞誦經筵
반 게[92]를 굳게 지녀 모든 것 구하여	堅持半偈求諸品
달콤한 중앙과 쓴 주변을 말하지 않고	不說甘中與苦邊
허공에서 밝은 거울에 비침을 바로 구해	直得虛空明鏡照
피안의 원만한 법륜에 뛰어오르니	超登彼岸法輪圓
우리 선사의 뜻 어디에 있는지 아는가	吾師養志知何處
매일 밤 솔 창에 개울물이 떨어지네	每夜松窻澗水涓

중산 서경순이 지은 시 中山徐畊淳

유림에서 실망하여 선정으로 나아가	儒林失望造禪年
현묘한 경전 받아 강연을 열었네	祇受玄經啓講筵
복된 땅을 일찍 차지하니 구름 머물고	福地早占雲有定
지혜 배로 닿을 수 있는 바다는 끝없어	智舟可達海無邊
종소리 끊일 듯 계곡 바람은 아득하고	鍾聲欲斷谷風逈
탑 그림자 높아지고 산 달은 둥그렇네	塔影漸高山月圓
꿈에 파계사에 들어가 모임 논하였는데	夢入把溪論社事
깨어 보니 여전히 물소리 들리는구나	攪來猶聞水潺涓

동초 소현규가 지은 시 東樵蘇鉉奎

팔공산의 맑은 공기 천 년을 모아	八公淑氣鍾千年
이러한 선사가 진중히 자리에 있으니	有此禪師珍重筵
도력은 추·노[93] 영역을 관통하였고	道術貫通鄒魯域
문장은 한·당[94] 경계를 초월하였네	篇章超越漢唐邊
신선이 잘못 인간세상에 떨어졌으나	神仙誤落人間在

거울 같은 달 또렷하여 원만한 마음이라	鏡月分明心上圓
바루 씻고 경연에 참가한 인연 늦었으나	洗鉢叅經緣已晚
어찌 병의 물[95]로 남은 방울을 빌리랴	肯將瓶水借餘渧

하산 서긍수가 지은 시 霞山徐兢洙

야윈 학 외론 솔에 몇 년인지 기억 않고	瘦鶴孤松不記年
아침마다 마주하여 경전을 외는구나	朝朝相對誦經筵
세상에 빠져 비린내 나는 곳에 들었다가	沈淪世入腥羶裏
해탈한 사람으로 정토로 돌아가는구나	解脫人歸淨土邊
처음엔 봄 깊어 꽃이 함께 피어나고	初地春深花并在
제천의 구름 깨뜨려 달이 길이 원만하네	諸天雲破月長圓
선가의 만족은 공즉시색으로 말미암고	禪家滿足因空色
산은 언덕에서 물은 방울에서 시작하네	山始丘陵水始渧

노산 우동식이 지은 시 蘆山禹東軾

팔공산에 주석한 지 사십 년	住錫公山四十年
흉금을 나누어 꽃처럼 환한 자리	襟懷相許粲花筵
사립은 깊은데 탁자를 누가 내릴까[96]	交深一榻憑誰下
학식은 삼승[97]에 도달하여 끝이 없네	學到三乘透不邊
보정사 흐르는 구름은 홀로 선정을 알고	普靜流雲知獨定
강장[98]의 새 달은 다시 원만하게 되니	康莊新月得重圓
혼경의 파전에 참된 근원 있고	混經波篆眞源在
만겁의 항하에 큰 물방울 찍네	萬劫恒河點大渧

만시
挽詩

매수 정관용에 대한 만시
挽梅叟鄭官容

행동을 관찰하고 말 들으면 성품 아나니	觀行聽言識性天
그 덕분에 인풍이 인근에 펼쳐졌는데	仁風近里賴而宣
금단[99]을 아홉 번 구워 신선이 되었나	金丹九煎眞仙否
해로 노래[100] 하나를 온 세상이 부르네	薤露一歌擧世然
상제 곁에서 훗날 다시 볼 듯하니	帝側他年如復見
인간세상의 이날을 근심하지 말지라	人間此日不須憐
뜰에 서서 앞으로 가는 경사 있었으니	立庭已有趨前慶
근면히 독서하고 밭 갈아 복록 온전하리	勤讀勤耕錫福全

만호 사문 채정식에 대한 만시
挽晩湖蔡斯文廷植

남쪽이 그대 덕에 문채와 바탕 빛났으니	南州文質賴彬彬
배에 가득하고도 남은 세상 경영의 의론	滿腹猶餘濟世綸
구로[101]의 청한한 유희로 정분을 맺었고	九老淸遊曾結誼
팔순의 도타운 덕으로 인을 행하였네	八旬淳德便行仁
바다처럼 넓은 뽕나무밭에 산가지 쌓이고	海潤桑畦遐筭積
봄 깊어 난초 섬돌에 새 향기 멀어지는데	春深蘭砌遠香新
쌍봉의 피리 소리[102] 듣는 때가 있다면	若聞有時雙鳳笛
이로써 천상의 신하 되었는가 생각하리	從斯疑作玉京臣

매석 대아[103] 김도제에 대한 만시
輓梅石金大雅道濟

만경[104]이 신선이 되자 비연[105]이 애도하였고, 구양수[106]가 서거하자 혜근[107]이 통곡하였다. 자고로 글 짓는 납자는 왕왕 기미가 그러하다. 나는 공과 사귐이 가까우나 정이 매우 돈독하다. 문장으로 상합함이 비연과 석공, 혜근과 구양수와 같을 뿐만이 아니니, 티끌처럼 많은 인간세상에서 전생에 못다 한 인연을 바꿔 얻은 게 아닌지 모르겠다. 잠깐 동안의 뜬 인생에 한숨 같은 꿈이로다. 공께서는 일찍이 구양수와 석공에 비기셨는데 이제 두 공처럼 신선이 되셨다. 나 또한 비연과 혜근처럼 통곡을 하노니, 공께서는 아실까. 아아, 한 구역의 샘과 바위들을 누가 주장할 것인가. 책상에 가득한 경전과 역사서 등을 누구와 토론할 것인가. 이어서 슬퍼하고 통곡하노라. "노래하네 노래하네 부추 위 이슬, 한번 이별에 정녕 아득하구나. 거문고 안고 〈아양곡〉[108] 연주하고 싶으나 줄 끊어져 서글프게 하네. 학을 타고 날아 신선 되어 가 버리니, 어느 때나 다시 같이 노닐까. 공을 생각하지만 공은 보이지 않고 산 위에 달만 영원하도다."

曼卿仙矣。秘演悼之。歐陽逝矣。惠勤哭之。自古文章衲子。往往氣味然也。吾與公相交雖近。情誼甚篤矣。文章契合。不啻若演勤之於歐石二公。而倘未知化界塵塵。換得前生未了因耶。忽忽浮生。一夢噓唏。公嘗以歐石二公自許。而今如二公登仙也。吾亦以演勤二子同哭。公可知否。嗚呼一區泉石。孰主張是。滿案經史。孰與論是。繼以哀歎以哭曰。有歌有歌薤上露。一別政悠悠。抱琴欲奏峩洋曲。絃斷使人愁。駕鶴翶翔升仙去。何時更同遊。思公兮。公不見山月千秋。

숲과 샘 모두 기이한 곳에 거처 정해　　　　　　　　林泉俱異卜幽居

청한한 인연 얻어 옷깃 한번 잡았네	祇得淸緣一把裾
현명한 이는 나라 경영해 임금 보필하고	賢子經邦能補袞
어린 손자는 뒤를 이어 독서에 열중하여	穉孫繩武解勤書
산천의 초목에는 정신이 남아 있고	山川草木留精後
마을과 고을에서는 덕을 기리는구나	鄕黨州閭頌德餘
지난 밤 꿈에 보고서 이별하였다가	昨夜夢中相見別
문득 놀라니, 문밖에 상여가 지나가네	忽驚門外過靈車

호군[109] 김정두에 대한 만시
挽護軍金楨斗

지난날 신선이 하늘에서 내려와	昔有仙翁降自天
칠성암 아래에 먼저 거처하더니	七星巖下卜居先
나라를 빛내고 자신은 부귀 누리며	顯揚邦渥身能享
인하고 선한 가풍 대대로 전해	仁善家風世所傳
섬돌의 난초는 봄에 자라 향기 퍼지고	蘭砌春長香聞遠
연꽃 처소와 거북이 숨[110]에 복이 완전하고	蓮巢龜息福成全
세속 인연 벗어나 구름 타고 가니	塵緣脫了乘雲去
응당 옥황상제 앞에서 신하 되리라[111]	應復趨蹌玉帝前

극은 이상후에 대한 만시
挽克隱李相厚

봄빛이 저물고 꽃이 지려는 때	春光欲暮落花時
옛 인정에 느꺼워 근심이 이네	感舊人情愁上眉
효우로 이름난 고가의 현명한 부로들	孝友古家賢父老
담소 나누는 금세의 호남아로다	笑談今世好男兒
별이 드리운 남극[112]은 팔순의 아름다움	星垂南極八旬邵
뜰에 돋아난 난초 세 줄기[113] 기이하네	庭茁芳蘭三朶奇
한마디가 문득 영원한 이별이 되니	一語便成泉下訣
구름에 머리 돌려 슬픔을 가누지 못하네	倚雲回首不勝悲

동지 신곡 이순일에 대한 만시
輓同知莘谷李順一

살고 죽음은 모두 조화옹 때문이요	歸寄都因造化兒
문에서 한번 봄에 서로 약속함 같아	臨門一面似相期
큰 은혜 빛나서 마침내 감동 되었는데	弘恩顯赫終爲感
향기로운 덕과 밝음을 영원히 이별하네	馨德文明永有辭
고택에 머문 상서로운 세 봉황이여	故宅留祥三鳳藹
가성¹¹⁴에 꿈꾸니 온갖 꽃 슬프도다	佳城入夢百花悲
백운을 타고 가도 산은 남아 있고	白雲乘去山猶在
두견새 그저 우는 달 아래 나뭇가지	杜宇空啼月下枝

오위장[115] 마형두에 대한 만시
挽五衛將馬亨斗

달성으로 돌아가는 길에 옛 거처 찾으니	達城歸路舊居尋
소식은 망망하여 음양으로 멀어졌네	消息茫茫隔一陰
별 빛나는 남쪽 하늘에서 흰 머리로	星照南天華鶴髮
은혜로운 대궐 향하는 해바라기 마음	恩霑北闕注葵心
멀리 떨어져[116] 슬피 그저 꿈만 꾸다가	參商悵望空勞夢
산수도 서늘하여 홀연 거문고 끊어지네	山水蒼凉忽斷琴
남은 경사 이어짐을 감히 송축하노니	餘慶綿綿堪頌賀
깊은 봄에 뜰의 난초 향기로움을 보네	庭蘭馨發見春深

은자의 노래
隱者歌

대장부 세상에 남이여	丈夫生世兮
나라 경영하여 길이 도모할 뜻 품었으나	志在經邦懷永圖
운수 막혀 산림에 있음이여	否則山林兮
약초로 몸 길러 묵은 병 없도다	藥草養身宿痾無
꽃 심고 대나무 기름이여	種花養竹兮
나무, 바위, 안개, 구름 있어 외롭지 않고	木石烟雲隣不孤
정원에서 토란과 밤을 거둠이여	園收芋栗兮
말년에 양식 남아 근심 없도다	終年餘粮無艱虞
밝은 창에 따사로운 책상이여	明窓暖几兮
산수를 구경함이 공부로다	山誌水經是工夫
때때로 객이 옴이여	有時客到兮
솔잎주 늘 있어 술 살 필요 없어라	松釀常存不用活[1]
세상 티끌 미치지 못함이여	世塵不到兮
언덕과 굽이도는 시냇가에서 즐겁고[117]	阿陸澗槃樂于于
마음은 봄처럼 화평함이여	心地春和兮
품성은 달처럼 밝아 어둔 거리 깨뜨리네	性天月朗破昏衢
나의 호연지기를 기름이여	養吾浩然兮
천지 사이에 충만하게 가득하도다	天地之間充塞乎
날마다 같이 소요함이여	日與逍遙兮
산새와 들녘 짐승들이 나의 동포로다	山之禽野之獸一胞吾

---

1) ㉠ '活'은 '沽'의 오자인 듯하다.

주

1 사문斯文 : 유학자를 이르는 말이다.
2 태청太淸 : 도교에서 하늘을 일컫는 말이다.
3 대계戴溪 : 시내 이름. 동진東晉 시대 왕휘지王徽之가 눈 내리는 밤에 대규戴逵를 방문했던 절강성浙江省 섬계剡溪를 대계라고도 한다.
4 기원祇園 : 사찰. 기원정사祇園精舍의 준말이다. 옛날 중인도 마가다(magadha) 사위성舍衛城 남쪽에 있던 절로 석가모니의 수도와 설법을 위해 수달장자須達長者가 세웠다.
5 옛날 염화~홀로 웃었지 : '염화미소'를 가리킨다. 음광飮光은 가섭迦攝의 의역으로, 십대제자十大弟子 중 한 명이다. 마가다 출신으로 엄격하게 수행하여 두타제일頭陀第一이라 일컬었다. 『大梵天王問佛決疑經』에 따르면, 영산靈山에서 범왕梵王이 석가에게 설법을 청하며 연꽃을 바치자 석가가 연꽃을 들어 대중들에게 보였다. 사람들은 그것이 무슨 뜻인지 깨닫지 못하였으나, 가섭만은 참뜻을 깨닫고 미소를 지었고 이에 석가는 가섭에게 정법안장正法眼藏과 열반묘심涅槃妙心, 실상무상實相無相, 미묘법문微妙法門 등의 불교 진리를 전해 주었다.
6 겨자와 바늘이 상합하듯 : 개자투침芥子投針. 극히 만나기 어려움을 비유한다. 도리천忉利天에서 겨자씨 하나가 아래로 떨어져서 염부제閻浮提에 곧추 세운 바늘 위에 꽂히는 것처럼 부처의 출세出世를 만나기 어렵다는 '추개투침봉隆芥投針鋒'의 비유가 북본北本『涅槃經』권2에 실려 있다.
7 파초 소식이~속에 피네 : 여기서 파초는 깨달음을 비유한 듯하다. 2조 혜가慧可가 눈밭에 밤새 서서 달마에게 법을 구했으나 달마가 일체 응대를 하지 않자 계도戒刀로 자기 팔뚝을 끊으니 뿜어 나온 핏속에서 파초가 피었다는 일화가 전한다.
8 아이가 울음~그친 후에 : 『大般涅槃經』권20「嬰兒行品」(T12, 485b)에서 "저 어린아이가 울 때에 부모가 버드나무의 누런 잎을 들고서 '울지 마라 울지 마라, 내가 이 황금을 너에게 줄게.'라고 말하면 어린아이가 그것을 보고는 진짜 황금이라고 생각해 곧 울음을 그치는 것과 같다(如彼嬰兒啼哭之時. 父母即以楊樹黃葉而語之言. 莫啼莫啼. 我與汝金. 嬰兒見已. 生眞金想. 便止不啼.)"라고 하였다.
9 육적六賊 : 눈·귀·코·혀·몸·뜻의 육근六根을 이르는 말이다.
10 옷 속~깨닫지 못하고 : 『法華經』권4「五百弟子授記品」제8에, 부유한 친구가 가난한 친구의 옷섶에 값을 헤아릴 수 없는 보배구슬을 넣어 두었으나 가난한 친구가 그 사실을 몰라 여전히 궁상을 떨고 살았다는 비유가 나온다. '옷 속의 명주明珠'는 중생이 본래 구유具有한 불성을 가리킨다.
11 용화龍華 : 미륵불이 용화수龍華樹 아래에서 성불하면서 중생을 모두 제도하기 위해 연 세 번의 법회를 말하기도 하고, 미륵불이 출현할 용화세계를 가리키기도 한다.
12 영남 나무와 호남 구름 : 구름과 나무는 떨어져 있는 친구 사이를 말한다. 두보杜甫의 시 〈春日憶李白〉에 "위수 북쪽 봄에 나무 우거지고, 강동의 저문 하늘에 구름이 흐르네(渭北春天樹. 江東日暮雲.)"라고 하였다.
13 낭선浪仙 : 중당中唐 때의 시인 가도賈島의 자. 〈尋隱者不遇〉등의 시를 남겼다.
14 사월沙月 : 경북 안동·산청·경산 등지에 해당 지명이 있는데, 여기서는 대구 사월동

을 가리키는 듯하다.
15 유마維摩 : 왕유王維(699~759)를 가리킨다. 그의 자가 마힐摩詰이다. 모친 최씨崔氏
 가 열렬한 불교 신자로서 왕유도 이 영향으로 유마維摩詰을 닮고자 하여 자를 마힐
 이라 했다고 한다. 그는 "시 속에 그림이 들어 있다."라는 평가를 받으며, '시불詩佛'이
 라는 칭호를 얻은 자연시인이다.
16 최정산最頂山 : 달성군 가창면嘉昌面에 있는 산.
17 절각건折角巾 : 도인이 쓰던 위가 구부러진 쓰개.
18 동천洞天 : 산과 내로 둘러싸인, 경치가 빼어나게 아름답고 좋은 곳을 말한다.
19 베개에 영험한 꿈 : 한단지몽邯鄲之夢을 가리키는 듯하다. 당나라 심기제沈旣濟가 쓴
 「枕中記」에, 노생盧生이 한단邯鄲에서 도사 여옹呂翁의 베개를 빌려 잠깐 눈을 붙인
 사이에 부귀영화의 꿈을 꾼 고사가 나온다. 전하여 부귀공명의 덧없음을 뜻한다.
20 납주臘酒 : 섣달에 빚어서 봄에 마시는 술을 가리킨다.
21 두우성(斗牛墟) : 작은곰자리 8성星.
22 신의 지켜~어기지 않고 : 봄을 알리는 삼월삼짇날에 강남으로 갔던 제비들이 다시 돌
 아왔다가 가을이 되면 돌아간다.
23 통판通判 : 판관判官. 조선 시대 종5품 외관직의 하나. 소속 관아의 행정 실무를 지
 휘·담당하거나 지방관을 도와 행정·군정에 참여하였다. 『承政院日記』 고종 17년
 (1880) 4월 25일 기사에 이보인을 대구 판관으로 임명한다고 하였고, 1882년에 통천
 군수로 옮기므로, 이 시는 1880년이나 1881년에 지어진 것이다.
24 동릉洞陵 : 미상. 지명인 듯하다.
25 수령(鳧舃) : 부석鳧舃은 오리 속의 신발이라는 뜻으로, 고을 수령을 가리킨다. 후한後
 漢 왕교王喬의 고사에서 나온 것이다. 그가 섭현葉縣의 현령으로 있으면서 매월 삭망
 朔望 때마다 먼 길을 마차도 없이 조정에 나오곤 하였는데, 임금이 이를 괴이하게 여
 겨 태사太史로 하여금 탐지하게 한 결과, 그가 올 때마다 동남쪽에서 두 마리 오리(雙
 鳧)가 날아왔으므로 그물을 쳐서 이를 잡고 보니 바로 상서령尙書令 때 하사받았던 신
 발(舃)이 그 속에 있더라는 전설이 전한다. 『後漢書』 「王喬傳」.
26 밤에 황금도 사양하리 : 후한의 양진楊震이 동래東萊 태수太守로 있을 때 창읍昌邑의
 현령 왕밀王密이 밤에 찾아와 뇌물로 금 10근을 선사하며 "아무도 모른다."고 하자 "하
 늘이 알고 땅이 알고 내가 알고 그대가 아는데, 어찌 모른다 하는가.(天知地知我知子
 知。何謂無知。)" 하며 돌려보냈다. 『後漢書』 권54 「楊震列傳」.
27 도령陶令 : 도연명陶淵明(365~427). 팽택령彭澤令을 지낸 바 있는 동진東晉의 시인으
 로 이름은 잠潛, 호는 오류선생五柳先生, 연명은 자字이다.
28 향사香社 : 당나라 때 백거이白居易(772~846)가 향산香山의 승려 여만如滿과 함께 결
 성한 모임인 향화사香火社의 준말이다.
29 〈백설가白雪歌〉 : 고상한 노래를 의미한다. 초楚나라의 서울인 영郢에서 어떤 사람이
 유행가를 불렀더니 같이 합창하는 자가 수백 명이었다. 그러나 수준이 높은 노래인 양
 춘陽春·백설白雪을 부를 적에는 따라 부르는 자가 거의 없었다고 하였다. 『文選』, 송
 옥宋玉의 「對楚王問」.
30 현 주위엔~물 같아 : 이백李白의 시에 "백설의 곡조를 섬섬옥수로 연주하고, 녹수의
 곡조로 텅 빈 마음 맑게 하네.(白雪亂纖手。綠水清虛心。)"라는 표현이 나온다. 『李太白

集』권22〈月夜聽盧子順彈琴〉.

31 주머니 황금 : 한고조漢高祖 때 육가陸賈가 일찍이 한고조의 명을 받들어 남월南越에 사신으로 갔을 적에 월왕 위타尉他가 그를 무척 좋아한 나머지 몇 달 동안 함께 술을 마시며 즐거워하다가 귀환할 무렵에는 그의 행장에 천금의 가치가 있는 보물을 싸 주며 선물했던(賜陸生橐中裝直千金) 탁금橐金의 고사가 전한다.『漢書』권43「陸賈傳」.

32 당시 통천군 수령이셨는데 : 『承政院日記』고종 19년(1882) 3월 16일 기사와 고종 26년(1889) 7월 29일 기사에 이보인을 통천 군수로 삼았다는 기록이 있다. 혼원 세환도 같이 갔다고 하였고, 부록으로 실린 이보인의 시 제목에 달성에서 옮긴 다음 해라고 하였으므로 1883년이 된다.

33 꿩아에서 백한을 놔 주었다 : 고향으로 돌아가고 싶은 마음을 가리킨다. 당나라 옹도 雍陶의 시〈和孫明府懷舊山〉에 "가을이라 달을 보니 돌아가고 싶은 생각이 많구나, 스스로 일어나 조롱을 열고 백한을 날려 보내네.(秋來見月多歸思。自起開籠放白鵰。)"라고 하였다. 백한白鵰은 꿩과에 속하는 새이다.

34 『混元集』권2「金剛錄」에 이 시가 실려 있는데 "계미년(1883) 초여름에 예천 용문에 올랐고, 중추에 두셋 학인들과 사부를 모시고 금강산에 들어갔다.(余於癸未肇夏。登醴泉之龍門。至仲秋。與二三學徒。侍師主入金剛。)"고 하였다.

35 난석헌蘭石軒 : 『混元集』권2에 "난석헌 편액이 이은당 현판과 함께 있다.(有蘭石軒扁額與吏隱堂懸板。)"는 기록이 있다. '난석헌'은 총석정과 금란굴을 합한 제명으로 보인다.

36 관리로 숨는 게(吏隱) : 관직에 있으나 은자와 같이 부귀에 관심을 두지 않는 이를 말한다.

37 영각鈴閣 : 지방관이나 번진藩鎭의 장수가 집무하는 곳이다. 본래 도독都督의 관사官舍 대문에 방울(鈴)을 걸어 두어 불의의 사태에 대비했기 때문에 붙여진 이름이다.

38 헌원씨軒轅氏 : 삼황三皇에 이어 중국을 다스린 오제五帝의 첫 번째 왕이다. '황제黃帝'라는 명칭은 재위 기간 중 황룡이 나타나 토덕土德의 상서로운 징조가 있다고 하여 붙여졌다.

39 하백河伯 : 강물의 신.

40 만호후萬戶侯 : 일만 호의 백성이 사는 영지領地를 가진 제후라는 뜻으로, 세력이 큰 제후를 일컫는다. 이백李白의「與韓荊州書」에 "이 세상에 태어나서 만호후에 봉해지기보다는 그저 한 형주를 한 번 알기만을 바랄 뿐이다.(生不用封萬戶侯。但願一識韓荊州。)"라는 말이 나온다.

41 술동이에 비친~꽃을 머금었네 : 당나라 왕발王勃의「滕王閣序」에 "수원睢園의 푸른 대는 그 기상이 도연명陶淵明의 술동이에 넘쳤고, 업수鄴水의 붉은 꽃은 그 빛이 사영운謝靈運의 붓을 비추었네.(睢園綠竹。氣凌彭澤之樽。鄴水朱華。光照臨川之筆。)"라는 구절을 원용한 표현이다. 수원은 한나라 양효왕梁孝王 유무劉武가 세운 것으로 양원梁園 또는 토원兔園, 수죽원修竹園이라고도 하며, 현재 상구시商丘市 양원구梁園區에 터가 있다. 업수는 지금의 하북성河北省 임장현臨漳縣에 있다.

42 종정鍾鼎 : 종鐘과 솥(鼎)의 병칭.『三國志』「魏志」에 "공명이 정종에 나타난다.(功名著於鼎鐘)"고 했고,「麒麟閣賦」에 "종정에 명한다.(銘之以鼎鐘。)"라는 기록이 있다.

43 도호부都護府 : 지방 행정기관. 1415년 주민이 1천 호 이상인 고을을 도호부로 하면서 밀양도호부密陽都護府가 되었다.『大典會通』에 의하면, 경기 8, 충청 1, 경상 14, 전라

7, 황해 6, 강원 7, 함경 18, 평안 14 등 모두 75개의 도호부가 있었다.

44 풍속(武俗) : 무속武俗은 무성武城의 풍속을 말한다. 공자의 제자 자유子遊가 무성 수령으로 있을 때 거문고를 타며 예악의 정치를 펼치자, 닭 잡는 데에 소 잡는 칼을 쓴다고 공자가 농담을 했다. 『論語』「陽貨」.

45 합포 물가에 구슬이 돌아옴(珠還合浦濱) : 청렴한 정사를 펼쳐 백성의 생활을 안정시킨다는 뜻이다. 후한後漢 때 합포에서 좋은 구슬이 생산되었는데, 탐관오리들이 수령으로 오면서 잠시 구슬이 나오지 않다가 맹상孟嘗이 태수로 부임하여 청렴한 정사를 행하자 다시 구슬이 생산되기 시작했다는 고사가 전해 온다. 『後漢書』「孟嘗傳」.

46 이름난 꽃에~달 비추고 : 당나라 낙빈왕駱賓王의 시 〈望月有所思〉에 "九秋涼風肅. 千里月華開."라는 구절이 있다.

47 창랑滄浪 : 중국 한수漢水의 하류 지역. 굴원屈原의 〈漁父辭〉에서 "창랑의 물이 맑으면 내 갓끈을 씻고, 창랑의 물이 흐리면 내 발을 씻으리라.(滄浪之水清兮. 可以濯吾纓. 滄浪之水濁兮. 可以濯吾足.)"라고 했다. 이 〈漁父辭〉를 '창랑가滄浪歌'라고도 하는데, 세상 모든 일은 자연에 맡기고 이 세상과 거슬리지 않음이 좋다는 뜻이 담겨 있다.

48 영수潁水 : 요임금이 허유許由를 불러 구주九州의 우두머리로 임명하려 하자, 허유는 어지러운 소리를 들었다며 영수潁水(허난성 동부 및 안후이성 서북부)로 가서 귀를 씻어 자신의 고결함을 보였다고 한다.

49 서사書社 : 독서하거나 시를 짓는 사람들의 모임으로 서원의 의미로도 쓰이는데, 여기서는 개인의 서실을 가리키는 듯하다.

50 오문을 지나네(過吳門) : 달빛 속에 사물이 흐릿하게 보인다는 뜻이다. 오문吳門은 오나라 도성의 서쪽 성문인 창문閶門을 말한다. 공자가 안연顏淵과 함께 노魯나라 태산泰山에 올라갔는데, 오나라 창문 밖에 백마가 매여 있는 것을 보고 안연에게 저것이 보이느냐고 묻자, 안연이 한 필의 흰 비단이라고 대답하니, 공자가 그 말을 듣고, "그것은 말이니라."라고 하였다. 『論衡』 권4 「書虛篇」.

51 영험한 무소뿔(一點靈犀) : 영력靈力이 있는 무소의 뿔은 하나의 구멍이 뿌리에서 끝까지 통한다고 하여 두 사람의 마음이 잘 통함을 비유적으로 이른다.

52 제정滁亭 : 송나라 구양수歐陽脩가 제주滁州 태수太守로 있을 때 이름 지은 취옹정醉翁亭을 가리킨다. 그는 이 정자에 여러 손들과 함께 놀면서 「醉翁亭記」를 지었다. 『古文眞寶』 후집 권6 「醉翁亭記」.

53 난계蘭稧 : 진목제晉穆帝 영화永和 9년 늦은 봄에 회계會稽 산음山陰의 난정에서 왕희지王羲之·사안謝安 등 42인의 명사들이 모여 계사禊事를 행하고 이어 곡수曲水에 술잔을 띄우고 시를 읊으면서 성대한 풍류놀이를 벌였다. 이때 왕희지가 직접 짓고 쓴 「蘭亭記」가 유명하다.

54 무료하게 걸린 책상 : 벽에 걸린 책상을 내려 마주할 사람이 없다는 뜻이다. 후한後漢의 진번陳蕃이 예장豫章 태수太守로 있을 적에 다른 손님은 일체 접대를 하지 않다가 현인賢人인 서치徐穉가 오기만 하면 특별히 걸상 하나를 내려놓고 환담을 하고 나서는 그가 가면 다시 올려놓았다는 현탑懸榻의 고사가 전한다. 『後漢書』「徐穉傳」.

55 학이 알리니 배 돌림(鶴報船歸) : 송나라 때의 은자隱子 임포林逋가 고산孤山에 은거하면서 항상 두 마리의 학을 길렀다. 임포는 언제나 작은 배를 타고 서호西湖에서 노닐었는데, 혹 손이 임포를 찾아오면 동자童子가 학의 우리를 열어 주어 학들이 날아서

임포에게 갔다. 임포가 그것을 보고서 손님이 온 것을 알고 배를 돌려 집으로 돌아오곤 했다.『宋史』권457「隱逸列傳」〈林逋〉.

56 화전안후花前鴈後 : 생각은 꽃 피기 전에 벌써 발생하는데 돌아갈 날은 기러기 난 다음이라는 뜻으로, 고향 갈 생각이 앞섬을 뜻한다. 남북조南北朝 설도형薛道衡의 시〈人日思歸〉에 "入春才七日. 離家已二年. 人歸落鴈後. 思發在花前."이라고 했다.

57 벼루 밭의~흉작 없고 : 벼루 밭(硯田)은 문필 생활을 뜻한다. 허균許筠의『閑情錄』에 명나라 진계유陳繼儒의「岩栖幽事」를 출전으로 "硏田無惡歲"라는 말이 기재되어 있다.

58 설야에 달빛~번이나 맞았나 : 진晉나라 왕휘지王徽之가 폭설이 내린 달 밝은 밤에 산음山陰에서 홀로 술을 마시며 좌사左思의 초은시招隱詩를 읊다가, 불현듯 섬계剡溪에 있는 벗 대규戴逵가 보고 싶어지자, 밤새도록 배를 몰고 그 집 앞에까지 갔다가 그냥 돌아왔는데, 그 이유를 물으니 "흥이 나서 갔다가 흥이 다해서 그냥 돌아왔다.(乘興而行. 興盡而返.)"고 대답한 고사가 전한다.『世說新語』「任誕」.

59 화산華山 : 경북 군위에 있는 산으로 높이는 828m이다.

60 이별가(驪歌) : 선진先秦 시대의 일시逸詩로 〈驪駒〉가 있는데, 고대에 이별할 때 부르던 노래다.

61 떠남을 만류하여(投轄) : 투할投轄은 "굴대 빗장을 빼서 (우물 속에) 던져버린다."는 뜻으로 상대방 수레를 움직이지 못하게 하는 것이다.『漢書』「遊俠傳」에 "진준이 비녀장을 던지다.(陳遵投轄)"란 일화가 나온다.

62 연관蓮關 : 위 구절의 옥국玉局과 함께 사찰을 가리키는 듯하다.

63 양관삼첩陽關三疊 : 왕유王維(699~759)의 시〈送元二使安西〉를 가리킨다. "渭城朝雨浥輕塵. 客舍靑靑柳色新. 勸君更盡一杯酒. 西出陽關無故人."

64 불교와 인연(桑緣) : 불교나 사찰을 상문桑門이라고 하므로 상연桑緣은 불교나 불도와의 인연을 가리킨다.

65 족장族丈 : 성姓과 본本이 같은 일가로서 유복친有服親에 들지 않는 위 항렬의 어른을 말한다. 극암은 달성 서씨이다.

66 고니의 뜰(鵠庭) : 난새의 집(鸞戶)과 고니의 뜰이란 자손이 뛰어남을 비유한 말이다. 송나라 소식蘇軾의「祭張文定公文」에 "자식 하나에 손자 네 명으로 난새와 고니가 뜰에 있네.(一子四孫. 鸞鵠在庭.)"라 하였다.

67 진나라 풍류 : 동진 시대 왕희지가 계회契會를 기록한「蘭亭集序」를 염두에 둔 표현이다.

68 긴 대나무(脩竹) :「蘭亭集序」의 "茂林修竹"을 원용한 표현이다.

69 증점이 봄옷 이룬 것 : 증점曾點은 공자 제자이다. 다른 제자들과 공자를 모시다가 각자 자신의 뜻을 말해 보라는 질문을 받고 "봄날 옷이 만들어졌으면 어른 대여섯 명과 아이 예닐곱 명을 데리고 기수沂水에 가서 목욕하고 무우舞雩의 대 아래서 바람을 쐬면서 시를 읊조리다가 돌아오고 싶습니다.(莫春者. 春服旣成. 冠者五六人. 童子六七人. 浴乎沂. 風乎舞雩. 詠而歸.)"라고 대답해 칭찬을 받았다.

70 곡수에 잔을 더해 :「蘭亭集序」의 "물길을 끌어들여 잔을 띄우는 곡수로 삼았다.(引以爲流觴曲水.)"를 원용한 표현이다.

71 소나무 백학관에서~소리 들으며 : 송나라 소식蘇軾의 시〈觀棋〉서문에 "나는 본디 바둑을 둘 줄 모르는데, 일찍이 여산廬山의 백학관에서 혼자 노닐 때 고송古松 밑으로

흐르는 물에서 바둑 두는 소리를 듣게 되었다. 그래서 마음속으로 매우 기뻐하였다."
고 하였다. 『蘇東坡集』권41.

72 범지범지梵智 : 부처님의 명호. 『華嚴經』권4 「如來名號品」에 "또 아래쪽에 열 부처 세계의 티끌 수 같은 나라를 지나 세계가 있으니 그 이름은 파리색이요, 그 부처님 명호는 범지범지梵智이며, 거기 있는 보살은 그 이름이 지수智首였다.(下方過十佛剎微塵數國。有世界名玻璨色。佛號梵智。菩薩字智首。)"라는 구절이 있다.

73 자경子卿 : 한나라 장수 소무蘇武의 자. 전한 무제 때 중랑장中郞將으로 부절符節을 들고 흉노에 사절로 가니, 선우單于가 항복을 받으려고 토굴에 가두고 음식을 주지 않았다. 마침 눈이 내리자 소무는 털로 만든 담요 올과 눈을 함께 씹어 먹어 수일간 죽지 않으니 흉노는 그를 귀신이라 하며 북해가로 옮겨 숫양들을 기르게 하면서 그 양들이 새끼를 낳으면 돌려보내겠다고 했다. 전한에서는 소제昭帝가 즉위하여 흉노와 화친을 맺고 소무를 돌려보내라 하니 흉노는 소무가 죽었다고 했는데, 소무의 부하인 상혜常惠가 계교를 써서 전한의 사자에게 "임금이 상림上林에서 사냥하던 중 기러기 발에 맨 비단 글을 보니 어떤 못가에 있다고 하더라."고 말하도록 하여 풀려났다.

74 풀무(橐籥) : "하늘과 땅 사이는 풀무와 같이 그 안이 허무하면서도 만물을 만들어 낸다(天地之間。其猶橐籥乎。)"는 말이 『老子』에 있다.

75 순씨의 여덟 용(荀氏八龍) : 순씨는 순숙荀淑이다. 후한 때 순숙의 여덟 아들이 모두 재능이 뛰어나 '순씨팔룡荀氏八龍'이라 일컬어졌다.

76 장씨의 세 오솔길(蔣家三逕) : 장씨는 장후蔣詡이다. 왕망王莽이 반란을 일으켜 신新나라를 세우자 장후는 벼슬을 내놓고 향리에 은둔하여 집 안 대나무 밭 아래에 세 개의 오솔길을 내고는 오직 친구인 구중求仲과 양중羊仲 두 사람과만 교유했다. 『蒙求』상 「蔣詡三逕」.

77 구산龜山 : 현재의 마산이다.

78 명협蓂莢 : 요임금 때 났다는 전설상의 상서로운 풀이다. 초하루부터 보름까지 하루에 한 잎씩 돋아났다가 열엿새부터 그믐까지 하루에 한 잎씩 떨어지고, 작은달에는 마지막 한 잎이 시들기만 하고 떨어지지 않았다고 한다. 달력풀 또는 책력풀이라고도 한다.

79 〈육아장蓼莪章〉 : 부모의 은공을 노래한 시. 『詩經』 「小雅」.

80 노래자老萊子 : 전국시대 초나라 사람. 그는 나이 들어서도 늙은 부모를 위해 알록달록한 옷을 입고 재롱을 부렸다고 한다.

81 동천洞天 : 산과 내로 둘러싸인 경치가 아름다운 곳을 말한다.

82 단아한 모임(雅集) : 아집雅集이란 시를 읊고 학문을 논하는 모임을 가리킨다.

83 거문고(素琴) : 소금素琴은 본래 줄 없는 거문고를 가리킨다. "潛不解音聲。而畜素琴一張。無弦。每有酒適。輒撫弄以寄其意。" 『宋書』 「陶潛傳」.

84 수성壽星 : 남극 부근의 하늘에 보이는 별. 노인성, 남극노인성이라고도 한다.

85 금당金堂 : 절의 가장 중심이 되는 곳으로 부처님(금인)을 모시는 법당이다. 금당을 대웅전이라고 부른 것은 고려 시대부터이다.

86 옥 글씨 있는 춘전春殿 : 파계사에 숙종·영조·정조의 어필이 있었다고 하니, 옥 글씨는 임금의 글씨를 가리키며, 춘전(세자궁)은 숙종의 부탁에 따라 현응玄應이 세자 잉태를 기도하였고 효험이 나타난 일을 가리킨다.

87 기림祇林 : 석가를 위해 수달장자須達長者가 세운 설법 도량인 기원정사祇園精舍가

있던 숲. 마갈타 나라 사위성舍衛城 남쪽에 있었다.
88 정병淨瓶 : 수병水瓶, 감로병甘露瓶 또는 보병寶瓶이라고도 한다. 정병은 본래 인도에서 승려가 여행할 때 가지고 다니던 물병에서 유래한 것으로, 차츰 공양구供養具로 그 쓰임의 폭이 넓어지고 동시에 구제자의 상징이자 자비심을 표현하는 지물持物의 의미를 가지게 된다. 특히 불교 회화나 조각에서 관세음보살이 지니고 다니는 지물로 표현하는데, 이는 정병에 담겨 있는 감로수로 모든 중생들의 목마름과 고통을 덜어 주고자 하는 관세음보살의 자비를 상징한다.
89 삼천三天 : 도교에서 말하는 신선이 사는 곳이다. 옥청玉淸·상청上淸·태청太淸을 삼청경三淸境이라 하며 또 삼천이라고도 한다. 여기서는 그저 '하늘'을 가리킨다.
90 판향瓣香 : 화판花瓣 즉 꽃잎 모양의 향이다.
91 사찰(祇樹) : 기수祇樹는 기원祇園, 즉 기수급고독원祇樹給孤獨園의 약칭이다. 석가모니를 위해 급고독給孤獨 장자가 기타祇陀 태자에게 숲을 사서 건립한 정사精舍이다.
92 반 게偈 : "제행무상諸行無常 시생멸법是生滅法 생멸이이生滅滅已 적멸위락寂滅爲樂"의 후반게後半偈를 말한다. 『涅槃經』 제14에 석가여래가 과거 생에 설산에 들어가 보살행을 닦을 때에, 나찰羅刹에게 앞의 반 게를 듣고 기뻐서 후반을 듣고자 하였다. 그러나 나찰이 일러 주지 않으니 석가는 몸을 버려 나찰에게 주기로 약속하고 그것을 마저 들었다. 그래서 '설산의 반 게'라고 한다.
93 추鄒·노魯 : 추나라의 맹자와 노나라의 공자를 가리킨다.
94 한漢·당唐 : 한나라에는 문인으로 사마상여司馬相如 등이 있고, 당나라에는 한유韓愈 등이 있다.
95 병의 물(瓶水) : 불교의 깊은 뜻에 비유하여 스승으로부터 전수받는 것을 나타내는 데 사용한다.
96 탁자를 누가 내릴까 : 주 54 참조.
97 삼승三乘 : 승乘은 짐을 싣는 수레로 부처님이 중생을 태우고 깨달음의 경지로 간다는 상징적 의미가 담겨 있다. 성문승聲聞乘·연각승緣覺乘·보살승菩薩乘의 삼승이 있다.
98 강장康莊 : 대도大道의 뜻으로 강구康衢라고도 한다. 『爾雅』에 의하면, 다섯 군데로 통하는 길을 '강康'이라 하고, 여섯 군데로 통하는 길을 '장莊'이라 한다.
99 금단金丹 : 금이나 단사丹砂를 정련하여 만든 영약靈藥이다. 먹으면 신선이 되어 불로장생한다고 한다.
100 해로薤露 노래: 장송곡. 해로는 부추에 서린 이슬같이 쉬 마른다는 뜻이다. 장송곡으로 귀인貴人에게는 해로의 노래, 하급 관리나 평민에게는 호리蒿里의 노래를 불렀다 한다.
101 구로九老 : 당나라 시인 백거이白居易가 나이가 많고 벼슬에서 물러난 여덟 사람과 낙양洛陽에 모여 놀고 이 모임을 '향산구로회香山九老會'라 불렀다.
102 쌍봉의 피리 소리(雙鳳笛) : 쌍봉관雙鳳管 즉 두 관을 합하여 십이율十二律을 정하고, 관 끝에 두 개의 혀를 두고 봉황 모양으로 새겨 머리를 삼은 관악기를 가리킬 수도 있고, 두 봉황의 울음소리 같은 피리 소리를 뜻할 수도 있다.
103 대아大雅 : 선비에 대한 존칭이다.
104 만경曼卿 : 석연년石延年(994~1041)의 자이다. 호는 보노자葆老子이고, 북송北宋의 문학가이자 서법가書法家이다. 시와 서법書法에 능했고, 저서로 『石曼卿詩集』이 있다.

105 비연秘演 : 석만경과 절친했던 승려. 구양수歐陽脩의 「釋秘演詩集序」 참조.
106 구양수歐陽脩 : 송나라의 정치가 겸 문인이다. 한림원 학사翰林院學士 등의 관직을 거쳐 태자 소사太子少師가 되었다. 송나라 초기의 미문조美文調 시문인 서곤체西崑體를 개혁하고, 당나라의 한유를 모범으로 하는 시문을 지었다. 당송팔대가의 한 사람이었으며, 후배들에게 많은 영향을 주었다.
107 혜근惠勤 : 구양수와 삼십여 년 사귀었던 승려. 구양수가 죽고 나서 혜근은 구양수 이야기가 나올 때마다 눈물을 흘렸다고 한다. 소식蘇軾의 「錢塘勤上人詩集序」, 「古文眞寶後集」.
108 〈아양곡峩洋曲〉 : 춘추시대 백아伯牙가 타고 종자기鍾子期가 들었다는 거문고의 곡조이다. 백아가 일찍이 높은 산에 뜻을 두고 거문고를 타자 종자기가 듣고 말하기를 "좋다, 높다란(峨峨) 것이 마치 태산泰山 같구나." 라고 하고, 또 백아가 흐르는 물에 뜻을 두고 거문고를 타자 종자기가 말하기를 "좋다, 광대한(洋洋) 것이 마치 강하江河 같구나."라고 하여, 백아가 생각한 것은 종자기가 반드시 다 알아들었다. 종자기가 죽은 뒤로는 백아가 자기의 거문고 소리를 알아들을 사람이 없다 하여 마침내 거문고를 부숴 버리고 종신토록 다시는 거문고를 타지 않았다는 데서 전하여 둘도 없는 지기지우知己之友의 관계를 의미한다.
109 호군護軍 : 조선 시대 오위五衛 소속의 정4품 관직.
110 거북이 숨(龜息) : 거북이처럼 느리게 쉬는 단전호흡을 말한다.
111 신하 되리라(趨蹌) : 추창趨蹌은 예도禮度에 맞게 허리를 굽히고 총총걸음으로 빨리 걸어가는 것을 말한다.
112 남극南極 : 도교에서 장수長壽를 맡은 별자리라고 하며, 노인성이라고도 한다.
113 난초 세 줄기 : 세 명의 자식을 가리킨다. 춘추시대 정鄭나라 여성인 연길燕姞의 꿈에 손에 난초를 든 천사가 나타나서 "나는 너의 조상이다. 이 난초를 너의 아들로서 주겠다. 난초는 나라에서 제일가는 향기를 지닌 꽃이므로 모든 사람들이 그 아이를 난초와 같이 사랑할 것이다."라고 했다. 신기하게도 그 꿈은 그대로 맞아서 그녀는 정나라의 임금인 문공文公의 부름을 받아서 뒤에 왕위를 이은 목공穆公을 낳았다고 한다. 그리고 난초의 한 종류를 가리키는 '손蓀' 자는 자손을 가리키는 '손孫' 자와 발음이 같아서, 난초는 자손 번창의 의미를 지니게 되었다.
114 가성佳城 : 아름다운 성곽이라는 뜻인데, 무덤을 일컫는 미칭으로 쓰인다.
115 오위장五衛將 : 오위도총부五衛都摠府에 딸린 오위의 군사를 거느리던 장수.
116 멀리 떨어져(參商) : 참상參商은 서쪽의 '참성參星'과 동쪽의 '상성商星'으로서 멀리 떨어져 있음을 가리킨다.
117 즐겁고(樂于于) : 우우于于는 자득自得한 모양을 일컫는 말이다. 『莊子』 「應帝王」 "泰氏其臥徐徐. 其覺于于."

극암집 제2권
克庵集 卷二

편지
書

시광 김준영 사문에게 보내는 답서

　좌우左右[1]께서 깨우쳐 주신 것은 붕우의 도리이니, 저(師誠[2]) 또한 붕우의 도리로 대략 말씀드리겠습니다. 붕우의 도리는 태극이 나뉘면서 나왔고 삼재三才[3]를 도와 오상五常[4]에 참여합니다. 상고시대는 증명할 문헌이 없지만 역易을 만들 때 곤괘坤卦의 단사彖辭[5]에 "서남쪽에서 붕우를 얻는다.(西南得朋.)"고 하였고, 태괘兌卦의 대상大象[6]에 "붕우가 모여 강습한다.(朋友講習.)"고 하였습니다. 천지간에 지극히 중요하고 오묘한 도리는 팔괘를 벗어나지 않습니다. 그래서 두 괘의 단象과 상象에 특별히 '붕우' 두 자를 든 것입니다. 부자夫子(공자)가 동인同人[7]의 괘사에 붙여서, "두 사람이 마음을 같이하면 그 날카로움은 쇠도 끊으며 마음을 같이하는 말은 그 향기가 난초와 같다."고 하였습니다. 붕우의 큰 도리를 곤괘와 태괘에서 볼 수 있고, 붕우의 지극한 뜻은 쇠와 난초 두 사물에서 볼 수 있습니다.
　성인 문하의 여러 현인들께서 격려하고 권면하여[8] 학문으로 모이고[9] 의리로 가다듬어 도덕의 임무를 서로 기약하였으니, 그 삼재를 도와 오상에 참여하는 이로움이 어떠하겠습니까. 지극히 중요하고 큰 도리이거늘 세상의 용졸한 무리들이 그 이름을 훔치고 그 실제는 배반하여 권리로 사귀거나 재물로 사귀고 이익으로 사귀거나 아첨으로 사귀니, 그 사귐은 오상에 대해 일개 적에 불과할 따름입니다. 이런 까닭에 시인에게는 〈곡풍谷風〉[10]의 기롱이 있고, 소릉少陵[11]은 "뒤집어 구름(翻雲)"[12]이라는 구절에 느낌이 있었습니다. 도징사陶徵士[13]의 "교제를 끊으려 한다"와 혜숙야嵇叔

夜¹⁴의 "교제를 끊겠다."는 말은 마음에 안타까워 문장으로 발현된 것이 아니겠습니까?

 아아, 붕우의 도가 사라진 지 오래되었습니다. 큰 뜻을 지닌 이가 분연히 세상을 돌아보지 않고 우뚝 홀로 서서 붕우의 도를 배양해서 붕우 되는 이로 하여금 공경하고 믿고 가르치고 깨우치게 하려는 뜻이 옛날 군자가 그 덕을 붕우 삼고 그 이익을 붕우 삼고 그 믿음을 붕우 삼는 것과 같이 함을 어찌 볼 수 있겠습니까? 옛날과는 멀어져서 도덕으로 기약하는 일컬음은 없을지언정 심지가 합치되어 교분이 성글지 않고 믿음을 굳게 지킨다면 붕우의 도에 거의 이롭지 않겠습니까. 살펴보시기에 어떠하신지요, 어떠하신지요.

答詩匡金斯文俊榮書

左右所諭。卽朋友之道。則師誠亦以朋友之道略說。蓋朋友之道。出自太極肇判。而佐三才參五常也。雖上古無文可證。而作易。於坤之象辭曰。西南得朋。於兌之大象曰。朋友講習云。則天地間至重至妙之道。不外乎八卦。而於二卦之象象。特揭之以朋友二字。夫子係之以同人之辭曰。二人同心。其利斷金。同心之言。其臭如蘭。則朋友之大道。可見於坤兌二繇。朋友之至意。可見於金蘭二物也。聖門羣哲。偲偲切切。以文會之。以義磨之。相期於道德之任。則其爲佐三才參五常之益。爲如何哉。以若至重至大之道。世之庸庸之輩。盜其名而背其實。或權交而貨交。或市交而面交。其爲交也。不過五常之一賊而已。是故詩人有谷風之譏。少陵感翻雲之句。陶徵士之請息交。嵇叔夜之作絶交。豈非傷於心。而發於文詞者乎。嗚呼。朋友之道熄久矣。安得見大有爲之人。奮不顧世。特然獨立。培養友道。使其爲友者。敬之信之。敎之誨之之意。若古昔君子。友其德。友其益。友其信也歟。去古已遠。雖無道德相期之稱。而惟以心志之洽合。托契不疎。守信爲堅。則庶乎朋友之道。益矣。俯覽如何如何。

경산 사군 이헌소에게 올리는 답서

일전에 회답을 받아서 안부를 알게 되었는데, 다시 삼복과 장마에 분우 分憂15의 안부가 편안하신지, 앙모하는 제 마음을 가눌 길 없습니다.

저는 근래에 팔공산의 간청을 많이 받았습니다. 그러나 청을 마다하고 여전히 머물러 있었던 것은 각하의 정성 어린 뜻을 어기기 어려웠기 때문입니다. 각하 또한 직무 기한이 만료되었고 놓아 준 백한은 아직 멀리 가지 않았는데,16 끝내 고별함이 있어 팔공산으로 자리를 옮겼습니다. 본사 本寺는 여전히 감독할 만한 사람을 필요로 하는데, 교체되어 얻은 것이 있으니 그래도 잃는 것보다는 낫습니다. 구역이 이미 나뉘니 찾아뵙는 게 쉽지 않고, 그저 안타까운 마음에 안부 편지를 씁니다.

콩잎이나마 정성껏 보내 드리오니, 콩잎에 젓가락을 더하시고 편지를 살펴봐 주시기 바랍니다.

무궁하심을 축원하옵고 이만 줄이옵니다. 삼가 절을 올립니다.

答上慶山使君李憲昭書

日前伏承回牘。以探安候。而更伏諗庚潦分憂氣體度神相萬安。仰慕不任下忱。師誠以來。多受公山懇請。然棄去尙畱。以難負閤下眷眷之盛意矣。閤下亦以瓜期已滿。放鷳未遠。竟有告別。移鉢于公山。而本寺則仍要可監人。替在所得。猶勝所失也。區域已分。獻拜未易。只庸悵悚。以書仰候。以藿輸誠。藿以加箸。書以照誠。祝筭無窮。不宣。謹拜。

응담에게 보내는 편지

아득히 떨어져 있어 근심과 기쁨 등 경조사에 서로 미치지 못하니 길 가는 타인과 무엇이 다른가. 생각하면 가슴이 막힌다. 나무는 뿌리를 떠나지 못하고 물은 근원을 떠나지 못하듯 무정한 사물은 근본을 멀리하지 않는데, 너는 어느 산에서 머리를 깎고 어느 땅에서 살아가는지 한번 금강산에 들어가서는 10년 동안 돌아오지 않으니 근본을 안다고 말하겠는가? 저 짐승도 머리를 자기 살던 언덕으로 돌리니 또한 고향을 그리는 정이 있다. 너는 선사先師의 옛 절이 있으니 고향을 그리는 감정이 없지 않을 텐데 알면서도 돌아오지 않는 것인가, 몰라서 돌아오지 않는 것인가? 몰라서 하지 않는다면 그래도 기댈 바가 있지만, 알면서 하지 않는다면 죄가 막대한 것이다.

천 리 간에 서로 비추는 마음은 바로 이 편지 한 장에 있다. 너 있는 곳에 완람하는 객들이 상시로 이어지니 편지 보내기가 어렵지 않을 텐데 안부편지 한 장 없으니 이 무슨 도리인가? 천만 가지로 너를 타이르노니, 너는 알아들어야 한다. 안타까워하며 이만 줄인다.

寄凝潭書

落落相左。憂喜慶吊。俱爲不相及。何異路人耶。思則胃塞。木不離根。水不離源。無情之物。不違底本。汝則祝髮何山。生養何地。一入金剛。十年不返。可謂知本耶。彼獸之首邱。亦有懷故之情。汝有先師之古寺焉。不能無懷故之感。知而不返耶。不知而不返耶。不知而不爲。則猶有可據。知而不爲。則罪莫大焉。千里相照。卽在一紙之上。汝邊玩客。常時絡繹。替書不難。而尺書無問。是何道理耶。千萬警汝。汝當體悉。冲悵不具。

기장[17] 사군 추원 오영석에게 드리는 편지

지역이 멀리 떨어져 있어 소식이 전해지지 않으니 앙모하는 마음이 하루도 끊이지 않고, 멀리 남쪽 구름을 바라보니 매양 눈길이 아득히 푸른 하늘에 닿을 뿐입니다. 엎드려 생각건대, 새해에 하늘의 아름다움을 받으시어 무강한 복들을 누리시고, 바닷가 백성들의 일을 걱정함에 과도히 번거롭지 않으신지요? 애타게 덕을 연모하는 마음은 가슴에 있어, 맹인이 본 것을 잊지 못하는 지경 같습니다. 저는 깊은 산림에 조그맣게 거처하여 겨우 목숨이나 보존하는 것을 분수로 알 따름입니다.

각하께서 예전에 구주龜州를 다스리실 때에 한가한 날 팔공산에 오르셨고,[18] 저는 마침 도를 깨우치는 과정에 있었습니다. 각하께서 비천하게 여기지 않으시고 나오라고 하셔서는, 함양하고 실천하는 공부와 격물치지의 배움을 자세히 논하셔서, 옛사람들이 밝혀내지 않은 말들을 많이 들어 제 마음에 깊이 의심나던 뜻을 깨우칠 수 있었습니다. 간간이 비루한 견해를 진술하면 과도하게 장려하심을 받고 하였으니 감격하고 감격할 따름이었습니다.

그런데 남쪽으로 옮기신 후에는 끝내 뵙지를 못하고 각하께서 평소에 정겹게 어루만져 주시던 뜻을 헛되이 저버리게 되니, 부끄럽고 송구함을 가눌 수 없습니다. 이만 줄이며 삼가 절을 올립니다.

呈機張使君秋園吳榮錫書

地隔數雷。聲息莫通。仰慕之情。靡日不切。而遙望南雲。每眼到蒼蒼之際而止耳。伏惟新正政體候茂膺天休。享無疆百福。海局民事。不至過惱於神思耶。區區戀德之私。襲在胷臆。如盲者之不忘視也。師誠鷦棲深林。僅保軀命。自分是已。閣下昔莅龜州。暇日華旃登公山。師誠適在悟道。閣下不鄙夷而進之敎。細論涵養踐履之工。格物致知之學。多聞古人所未發之言。

得破吾心所深疑之旨。時陳陋見。過蒙獎詡。感激感激。一自南符之後。竟未承候。虛負閤下平日撫下眷眷之盛意。慚悚無任。不宣。謹拜。

상사[19] 박제순에게 보내는 편지

봄빛이 펼쳐지는 때에 만물이 모두 형통하고 산의 차나무는 꽃을 피워 골짜기에 빛이 나는 듯하며 봄 산의 기미는 옥처럼 온화하니, 이러한 곳에 머물면서 어찌 바람이 없겠습니까? 삼가 묻자오니, 서사書社 중에 기거하시며 계절에 맞게 잘 지내시고 공부에 진척이 있어 깊은 경지에 나아가셨는지, 온 마음으로 그리워함이 조금도 느슨해지지 않습니다.

저는 청산에 자취를 감추고 다만 백운에 인사할 따름입니다. 뜻을 정성스레 하고 사물에 나아가 앎을 이루는 학문을 어찌 논할 수 있겠습니까? 그러나 우리들의 공부는 정녕 마음을 맑게 하고 욕심을 끊음이 필요합니다. 산을 보면 만고에 우뚝 선 형세가 있고, 물을 보면 밤낮으로 쉬지 않는 흐름이 있습니다. 우리의 무한한 생각을 늘려 가면 과연 손과 발이 춤을 추는 것도 모르는 지경에 이를 것이요, 어찌 한결같이 옛 종이더미에 파묻혀 정신이 혼미해지고 전후를 잊어버리고 아득하게 도달할 바 없듯 하겠습니까?

하늘이 좋은 인연을 빌려 주시어 정계淨界(사찰)로 한번 오심을 크게 마음먹어 그동안 쌓였던 회포를 풀 수 있게 된다면 그때를 공교롭게도 놓치지는 않겠지요. 쓸쓸히 이만 줄입니다.

與朴上舍齊淳書

韶光時敷。品物咸亨。山茶潑紅。洞若有光。春山氣味。蘊然如玉。際於此間。安得無願。嚮謹問書杜[1]中起居。對序佳裕。進修之工。以至深趣否。一心耿結。不容少弛于中也。師誠遯跡靑山。只禮白雲而已。何足論說誠意格物致知之學歟。然而吾人用工。正要淸心絶欲。看山而有萬古特立之勢。觀水而有晝夜不息之流。長吾無限意思。則果不知手舞足蹈。而豈可一向汨溺於古紙堆中。使精神昏弊。失後忘前。茫茫然無所抵者乎。天借佳緣。丕擬一踔淨界。以攄積襞之懷。時不巧違耶。悵然不具。

1) ㉠ '杜'는 '社'의 오자인 듯하다.

진사 김준근에게 보내는 답서

약속이 없어 오시지 않을 때는 기다릴 필요 없지만, 약속이 있는데 오시지 않으면 어찌 그립지 않겠습니까? 지나는 객이, 병환이 있으시다고 하는데 그건 허무맹랑하고 맹랑합니다. 어찌 헛말 듣는 것이 이처럼 심한지, 들으면서 매우 의아스러웠습니다.

약속한 날 이후 며칠이 지났는데 건강은 넉넉하시고 이치 탐구는 더욱 정밀하신지, 사모하는 제 마음은 끝이 없습니다. 저는 근래 민물고기가 빌미가 되어 며칠 고생을 하다가 이제서야 문밖을 나서게 되니 뭐 말할 게 있겠습니까.

지금 산에 들어오면 꽃들은 쇠잔해져서 진달래(杜鵑) 지짐을 해 먹기도 늦었습니다. 믿는바 두릅(木頭)은 무게가 4근이나 5근일 뿐입니다. 한 가지 사찰 음식(蒲塞)[20]을 마련하고자 아이에게 분부해서, 어제 따다가 오늘을 기다리고 오늘 따다가 내일을 기다리곤 한 것이 어찌 두세 번에 그치겠습니까? 이 물건이 반드시 다하기를 기다린 연후에야 비로소 동쪽 산에 지팡이 짚고 나갈 것입니다. 그래서 사문沙門이 이마에 올린 손을 거두고 여산廬山에서 마신 술잔을 깨부수어, 다시는 신선 만날 인연이 없고 발돋움하여 기다리길 다시 하지 않게 될 것입니다. 그러나 옛날에 왕파王播가 목란원木蘭院에 거듭 이르렀고,[21] 혜휴惠休[22]가 자주 오고, 두보가 뱃놀이를 한 것은 실로 잊지 못하는 정 때문입니다.

동자승(稗衲)에게 대신 댁(高軒)을 방문하라 했는데, 혹시 좋지 않게 여기는 책망이 있지는 않겠지요? 생각건대 멀리 산사 주방을 향해 지짐을 먹고픈 마음이 고량진미를 드시다가 간혹 생기시겠지요. 한번 자연(烟霞)의 공양을 마련할 테니 한번 드시고 한번 웃어 주시기(盧胡)[23] 바랍니다. 나머지는 다시 말씀드리지 않겠습니다.

答金進士俊根書

無約不來。不必待也。有約不來。胡不戀歟。過客之云有恙。孟浪孟浪。奚其聽虛之若是也。聞甚訝歎。信後有日。體韻崇裕。玩理益精。馳慕源源。師誠近以河魚所祟。苦度數日。今才出戶外何道哉。今來入山。花事闌珊。煮杜鵑晩矣。所恃木頭。肥或四斤五斤而已。準擬一種蒲塞。分付山童。昨日摘置以待今日。今日摘置以待明日。何止再三哉。必待此物必盡然後。始治東山筇屨。故歛沙門加額之手。碎廬山許飮之觥。更無仙分。不復翹望。然古者王播重到木蘭院修。惠休頻來。杜甫船遊。寔由不忘情者也。使稗衲替叩高軒。倘無不屑之責耶。想遙向山厨。欲灸之心。閒生於膏粱之餘外也。擬作一番烟霞供養。一番箬下。一番盧胡矣。餘不復云。

사문 김정로에게 보내는 편지

궁벽한 곳에 묻혀 살면서 병과 게으름이 이어져서 한 통의 문안 편지도 안하案下[24]께 보내지 못했습니다. 그러나 친구들이 올 때마다 동정이 어떠하신지 자세히 묻지 않은 적이 없고 그리워하는 마음은 그치지 않습니다.

조용히 지내시면서 이치를 탐구하시는 가운데 점차 진정한 경계로 들어가시어 이 가르침으로 세상을 다시 밝게 하시고, 어리석은 이들을 깨우치시어 같이 인수仁壽[25]의 영역으로 오르실 것을 이와 같이 간절히 축원합니다.

저는 예전처럼 누추하게 지내고 있으며, 다른 것은 뵙고 말씀드리겠습니다. 이만 줄입니다.

與金斯文貞魯書

屛居窮僻。病懶相仍。不能一通問訊於案下。然知舊人往來。未嘗不詢扣動靜。而嚮往之心不能已也。靜中玩理。漸入眞境。使斯敎復明於世。而撫喩羣蒙。幷躋仁壽之域。如是切祝萬萬。師誠依舊庸陋耳。餘在面悉。不宣。

대아[26] 두계화에게 보내는 답서

병으로 구름 산에 누워 한 해(歲篇)[27]가 저물어 가는데 손꼽아 세월을 헤아리니 만감이 교체합니다. 홀연 귀댁의 손님이 와서 귀한 편지를 전해 주기에 벌떡 일어나서 편지를 받들어 보니, 완연히 곡절을 담은 구슬이요, 낭랑히 읽음에 아향牙香[28]이 일어 글자마다 모두 정이 사무쳤습니다. 그대와 내가 간담이 서로 비추어 두 곳이 한자리인 듯하여 기쁨을 이길 수 없으니 문득 고질병이 사라진 듯했습니다. 편지 읽고, 형제[29]간 우애 있고 두 분 다 편안하심을 알게 되니, 하늘을 우러러 사모하는 마음이 자나 깨나 잊히지 않습니다.

저는 이전처럼 무덥게 지내며, 오로지 계곡 바람과 봉우리 달로 흐뭇하게 가슴을 씻어 내고 게송을 읊으며 시간을 보내고 있습니다. 아이는 머리를 깎았으니 의발을 전함에 이처럼 좋은 이를 얻어 기쁨이 충만합니다만 당사자로서는 사람 모양에 좋지 않겠지요.

글을 쓰시거나 책을 읽으시거나 다 본보기가 될 듯하여, 대개 옛 사람의 유풍流風을 알 만하니 축하드리며 우러러 앙모할 뿐입니다.[30]

조만간에 한번 찾아뵙겠습니다. 이만 줄입니다.

答杜大雅啓華書

病臥雲山。歲篇將暮。屈指光陰。百感交摯。忽有貴邊客。袖傳琅函。蹶然而起。擎封緘。宛曲折之珠。朗誦之牙香。字字皆貫情。君我肝膽相照。兩地一席。不勝欣喜。而頓失沈痾所在。拜審塤箎相隨。起居均勝。祝天馳慕。寤寐如結。師誠仍靠洴澼。而惟以溪風峯月。津津灑胷。爲玩偈消遣之資。兒已祝髮。衣鉢之傳。得此好箇。充滿慶忭。而在渠不善於做人樣子。若書若讀。似造楷敏。槩知古家流風。賀以山仰耳。早晏一造。不宣。

대아 박정수에게 보내는 편지

오래 떨어져 있음을 생각할 때마다 아쉬움을 금할 길 없습니다. 편지를 펼쳐 글자를 어루만짐에 이르러서는 의미를 헤아리기 어렵고 띄어 읽기도 쉽지 않아 애써 보아도 알 수 없으니, 또한 일반인들이 이별을 생각하는 것에 비하겠습니까. 『시경』에 "비록 내가 가지 못하나, 그대 어찌 소식을 전하지 않나?"[31]라고 한 것은 정녕 우리 둘 사이를 말한 것인가요. 말을 다하기 어렵습니다.

생각건대 당신(左右)께서 경치 좋은 지역을 얻어서 수려하고 청아한 곳에 집을 짓고 때때로 갈건야복葛巾野服[32]으로 거닐며 완상하면서 반드시 타인에게 말로 전해 줄 수 없는 것들이 있을 터이니, 부럽고 부럽습니다.

저는 날마다 게으른 친구와 잠꾸러기 이웃들로 인해 자기 심신 한 가지 일을 투철하게 닦지 못하고 장님처럼 좌우로 엎어지고 넘어져서, 어찌해야 좋은지 모르겠습니다. 진실로 한탄할 만합니다.

이제 한 해가 골짜기의 뱀 꼬리처럼 섣달그믐이 불과 열흘 남았으니, 새봄처럼 복 많이 받으시기를 기원합니다. 할 말을 다하지 못하고 줄입니다.

與朴大雅廷秀書

每念久離。不勝悵惘。至於開書撫字。辭旨之難思。句讀之未詳。欲究而不得。又不但常人別離之思也。詩云。縱我不往。子寧不嗣音者。政爲吾兩間道也哉。言難盡矣。竊惟左右。占得好山水。結屋明秀淸麗之間。時以葛巾野服。逍遙玩賞。必有說與人不得矣。健羨健羨。師誠日用懶友睡隣。自己身心一段事。不曾講磨得徹。如盲者揲。左顚右倒。不知却如何措安。誠可歎也。卽玆歲色如壑蛇尾。除夕只隔一旬。惟祈新福如春。不究所言。

대아 이춘섭에게 보내는 편지

지난봄에 만나 뵌 게 거의 꿈처럼 아득하니 항상 울적합니다. 생각건대 차이가 없을 것이요, 소식(魚鳥)을 전할 방법이 없으니 안부를 알 길이 없습니다. 산과 들이 멀리 떨어져 있을 뿐만 아니라 세상이 분란하여[33] 그러한 것입니까? 모내기 비가 삼 일 내려서 들판 색이 청색을 받고 홰나무와 버들은 맑음을 더하며 매미는 그늘에 있으니, 적막한 언덕에서 고풍高風을 우러러 앙모하지 않음이 없습니다. 삼가 여쭈오니, 서사書社에 기거하시면서 계절에 맞게 잘 지내시고, 과업으로 연마하여 얼마나 많은 보물을 얻으셨을지 궁금함이 배나 더합니다.

저는 몸의 병 때문에 신음으로 세월을 보내며 오랫동안 건강하지 못합니다. 이것이 과연 빌미가 되어 아직도 게송의 맛을 모르고 내면의 충만함에 이르지 못하고 적적하고 울적함이 가슴에 쌓였습니다. 이 병을 깊이 생각하니 약으로 나을 것이 아니요, 반드시 북극으로 뛰어올라 맑은 기운으로 씻는 것이 필요하므로 지난번에 경거瓊琚[34] 하나를 부탁드렸던 것입니다. 과연 대략 지으셨는지요? 믿을 만한 인편을 만나면 보내 주시기 바랍니다. 연잎의 이슬에 손을 씻고 감상하겠습니다. 그러면 달콤한 음료수를 입에 부은 듯하여 저도 모르게 묵은 병이 사라질 것입니다. 좋은 약을 아끼지 마시기 바랍니다.

與李大雅春燮書

客春之奉。殆若夢境。居常悵菀。想無異同。而魚鳥無階。聲息莫憑者。匪但山野之夐隔。職由世況之膠擾而然歟。秧雨三日。野色受靑。槐柳增淸。鳴蜩在陰。寂寞窮阿。未嘗不懷仰高風。謹問書社中起居。以時淸勝。而所課琢得幾許斗琳琅。頌仰倍品。師誠以身痾叫呼度了。長時不健。此果甚祟。尙未知偈味。不至於內腴。涔寂結鬱於中懷耶。深思是病。非藥石所愈。

必需乎狃寒灌淸之資。向託瓊琚一顆耳。果涉歇製否。若遇信便。從以俯擲。蓮露盥玩。便若蔗醬灌口。不覺沉痾去體。勿惜良劑如何。

일허 주지께 보내는 답서

봄·여름 사이에 두 번 방문해 주심은 다 정성에서 나온 것으로 속됨을 천 길이나 뛰어넘습니다. 게다가 편지로 고목 같은 형체를 물어봐 주시니 어이 그리 살뜰하신지요. 도리어 부끄럽습니다. 편지를 통해, 정양靜養하시는 가운데 근면하심을 알게 되었습니다. 무슨 책을 읽으시며, 무슨 경전을 강독하시나요? 깨우치심이 무한하여 책 속의 유심한 의미를 때때로 도반(法侶)들과 흰 구름이 두둥실 떠 있는 골짜기를 거닐면서 나누시는지요? 적막한 언덕에서 아득히 향하는 그리움은 바다를 채울 정도입니다.

저는 저번 달에 이 암자로 옮겨 와서 모든 것을 새로 마련했다고 할 만하고, 몸의 근심으로 누워서 신음하다가 약의 힘으로 겨우 일어났습니다. 아직도 어릿어릿한 게 찬바람에 상한 풀 같은데, 다행히 저승사자의 부름을 받지는 않았습니다.

보내 주신 향과 차는 감사드리고 감사드립니다. 한번 마셔 보니 상쾌한 것이 병든 몸에 봄이 온 듯합니다. 어떻게 감사를 드려야 할지 모르겠습니다.

다른 이에게 받아쓰게 하느라 일일이 적지 못하고 이만 줄입니다.

答一虛丈室書
春夏間兩度歷顧。儘出情誼。拔俗千丈。又以書尺。謹訊於枯木形骸。何如是繾綣也。還切愧縮。因審靜中勤著。讀何書。講何經。透得無限。黃卷裏幽深意趣。時與法侶徜徉於白雲浮浮之洞耶。寂寞窮阿。悠悠嚮迁之思。請量底海。拙前月移錫此庵。凡百可謂新設。而以身憂委床叫呼。賴藥纔振。尙未作氣圉圉若傷風之草。而幸不赴鬼伯召要也。所惠香茶。繁感繁感。而一番喫來灑灑然病骨生春。不知所以爲謝也。倩草不一。

일청거사 전낙도에게 보내는 답서

지으신 시문을 보여 주시니 호탕하고 맑아서 작품마다 운치를 다하여 멀리 세상을 벗어난 듯합니다. 항상 책상에 놓아 두고 때때로 다시 읊조리니 태산에 올라 바다를 바라보듯 황홀하게 합니다. 아스라이 호탕한 형세를 다하여 시의 향이 진중하게 골수에 사무치니 종이가 닳고 먹이 변하도록 손에서 놓지 못합니다. 정양하시는 가운데 편안하시다고 하니 경하드리고 경하드립니다.

저는 남의 일에 부림을 받아 공연히 요란을 떨어 옛 종이를 뚫는 일[35] 한 가지도 또한 그만둔 지 오래되었습니다. 가슴속이 꽉 막혀 해로움이 단전에 이를까 걱정입니다. 『시경』에 이르길, "비록 내가 가지 못하나, 그대 어찌 소식을 전하지 않나?"[36]라고 하였는데 혹 헤아려 주시지 않겠습니까? 다행히 여가를 얻어 벗들과 나란히 적막한 숲에 있는 저를 방문하시지 않겠습니까? 그렇지 않으면 편지를 보내 정감을 알게 하시면 족히 얼굴을 마주하는 것에 가름할 수 있을 텐데 편지 보낼 길이 없으니 이 또한 쉽지 않지요.

편지를 대하니 쓸쓸하여 인사를 다하지 못하고 이만 줄입니다.

答一靑居士全洛都書

俯示盛製。豪宕淸婉。各極其趣。迥出人外。常置諸几案。時復吟詠。令人悅如蹋太山臨宏海。以窮嵯峩浩蕩之勢而詩香珍重。入髓津津。紙弊墨渝。不欲釋手。承審靜候萬崇。仰賀仰賀。師誠役於人事。空然作擾。鑽古紙一事亦已荒廢之久。竊懼胷中茅塞。害及於丹田也。詩云縱我不住。子寧不嗣音。倘或諒之否。幸得暇日。勝友聯節。訪我於寂寞之林耶。不然則書尺相通。導達情緖。足爲替面之資。而偵便無路。此亦未易期也。臨書憮惘。不備謝。

효자[37] 김우묵을 위로하는 편지

인사말은 생략하옵고(省式言),[38] 산에 있는 사람이 또한 사람이라 할 수 있겠습니까? 선부군先府君께서 갑자기 돌아가심에 놀라움이 그치지 않습니다. 저로서는 즉시 가서 통곡하며 제 소회를 털어놓고 싶었으나 병이 심한지라 그저 안타까울 뿐이었습니다. 도독荼毒[39]을 당하심에 기력이 어떠하신지 모르겠습니다.

세월이 흘러 이미 장례 지내고 이미 일상으로 돌아오니, 사모하고 애타게 울며 어찌 견디며 살겠습니까? 천만 바라옵기는 슬픔을 억제하고 변화에 따르시어 효성 때문에 효를 상하게 하는 데 이르지 않도록 하는 게 어떠십니까, 어떠십니까. 선부군의 자애로움은 어려서부터 그러했고 늘 그 막에는 더욱 더하셨지요. 이제 문득 저를 저버리셨습니다. 저는 어찌 살아갈까요! 오늘 한마디 말로 평생의 마음을 명백히 할 수 있는 것은 그저 우빈虞殯[40]의 노래 하나뿐입니다. 뒤늦게 만시挽詩를 짓는 게 옛날에도 간혹 있었으니, 이에 글을 지어 올립니다. 바라건대 시를 시로 보지 마시고, 평일로 오늘을 보지 마십시오. 집사에게 상설象設[41] 앞에서 펼쳐 읽게 하시어, 수문지하랑修文地下郎[42]께서 인간세상에 산중 사람이 있다는 걸 일세 해 주십시오.

병 때문에 찾아뵙는 예를 갖추지 못하여 송구하고 송구합니다. 잘 지내시기 바라옵고 이만 줄이며 삼가 편지를 올립니다.

慰金孝禹默書

省式言。山中之人。亦可曰人乎。自聞先府君。奄違榮養。驚怛不能已。己卽欲趨去。一哭以泄我所懷。而甚矣病矣。只庸悵恨。不審自罹荼毒。氣力何如。日月流邁。旣襄旣常。思慕號絶。何可堪居。惟冀千萬節抑順變。無至以孝傷孝。如何如何。先府君愛惠。自少已然。到衰益篤。今遽舍我矣。

我何爲生。今日所可一言。以明平生之心者。只有虞賓一関而已。追挽古或有之。玆構仰呈。幸勿以詩看詩。以平日看今日。使執事者。展讀于象設之前。庶修文地下知有人間有山中人也。病不可以飛錫爲禮。愧悚愧悚。仰希哀察。餘謹疏。不備疏上。

혜운당께 보내는 답서

지난번 보내 주신 편지가 아직도 책상에 남아 있으니 답장이 늦어 부끄러울 뿐입니다. 삼가 묻자오니, 봄철에 법후法候[43]는 봄처럼 화평하고 선지禪旨를 깨우쳐 삼매에 드셨는지요. 정성껏 축하드림이 오매불망 간절합니다.

저는 한결같이 바쁘게 일할 뿐이니 어찌 성성惺惺한 깨달음의 지경에 참여하겠습니까? 운원運元[44]이라는 것은 한 푼의 관계도 없는데 이처럼 보여 주시니, 의심하지 말아야 할 대목에서 사람을 의심하는 것 같아, 매우 놀랍고 괴이합니다. 전에는 비록 하지 말아야 함을 몰랐다고 하나 이제는 하지 말아야 함을 알면서도 또 의탁함이 있으니, 다시 무슨 마음이라 하겠습니까.

答惠雲堂書

迺者惠訊尙留。作案實。而惟以稽謝爲愧。謹詢花煦。靜中法候。與春俱和。禪旨悟入三昧否。區區頌祝。寤寐懸懸。師誠一味勞碌。烏可齒於惺惺底界耶。建運元無一分相關。而來示如是。似疑人於不當疑之地。須甚驚怪。前雖不知不爲。今知不當爲。而又有信託。更何心云云也。

사문 최정술에게 보내는 답서

편지가 가고 편지가 옴이 그림자와 소리처럼 빠르니 기쁨이 무궁합니다. 옛말에, 12월 30일에 시절 인연이 도래하면 평생 공부(叅學)가 끝날 것이라 했습니다. 지금 저는 12월 30일 소식으로 당신(左右)이 손수 쓴 편지를 받아서 몇 년간 쌓인 의심이 황홀하게 풀리니, 꿈에 가위눌리다가 다른 사람이 일깨워 줘서 즐겁게 뛰어다니는 것과 같습니다.

지금 시절은 현음玄陰[45]의 추위로 샘과 골짜기가 모두 얼었습니다. 엎드려 바라건대, 존양存養[46]하여 덕을 진보시켜 더욱 빛나시고 가족(庇節) 모두 건강하시기를 간절히 기도하는 마음이 가슴에 가득합니다.

달력(新蓂) 하나를 약소하나마 신의信義로 드리오니, 그저 주희朱熹의 시詩에서 말한바 "시냇가에 핀 찬 매화 가지 하나를 보내네."[47]라고 읊은 뜻입니다. 산중의 사계절을 이에 알 수 있습니다.

섣달그믐이 가까우니 그저 새해에 복 많이 받으시기 바랍니다.

答崔斯文廷述書

書去書來。影隨響捷。喜箏無窮。古云臘月三十日。時節因緣到來。一生叅學事畢。今師誠以臘月三十日消息。得左右手滋。咥曝積年所疑。怳如夢魘底人因他起惺。不覺沾沾踴躍也。此時玄陰栗冽。泉壑皆氷。伏惟存養。進德益邵。庇節均慶。憧憧馳慕。蘊底方寸。一朶新蓂。略以信呈。聊表朱詩所云。溪上寒梅寄一枝之意。山圃四時。於是可點矣。除夕在邇。只祝餞迓蔓祉。

우항 정내조에게 보내는 편지

바위 옆 단풍과 뜰의 국화가 서로 비추며 화려함을 다투는 가을에 만물이 찬란한 그림 같은데, 지팡이 짚고 서성거리며 같이 감상하지 못함을 아쉬워합니다. 삼가 여쭈오니, 요즈음 편안하신가요. 궁금한 마음이 오매불망 끊이지 않습니다.

저는 몇 해 동안 신음하느라 모습이 예전의 나와 같지 않으니, 스스로 생각하기를 "세상에 영험한 의사가 없지 않을 텐데 이쪽 길에는 올 겨를이 없는 것인가. 혹 방법을 일러 주어 회복하게 되어 남은 인연을 이어 자고시鷓鴣詩[48]를 들을 수 있을 것인가." 한답니다. 남풍 향해 흰 머리 긁으며 나도 몰래 슬피 회포가 일어납니다.

지팡이로 쓸 나뭇가지를 드리오니, 비록 특별히 좋은 것은 아니지만 서리를 겪은 나무에서 얻은 것이니, 그 단단하게 곧음은 거니는 땅을 사양하지 않을 것이요, 만년에 동반자가 될 것입니다. 생각건대 파로坡老(소동파)가 요원了元[49]이 드린 것을 얻은 것과 흡사할 것입니다.

편지를 대함에 글쓰기가 어려워 소회를 다하지 못하고 줄입니다.

與雨航鄭來朝書

巖楓庭菊。交暎爭華。秋天物象。瑩然活畵。扶藜徘徊。恨未同賞。謹詢體韻履玆萬重。區區誦仰。竊寐無間。師誠積年沈吟。神容非復昔吾。而自謂世不無靈醫。尙未暇於此箇路頭。或可指方。使之復常。更續餘緣。而從聞鷓鴣詩句耶。向南風搔白首。自不覺黯然起懷。節枝信貢。雖非殊妙。得來於經霜叢中。其堅貞。不辭逍遙之地。以作晩節之伴。而想契坡老得了元之所呈焉。臨紙艱筆。莫罄所懷。

용호 화상께 드리는 편지

그리움에 매번 구름 깊은 산을 우러러봅니다. 엎드려 생각건대, 도체道體[50]는 청정하시고 진공묘유眞空妙有를 이미 깨달으시어 날마다 중생들과 말씀하시고, 무차회無遮會[51]를 열어 고수孤樹에 대해 말씀하시는지요. 어리석은 이는 휘장 아래 머물러 수고로움을 끼침이 많습니다. 그러나 항상 타일러서(警惺) 지혜의 바다 같은 법계로 같이 돌아감이 어떠신지요. 오직 총지揔知[52] 가운데 있을 뿐입니다.

저는 배우는 힘이 조금도 없어서 앉아서도 온갖 생각이 치달리니, 눈썹을 펴고 눈에 힘을 줘 본들 무슨 깨우침이 있겠습니까? 그저 사대四大[53]에 병나지 않고 세제世諦[54]에 시끄러움이 없기만을 바랄 뿐입니다.

나머지는 헤아려 주실 줄 알며 회포를 다하지 못하고 줄입니다.

呈龍湖和尙書
懷仰每看山雲深處。伏惟道體。履玆淸淨經理。已悟眞空妙有。日與衆道。作無遮會。說孤樹談否。迷兒留在幌下。貽勞必多。然須使常常警惺。同歸於智海法界如何。惟在揔知中矣。師誠無小學力。萬慮坐馳。雖撑眉努眼。有甚麽得了。秖四大不病。世諦無擾攘物事耳。餘在默領。不盡底抱。

보운 화상께 드리는 편지

말씀을 나눈 지가 아득하여, 찾아뵙고 인사를 드리고 싶으나 늘그막에 궁벽한 언덕에서 힘이 자신도 부지하지 못하니, 그저 몸은 여기 있는데 마음은 저곳에 있는 격입니다. 작년에 연국蓮國을 같이 만나자고 답변해 알려 주신 것이 지금에 이르러 더욱 안타까울 뿐입니다. 엎드려 바라건대, 안부는 한결같이 편안하시고 만사 잘 되어 가시는지요. 우러르는 정성을 감당할 길 없습니다. 제가 여전히 그럭저럭 지냄은 멀리서도 아시겠지요.

선화상先和尙[55]의 비각(碑宇)은 우뚝하니 웅장하여 모두들 우러러 칭송하고, 제자들의 수가 우리보다 많은 곳이 없습니다. 그런데 지금에 와서는 기와와 서까래는 썩어 무너지고, 붉은 벽은 화려함이 없어서 행인들이 한탄합니다. 또한 봄가을의 제향(禮享)도 전부 없어졌으니 부끄럽고 송구합니다. 남 보기에 제자가 한 사람도 없는 것 같을 겁니다. 흩어져 있어서 합의하여 규칙을 세울 겨를이 없어서 그런 것입니까? 이미 상의를 했는데 결정하지 못하고 다른 힘을 생각하는 것입니까? 일에 따른 방편으로 사람들에게 덕을 찬양할 만한 것을 퍼뜨리게 하는 것이 어떠합니까. 이만 줄이며 삼가 글을 올립니다.

呈寶雲和尙書

奉話遙濶。意欲躬往敬叙。而衰暮窮阿。力不扶吾。只身此而心彼也。頃年下答蓮國相逢之示。到今尤自吟悵。伏惟氣體候一向萬安。諸節均慶否。仰溯不任微悃。師誠姑依劣狀。知荷遠賜所及耳。先和尙碑宇。巋然偉壯。人莫不仰頌。而後裔之延蔓。無過於吾黨。迄今瓦桷朽解。丹堊無華。行路咨嗟。亦春秋之禮享全闕。自心慚悚。於人所視。殆若無一箇人在焉。無乃散在而未暇合議立規歟。旣曾相議。未決。想另力矣。隨事方便。使諸人播揚贊德之地若何。不宣。謹拜。

대호 사문 장용수에게 보내는 답서

사귐이란 마음으로 하는 것이지 형체로 하는 게 아니고, 편지란 믿음으로 하는 것이지 원근遠近으로 하는 게 아닙니다. 그런 연후에야 사귈 수 있고 편지를 교환할 수 있습니다. 그러한 것을 아시겠지요. 형체로 하지 않아 사귐을 허락하고, 멀다 하지 않고 편지를 보내 주시니 어찌 감사하지 않겠습니까?

계절은 따사롭고 아름다움이 많은 요즈음, 계속되는 그리움이 더욱 간절합니다. 안부는 편안하시고 공부는 날마다 정밀하시겠지요. 한번 만나서 토론해야 하는데, 끝내 뜻을 이루지 못하여 안타까움을 참기 힘듭니다. 옛날 도안道安 법사가 습착치習鑿齒와 교유한 것[56]은 유교를 숭상함이요, 원공遠公(혜원)이 육수정陸修靜을 송별하며 호계虎溪를 건넌 것[57]은 도를 중히 여긴 것입니다. 시절에 고금이 있으나 사귐에 어찌 다름이 있겠습니까? 여산廬山의 지팡이를 짚고 동림東林의 약속을 이어 옛사람들이 아름다움을 독차지하지 않도록 해야 합니다. 조계曹溪에서 이마에 올린 손을 언제나 거둘 수 있을까요? 안타깝습니다.

答大湖蔣斯文龍洙書

交者以心。不以形骸。書者以信。不以遠近。夫然後可與交。可與書矣。知其然乎。不以形骸而許之交。不以隔遠而辱之書。寧不感佩耶。節物淸和。佳麗多般。源源底懷。尤切耿耿。體氣時以勝安。課工日益精敏。一回要握討。竟未得遂意。叵耐悵恨矣。昔安師與習鑿齒交遊。崇儒也。遠公送陸修靜過虎溪。重道也。時有古今。交何有異。治廬山之節。續東林之契。使古人不專美於古也。曹溪額手。那時可歛。悵仰。

단산 대아 최봉성에게 보내는 답서

지난번 만남은 조물주께서 서로에게 잊지 말도록 오랜 이별의 끝에 이루어 주신 것이겠지요. 실로 위로가 되었습니다만 같이 있을 형편이 안 되어 하룻밤 자고는 곧 이별했으니, 아직도 이것이 아쉽습니다.

남겨 주신 시는 아름다움이 여주驪珠[58]를 얻은 것 같습니다. 읽어도 물리지 않아서 아이들에게 외워서 모범으로 삼도록 했습니다. 시에 이어서 안부 편지를 보내 주시니, 먼저 장미 이슬에 손을 씻고 공경히 읽었습니다. 편지 가득한 글자마다 심서心犀[59]를 비추는군요. 그 경사스런 기쁨은 구름을 헤치고 하늘의 해를 보는 듯 황홀했습니다. 요즈음 여행하시면서 무더위에 곤란 겪지 않고 편안하신지 알게 되니, 구구한 저의 마음에 진실로 부합합니다.

저는 나이가 괘수卦數(64)보다 다섯을 더했으니, 이전 장성한 때를 돌아봄에 진정 꿈속의 뜬 인생일 뿐입니다. 시국의 변화가 매우 염려되고 곡퇴谷摧[60]의 근심 또한 큽니다. 무지한 미물이 아니라면 누가 풍년에 대한 바람이 없겠습니까.

바야흐로 더위가 심한데 한 줄기 맑은 바람을 보내 주시어 복날의 지독한 열기를 씻어 주시는군요. 벗이 찾아온다는 구절을 감사히 읊조리며 많은 글을 쓰지 못하고 이만 줄입니다.

答丹山崔大雅鳳成書

向來承接。認造物者。使不相忘。得於積阻之餘也歟。實多慰感。勢難相隨。一宿旋別。尙此茹悵。所留詩。華如獲驪珠。讀之無斁。使兒曹誦爲師範也。繼以惠訊。居先盥薔薇敬玩。盈紙字字。心犀傾照。其所慶喜。怳如披雲見天日。謹審比者。旅體淸安。不爲蒸溽攸困。允副區區攢頌。師誠殘齒。添五於卦數之外。回憶曩昔之壯。眞夢中浮生耳。時局之變甚慮。谷摧之憂亦酷。其非無知微物者。孰無昇平之願耶。方飮暑涔涔。而貺以一葉淸風。滌打三庚苦熱。感誦故人來之句。而不能多書。謹此。

중산의 효자 서경순을 위로하는 편지

인사는 생략합니다. 뜻하지 않은 흉변으로 선부군先府君께서 문득 돌아가시니, 원근의 친구들이 누군들 놀라지 않겠습니까마는 저는 선고장先考丈께 돈독한 일가 관계(族誼)에 있고 뜻이 깊이 합치되니 어떻겠습니까? 미선米船의 무지개 꿰뚫음(貫虹)과 회파懷芭의 비를 뽑음(抽雨)은 심상하게 더불어 논의할 바 아닙니다. 이후로는 설령雪嶺의 길에 인편이 없고 상진湘津의 편지가 오지 않으리니 차마 말할 수 있겠습니까, 다 일컬을 수 있겠습니까? 오직 바라건대 억지로라도 죽을 드시고 예법을 따르시어 효도 때문에 효도를 상하게 하는 데는 이르지 않게 함이 어떠신지요.

제가 쇠잔하게 남은 목숨으로 이부자리에서 해를 보내느라 아이에게 대신 편지를 쓰게 하니 부끄러움을 이길 수 없습니다. 삼가 살펴 주시기 바랍니다.

慰中山徐孝畤淳書

省式。不意凶變。先府君奄棄色養。在於遠近知舊。孰不驚怛。而師誠之於先考丈。有族誼之敦睦。志氣之深契者乎。米船之貫虹。懷芭之抽雨。非可與尋常擬議也。自此而雪嶺之路無便。湘津之書不到。可忍言哉。可盡道哉。惟冀強加饘粥。俯從禮制。無至以孝傷孝。如何。師誠衰刻餘喘。抱衾送歲。使兒替奉。不勝愧仄。謹惟哀察。

운초 대아 홍백우에게 보내는 답서

　매미 우는 여름철 오랜 이별의 끝에 만나 뵈니, 진실로 멀리하지 않으시는 뜻을 받았습니다. 가까이서 회포를 말하니 기쁨이 얼굴에 보입니다. 그런데 조물주가 인연을 막아서 만남을 지속할 방법이 없으니,[61] 어찌 안타깝지 않겠습니까? 궁벽한 언덕에 사는 늙은 나무는 이별을 아쉬워합니다. 어느덧 세월이 가니 사적인 그리움이 더욱 간절합니다. 먼저 더욱 또렷해지는 그리움이 있었는데, 세상 밖(方外)으로 편지를 보내 주시니 위로됨을 감당하지 못할 지경입니다.

　편지의 뜻이 지극히 간절하여, 자기 겸양이 과도하시고 타인 치켜세우기를 넘치게 하시니, 안평安平이 늙은 병졸을 스승이라고 잘못 칭한 것[62]이 아니겠습니까? 받들어 읽노라니 부끄러움에 땀이 날 지경입니다. 영윤令胤[63]께서 추위를 무릅쓰고 방문해 주시니 살뜰한 정에 감복합니다. 그 말씨와 그 행동은 원래 대가의 규범이지요. 지란芝蘭과 옥설玉雪[64]이 사안謝安의 집안[65] 같습니다. 풍모와 기상이 사람들에게 흠모와 축하를 하게 합니다. 그런데 바로 이별을 하게 되니 안타까움을 어찌 하겠습니까.

　삼가 편지를 받고 시냇가 맑은 집에서 편안히 잘 지내시며 고상한 지조가 세속에 물들지 않으심을 알게 되었습니다. 그러나 우둔한 이를 깨우침은 인자한 이의 본분이요, 바라는 축원에 실로 부합합니다. 무릇 나가면 백성을 다스리고 머물러서는 풍속을 좋게 함이, 다만 그 직책에 합당하게 할 뿐이요, 어찌 그 사이에서 기쁘거나 슬퍼하겠습니까? 당신께서는 본래 율리栗里 사람으로서 지금은 간 곳이 율리가 아니더라도 율리의 고상한 풍모를 홀로 지녔으므로 저는 '율리처사'라고 하겠습니다.

　저는 구름 낀 창의 석실石室에서 이 쇠잔한 육신을 머무르며 나무열매 먹고 시냇물 마시면서 달리 괴로움이 없을 뿐입니다. 보내 주신 시구를 격에 맞게 음영하면서 책상의 보물로 삼습니다. 반드시 제가 지을(筆枯)

필요는 없겠기에 석응石應에게 화답시를 지어 드리게 하니, 생각건대 한 번 웃으시겠지요.

答雲樵洪大雅百佑書
蜩夏承儀。得久阻之餘。允荷不遐之誼。而促膝論懷。喜在眉宇。造物沮緣。投轄末由。寧不慊悵。窮阿老木。依依惜別也。於焉歲徂。尤切嚮迂之私。先有彌明之念。辱訊方外。感慰不堪。詞旨懇至。謙己過度。譽人太溢。無乃安平之謬稱師老卒耶。擎讀愧汗。令胤衝寒歷訪。欽服繾綣。其言其行。元是大家規範。芝蘭玉雪認謝庭。風氣使人羨賀。而旋卽見別。耿耿何弛。謹審溪上淸齋。靖居佳勝。高尙志節。不染時務。開化愚蒙。仁人本分也。實愜願祝。凡人之出而治民。處而善俗。但當其職。那庸欣戚於其間哉。左右素栗里人。今住雖非栗里。獨持栗里高風。故吾謂之栗里處士也。師誠石室雲窓。容此殘殼而木食澗飮。無他添苦耳。寄惠瓊章。玩詠合格。以爲案琓。而不必笁枯。敎石應和呈。想作一粲也。

매곡 대아 홍명우에게 보내는 답서

형체가 떨어져 있으면 1사舍(30리)가 천 리요, 소식이 들리면 천지가 같은 곳입니다. 그러나 편지와 만남 중에 무엇이 낫겠습니까.

영특한 둘째 아들이 변을 당했다고 하니 놀람과 애달픔을 금할 수 없습니다. 꿈인지 생시인지, 이 무슨 이치랍니까. 혹시 하늘(玉京)에서 쓸 사람이 부족하여 이 재주 있는 젊은이를 올려 간 것입니까. 생각건대 응당 상심하여 뼈가 부러진 듯할 것이니 백어伯魚[66]의 일을 차마 읽지 못하겠습니다. 어떤 생각에도 사로잡히지 말아야 합니다. 다만 선가禪家의 일개 '무無' 자 화두를 그대로 밀어 가면 이것이 좋은 약입니다. 믿음으로 얻는 것이 어떠하겠습니까. 납월 추위에 몸조리 잘 하시어, 이전보다 덜해진 기운이 지금은 쾌히 명랑하신지요. 찾아뵙고 싶으나 하늘같이 눈 덮인 산봉우리를 지팡이 짚고 가기 어려워 그저 앉아 있을(跫勇) 뿐입니다. 안타까움이 그지없습니다.

저는 머리가 온통 희고 짧은 나머지 더 쇠할 것도 없는 지경에 어지럽게 사람 모양이 아닌데, 다행히 아이들이 공부하러 옵니다.

보내 주신 과일(壽果)은 두터운 관심의 표현이니 어찌 긴요하게 쓸 따름이겠습니까. 거듭 감사를 드립니다. 달력 하나를 드리오니 날짜를 살피시기 바랍니다. 마침 자잘한 일이 있어서 두루 쓰지 못하고 이만 줄입니다.

答昧谷洪大雅明佑書

形骸之阻。一舍千里。音聞之及。霄壤同處。然書與面孰賢。自聞穎悟之次允慘見。不勝驚悼。夢耶。眞耶。此何逆理也。其或玉京之用人有闕。上此才俊歟。想應傷心摧骨。忍不讀伯魚史矣。都莫思量。但以禪家之一箇無字話。崖將去。則便是上藥。信得及如何。更惟臘寒愼節。比前減祛氣韻。到今快朗否。意欲進慰。而雪嶺如天。筇難扶吾。只庸跫勇。悵恨曷已。師誠滿頭雪刺。餘無更衰之境。憒憒無似。而幸兒曺就工耳。惠貺壽果。誠感厚注。奚啻繁用也。鳴謝僕僕。一蕢仰呈。以點時日。適有小冗。書不周謹。

율사 대아 홍규흠에게 보내는 답서

오래도록 뵙지 못한 회포에 반갑게 만날 생각을 온통 기울이지 않음이 없습니다. 자리를 같이하게 됨에 정의情意가 재촉하는데, 여러 가지로 잘 우는 새가 한마디 조그만 부분도 토해 내지 못하는 것과 같아,[67] 도리어 뵙기 이전의 안타까움처럼 되고 말았습니다. 하늘 향해 아쉬워할 뿐 떨쳐 날아오르지 못하니, 누가 그런 줄 알겠습니까. 실로 인간의 정이 괴로움인 것이지요.

어젯밤 꿈을 꾸었기에, "어딘가에서 혹시 좋은 일이 있지 않을까?" 생각하였더니, 과연 편지(崇械)[68]가 이르렀습니다. 편지 가득한 글씨를 한 번 읽고 세 번 감탄하니, 정신이 맑아지고 마음이 부합함을 알겠습니다. 꿈과 생시가 한결같으니, 편지 위에서 불러내어 얼굴을 보는 듯합니다. 편지 읽고 가을 추위에 형제(塤箎)[69]간에 우애 있고 기거起居에 평안하심을 알게 되니, 뜻과 덕을 길러서 큰 복을 누리심을 우러러 칭송합니다. 아드님(胤秀)은 영민(充敏)하여 공부에 정진한다니, 길이 내려 주는 경사를 두 손 모아 노래합니다.

저는 쓸쓸히 적막하게 살면서 숲 사이를 게을리 걸으니, 새가 보금자리에서 놀라 못 위에서 높게 울어 대고 물고기는 무리에서 흩어져 버려 아, 이렇듯 이웃이 없습니다. 그래도 아이들이 공부를 하면서 성취가 있으니 그것을 위안으로 삼을 뿐입니다. 장차 통달함이 있겠지요.

바라건대 국화꽃이 떨어지기 전, 단풍이 고움을 잃기 전에 오셔서 같이 다니며 감상하시는 것이 어떠하신지요. 동자에게 마당 쓸고 탑상 펼쳐 놓으라 하고, 구름가에 기대어 발돋움하며 기다리겠습니다.

答栗史洪大雅奎欽書
阻瀾習疊之懷。擬於欣握。傾注無餘矣。及其合席。情追意促。如鳥反舌。

一段半片。吐甚不得。還作未晤前恨。向空悵望。不能奮飛。孰知其然。寔人間情病之苦歟。昨夜貢夢。自謂從那邊。倘有喜事。果乎崇械時至。滿幅辭華。一讀三歎。認是神淸心契。夢覺一如。而若將於紙上呼出顏啓也。謹審秋寒。塤箎相隨。起居勝愲。仰頌存養志德。以享景福。而胤秀充敏。工課精進。爲之攅詠永錫之慶也。師誠索居寂矣。林間倦行。鳥驚其棲。池上高吟。魚散其隊。吁此無隣。猶以兒曺之受讀善就。爲慰懷之資耳。將有達行云。幸須及於菊未落英。楓未凋艷。并供盛賞之遊如何。使童子灑庭設榻。倚雲邊翹待。

하산거사 서긍수에게 보내는 답서

　형체에 간격이 있고 산천이 아스라이 갈려 있어 길이 멀리 남과 북으로 나뉘어 있으니 "바람난 소와 말이 서로 미칠 수 없다."[70]는 격입니다. 오직 마음만은 그렇지 않아서 아무런 장애가 없으니, 더듬어 보아도 찾을 수 없습니다. 도가 서로 합치될 때에는 멀거나 가깝거나 소원하거나 친밀하거나 상관없이 분명하게 서로 비추어, 산악이 높아도 사이를 벌어지게 할 수 없고 강물이 깊어도 빠뜨릴 수 없는 것입니다. 남쪽에서 손님이 올 적마다 서徐 선비에 대해 말을 하니, 덕행이 드러나고 문장이 찬란해서 그런 게 아니겠습니까. 우러러 흠모함을 그칠 수 없습니다.

　한 폭의 편지에 네 수의 시가 봄과 함께 만첩 산중 적막한 곳에 도달하니, 하늘에서 떨어진 듯합니다. 동정이 어떠하신지 알게 되어 기쁩니다. 창촉昌歜[71]을 좋아함은 천성이 그런 것이니, 쇠약해져 병이 몸에 있는 줄 모르고 숲가 창에 앉아 낭랑히 읽노라면, 새들도 소리를 아는 듯하고 초목도 빛을 더하는 듯합니다. 달남達南에서 만나 팔공산 거닌 것을 돌이켜 생각하노라니 아득히 전생의 일인 듯합니다. 세도가 바뀌고 인사가 변화함은 하나하나 거론하기도 어려우나, 감회는 더욱 깊어집니다. 이제 20여 년 후에 또 편지(手信)가 있으리니 염두에 두지 않는다면 어찌 타인이 물어보지 않는 것을 이처럼 정성스레 물어볼 수 있겠습니까? 외로운 등불이 꺼지려다가 다시 살아나는 것 같습니다. 마음과 뜻이 서로 통할 뿐 아니라 종족의 정이 이로써 더욱 돈독해집니다.

　저는 나이가 이제 일흔 하고도 넷으로, 병으로 신음하며 가쁜 숨을 쉬며 기운이 쇠하고 모습이 말라 갑니다. 비유하자면 나이 들어 속이 빈 나무가 화사한 봄바람을 얻는다 해도 꽃이 필 때는 다시 없을 것입니다. 파사익왕婆斯匿王의 머리카락이 하얗고 얼굴이 주름진 것[72]을 가지고 말할 게 아닙니다. 공公이여 어쩌겠습니까.

타인과 주고받으며 왕복한 이래로 다소간 시문詩文이 없지 않은데 모두 흩어져 버리고 기억하기도 어렵습니다. 혹 남아 있는 것 또한 종이가 해지고 글자가 보이지 않아 모두 모아도 많지 않습니다. 손제자 석응石應이 제게 말하길, 마음 표현(心標)이 그에게 중요하다고 합니다. 그래서 보이는 대로 모아 두고, 친구와 같이 지은 것도 또한 연달아 써 놓고 있습니다. 보내 주신 시 제2수가 편지에 있어 빛을 냅니다. 훗날 머리끝에서 발끝까지 혹시 이것 때문에 다시 이어지지 않을까요? 쓸쓸히 남쪽을 바라보며 안타까움만 더합니다.

答霞山居士徐兢洙書

物形有間隔。而山川超截。程塗脩遠。處南處北。所謂風馬牛之不相及也。惟心則不然。蕩然無礙。摸搩不得。於道之相契也。無遠近無疎密。旳旳相照。山嶽之高焉。而不能間之。江河之深焉。而不能泥之者也。每有客自南來者。藉言徐孺子。豈非德行有著。文章有斐而然歟。令人欽仰之不已。一幅書四頁詩伴春到於萬疊山寂寞之中。若隕自天。喜審動靜之如何。昌歇之嗜。本乎天性。不知衰病之在身。坐林窓朗然讀之。禽鳥亦解音。草木復增光。回憶達南之晤公山之遊。杳然如隔生事。世道變遷。人事轉移。有難枚擧。而感懷愈深。今二十餘年之後。又有手信。如非記在念頭。安得問人所不問如是款款也。殆若孤燈之爐落復明。非但聲氣之相通。宗族之誼。以此益篤。師誠年今七十有四。吟病喘息。氣衰形枯。比如年老中空之木。雖得春風和暖之時。更無敷榮之期。非可以波匿之髮白面皺言也。公也奈何。以來與人酬唱徃復。不無多少詩文也。而皆散亡難記。或存者。亦紙弊字缺。全者無多。孫石應謂吾。心標於渠爲重。隨見草集。知舊之同拈者。亦聯書。惠詩第二首。八¹⁾書生光矣。日後頂趾。倘因此而叓連否。黯然南望。不覺增悵。

---

1) 원 '八'은 '入'의 오자인 듯하다.

주

1 좌우左右 : 상대방에 대한 경칭.
2 사성師誠 : 극암의 법명.
3 삼재三才 : 우주와 인간 세계의 기본적인 구성 요소이면서 그 변화의 동인動因으로 작용하는 천天·지地·인人을 일컫는 말이다.
4 오상五常 : 유교에서 말하는 사람이 지켜야 할 다섯 가지 도리, 즉 인仁·의義·예禮·지智·신信을 말한다.
5 단사彖辭 : 『周易』에서 각 괘의 총론.
6 대상大象 : 『周易』의 상象을 풀이한 말.
7 동인同人 : 동인은 괘 이름인데, 『周易』「繫辭上」에 "同人。先號咷而後笑。子曰。君子之道。或出或處。或默或語。二人同心…"으로 되어 있다.
8 격려하고 권면하여(偲偲切切) : '시시절절偲偲切切'은 『論語』「子路」에 나오는 표현. 시시偲偲는 친절하게 알려 주어 격려하는 것이고, 절절切切은 간절하게 책선責善해서 권장하는 것이다.
9 학문으로 모이고 : 『論語』「顔淵」에 "군자는 학문으로 벗을 모으고, 벗으로 자신의 인을 보강한다.(君子以文會友。以友輔仁。)"라는 말이 나온다.
10 〈곡풍谷風〉: 『詩經』의 노래. 버려진 부인이 환난은 같이하고서 안락함은 같이 누리지 않고 버린 남편을 원망하는 노래이다.
11 소릉少陵 : 두보杜甫. 자는 자미子美이고, 조상의 출생지를 따서 두소릉杜少陵 또는 두릉杜陵이라고도 불리며, 그가 지낸 관직 명칭을 따서 두습유杜拾遺 또는 두공부杜工部라고도 불린다.
12 뒤집어 구름(翻雲) : 두보의 시 〈貧交行〉에 "손바닥을 위로 펴면 구름을 이루고, 뒤집으면 비가 되니 이처럼 어지럽고 경박한 무리를 어찌 다 셀 수 있으랴.(飜手作雲覆手雨。紛紛輕薄何須數。)"라는 구절이 있다.
13 도징사陶徵士 : 동진東晉 시대 문인 도잠陶潛을 가리킨다. 송나라 안연지顔延之가 도잠을 애도하는 〈陶徵士誄〉를 지었다. 징사徵士는 조정의 부름을 받지 않고 은거한 이를 말한다. 도잠의 〈歸去來辭〉에 "교유를 끊으려 한다.(請息交以絶游。)"는 구절이 있다.
14 혜숙야嵇叔夜 : 삼국시대 위나라 혜강嵇康을 가리킨다. 숙야는 자이다. 사마소司馬昭가 황제를 시해하자 혜강을 걱정하여 산도山濤가 벼슬하라고 권유하였는데, 혜강은 불쾌하다며 절교하겠다는 편지 「與山巨源絶交書」를 보냈다.
15 분우分憂 : 임금의 근심을 나누어 가진다는 뜻으로 지방관을 가리킨다.
16 놓아 준~가지 않았는데 : 백한白鷴은 꿩과에 속하는 새이다. 백한을 놓아 주었다는 것은 고향에 가고 싶은 마음을 뜻하는데, 백한이 아직 멀리 가지 않았다고 하니 수령이 아직 고향으로 출발하지 않은 것을 가리키는 듯하다. 당나라 옹도雍陶의 시 〈和孫明府懷舊山〉에 "가을이라 달을 보니 돌아가고 싶은 생각이 많구나. 스스로 일어나 조롱을 열고 백한을 날려 보내네.(秋來見月多歸思。自起開籠放白鷴。)"라고 하였다.
17 기장機張 : 부산에 속하는 지역. 『承政院日記』 고종 29년(1892) 8월 12일에 오영석을 기장 현감으로 제수한다는 기사가 있고, 고종 31년(1894) 7월 27일에 보성군수 오영석

제2권 • 445

을 기장 현감으로 제수한다는 기록이 있다.
18 팔공산에 오르셨고(華旆登公山) : 화패華旆는 수령의 행차를 뜻한다.
19 상사上舍 : 조선 시대에 성균관의 유생으로서 생원生員·진사進士 시험에 합격한 사람을 일컫는다.
20 사찰 음식(蒲塞) : 포새蒲塞는 이포새伊蒲塞의 준말이며, 재齋에 올리는 음식인 이포찬伊塞饌을 뜻한다.
21 왕파王播가 목란원木蘭院에 거듭 이르렀고 : 당나라 왕파가 과거에 급제하기 전에 양주楊州의 절에서 묵었다. 그 뒤에 왕파가 절도사가 되어 그 절에 놀러 가서 목란원에서 시를 짓기를, "20년 전 이 원院에서 놀 적에 목란꽃이 피고 원院이 처음 이룩되었는데, 오늘날 그때 다니던 곳에 거듭 이르니, 나무는 늙어 꽃이 없고 중은 흰머리로다.(二十年前此院遊。木蘭花發院新修。如今再到經行處。樹老無花僧白頭。)"라고 하였다.
22 혜휴惠休 : 남조 유송劉宋 때의 승려이다. 원명이 탕휴湯休라서 당시 사람들은 휴 상인休上人이라 불렀다. 자못 문재文才가 있었다. 두보의 시 〈大雲寺贊公房〉에 "탕휴가 병든 나를 일으켜 미소 지으며 시를 지어 달라 하네.(湯休起我病。微笑索題詩。)"라는 구절이 있다.
23 웃어 주시기(盧胡) : 노호盧胡는 가만히 웃거나 웃음을 참아 그 소리가 목에서 나는 것을 가리키는 말로 "입을 가리고 큭큭 웃는다.(掩口盧胡而笑。)"라는 의미의 관용적 표현이다. 『後漢書』「應劭傳」.
24 안하案下 : 공부하는 상대방을 높여서 일컫는 표현.
25 인수仁壽 : 인덕이 있고 수명이 긺.
26 대아大雅 : 선비를 높여 부르는 말.
27 한 해(歲籥) : 약籥은 계절의 변화를 측정하는 갈대 대롱을 가리킨다.
28 아향牙香 : 여러 종류의 향을 가루로 내어 섞어 만든 향, 또는 침향沈香의 별칭이다.
29 형제(塤箎) : 훈지塤箎는 형제를 뜻한다. 훈지塤篪라고도 한다. 『詩經』「小雅」〈何人斯〉, "伯氏吹塤仲氏吹箎."
30 우러러 앙모할 뿐입니다(山仰) : 산앙山仰은 고산앙지高山仰止의 준말로, 그지없이 존경하며 우러러 사모하는 것을 말한다. 『詩經』「小雅」〈車轄〉, "高山仰止。景行行止."
31 비록 내가~전하지 않나 : 『詩經』「鄭風」〈子衿〉의 구절이다.
32 갈건야복葛巾野服 : 은사隱士나 처사處士의 거칠고 소박한 의관을 가리킨다.
33 분란하여(膠擾) : 교요膠擾는 교교요요膠膠擾擾의 준말로 『莊子』「天道」에 나온다.
34 경거瓊琚 : 원래의 의미는 아름다운 옥으로 만든 패옥佩玉인데, 남이 보내온 시문詩文의 미칭으로 쓰인다.
35 옛 종이를 뚫는 일(鑽古紙) : 고서를 공부하는 일을 가리킨다. 당나라 고령 신찬古靈神贊 선사의 게송에 "百年鑽古紙。何日出頭期。"라 하여, 고서 공부를 비판적으로 언급하는 표현이다.
36 비록 내가~전하지 않나 : 주 31 참조.
37 효자(孝) : 효孝는 부모상을 당한 상대방을 가리킨다.
38 인사말은 생략하옵고(省式言) : 상중喪中에 있는 사람에게 편지 쓸 때 사용한다.
39 도독茶毒 : 씀바귀의 독으로서 참기 힘든 고통, 즉 부친상을 비유한다.
40 우빈虞賓 : 우虞나라 순임금이 요임금의 아들 단주丹朱를 빈례賓禮로 대우했기 때문

에 우빈이라 하는데, 망국지주亡國之主를 비유하기도 한다.
41 **상설**象設 : 무덤 앞에 사람이나 짐승의 형상을 본떠 만든 석물石物을 이른다.
42 **수문지하랑**修文地下郎 : 진晉나라 소소蘇韶가 죽었다가 살아나서 말하기를 "공자의 제자 안연顏淵과 복상卜商이 지하에서 수문랑이 되었다."고 하였다는 이야기가 있다. 『太平廣記』 권319. 수문랑은 문장을 관장하는 벼슬이다.
43 **법후**法候 : 법사法師의 안부.
44 **운원**運元 : 생월간지生月干支는 행운行運이 월건月建에서 순역順逆에 따라 일어나므로 운원運元이라 한다.
45 **현음**玄陰 : 늦겨울 극성한 음기.
46 **존양**存養 : 존심양성存心養性의 줄임말. 본심을 잃지 않고 그 착한 마음을 기른다는 뜻이다.
47 **시냇가에 핀~하나를 보내네** : 주희朱熹의 시 〈梅花兩絶句〉에 "시냇가에 찬 매화 이미 피었을 텐데, 친구는 가지 하나 보내지 않는구나.(溪上寒梅應已開. 故人不寄一枝來.)"라고 한 구절을 합쳐서 말한 것이다.
48 **자고시**鷓鴣詩 : 진晉나라 좌사左思의 〈吳都賦〉에 "자고새는 남쪽으로 날아가 그 속에 머물고(鷓鴣南翥而中留.)"라 하였으니, 상대방이 남쪽에 있음을 가리키는 말이다.
49 **요원**了元 : 송나라 때의 승려. 호가 불인佛印이고 자는 각로覺老이며, 운문 언공雲門偃公의 5세 법예法裔다. 2살 때 『論語』를 배우고, 성장하여 보적사寶積寺 일용日用을 따라 출가하여 구족계를 받은 뒤 여러 지방의 고승들을 방문했다. 서예에 뛰어났고, 시문詩文에도 능했다. 당시의 명사인 소식蘇軾·황산곡黃山谷 등과 모두 돈독하게 교유했으며, 장구章句로 서로 수작酬酌했다. 신종神宗이 그의 도풍道風을 흠모하여 특별히 고려마납高麗磨衲과 금발金鉢을 하사하고 불인 선사佛印禪師란 호를 내렸다.
50 **도체**道體 : 수양하는 상대방의 안부를 일컫는다.
51 **무차회**無遮會 : 승속僧俗을 가리지 않고 누구나 참여하여 공양하고 베풀고, 설법을 듣고 서로 질문하여 배우는 모임을 말한다.
52 **총지**摠知 : 상대방이 이미 알고 있다는 뜻의 겸사이다. 『朱子大全』 권38 「答袁機仲」에 "사람들이 아는 것은 양수가 모두 알고, 양수가 아는 것은 사람들이 모른다.(諸人知處良遂摠知. 良遂知處諸人不知.)"라고 하였고, 『竹川集』 권3 「上退溪先生問目」에 의하면, '양수'는 선승禪僧의 이름이며, '양수총지'는 양수가 사람들이 자신이 깨달은 오묘한 곳을 알지 못하는 것을 탄식한 말이라고 한다. 대개 나의 생각을 상대가 이미 다 생각했을 것이라는 뜻의 겸사로 인용해 쓰는 말이다.
53 **사대**四大 : 육체를 이루는 4가지 큰 요소인 지地·수水·화火·풍風을 말한다.
54 **세제**世諦 : 세간 일반의 도리.
55 **선화상**先和尙 : 돌아가신 스님을 일컫는다.
56 **도안**道安 **법사가~교유한 것** : 습착치習鑿齒는 동진東晉 사람으로 자는 언위彦威이다. 박학다문博學多聞했고, 문장과 사재史才로 이름을 떨쳤고, 환온桓溫에게 모반의 낌새가 있자 『漢晉春秋』 54권을 써서 경계시켰다. 일찍이 당대의 고승 도안 법사道安法師와 교유하면서 '사해습착치四海習鑿齒'라 자호自號하니, 도안도 '미천석도안彌天釋道安'이라 답했는데, 당시 사람들이 아름다운 명호수답名號酬答이라며 칭송했다.
57 **원공**遠公**이 육수정**陸修靜**을~건넌 것** : 진나라의 혜원慧遠 법사가 머물던 여산廬山

의 동림정사東林精舍 밑에 호계라고 불리는 시내가 있었는데, 혜원은 손님을 보낼 때 절대로 시냇물을 건너가는 일이 없었다. 어느 날 친구인 시인 도연명과 도사 육수정을 배웅하면서 서로 이야기를 나누다가 호계를 넘어서게 되었고 이때 셋이서 웃음을 터뜨렸다고 한다.

58 여주驪珠 : 흑룡黑龍의 턱 밑에 있는 구슬.
59 심서心犀 : 그리워하는 정. 당나라 이상은李商隱의 시 〈無題〉의 "心有靈犀一點通."에서 유래한다.
60 곡퇴谷摧 : 골짜기의 익모초. 흉년을 의미한다. 날이 가물어서 골짜기의 익모초까지도 다 말라 버렸다는 뜻이다. 『詩經』「王風」〈中谷有摧〉, "中谷有摧 暵其乾矣."
61 만남을 지속할 방법이 없으니(投轄末由) : 투할投轄은 상대방 수레가 떠나지 못하도록 수레바퀴에서 비녀장을 빼놓는 것을 말한다.
62 안평安平이 늙은~칭한 것 : 안평은 안평군安平君 전단田單을 가리킨다. 『史記』에 의하면, 전국시대戰國時代 제齊나라 사람으로 연燕나라가 제나라를 공격하여 위험에 처했을 때, 전단이 군사들의 사기를 드높이기 위해 신인神人이 내려와서 자기 스승이 될 것이라고 알렸고, 늙은 병졸이 거짓말로 자기가 스승이라고 하고는 도망쳤는데 전단은 그를 설득하여 스승 행세를 하도록 했고 외부에서는 그것을 사실로 여겼다고 한다. 전단은 일부러 그렇게 한 것인데, 이 사실과는 다르게 편지에서는 분에 맞지 않는 칭찬이라며 비유한 것이다.
63 영윤令胤 : 상대방의 아들에 대한 경칭.
64 지란芝蘭과 옥설玉雪 : 높고 맑은 재질을 뜻하며 상대방의 자제를 비유한다.
65 사안謝安의 집안 : 진晉나라 때 태부太傅를 지낸 사안의 집안에는 자질이 우수한 자제들이 많았다고 한다. 『世說新語』「言語」
66 백어伯魚 : 공자 아들. 공자보다 먼저 죽었다.
67 여러 가지로~것과 같아 : 『禮記』「月令」에 '반설무성反舌無聲'이 보이는데, 반설은 백설조百舌鳥(때까치)이니, 곧 잘 지저귀는 때까치는 소리가 없다는 뜻이다.
68 편지(崇械) : 숭함崇械은 상대방 편지를 높여 이르는 말이다.
69 형제(壎箎) : 질나팔과 저를 부는 형과 동생처럼 화기애애함을 말한다. 『詩經』「小雅」〈何人斯〉.
70 바람난 소와~수 없다 : 바람난 소와 말이 서로 찾아도 이를 수 없다는 뜻으로, 멀리 떨어져 있음을 말한다.
71 창촉昌歜 : 창포 뿌리를 절여서 만든 김치 종류의 음식이다. 정약용의 「孝子論」에 "양조羊棗를 좋아하는 이도 있고, 창촉昌歜을 좋아하는 이도 있고, 마름을 좋아하는 이도 있고, 꿀을 좋아하는 이도 있고, 토란을 좋아하는 이도 있어, 사람마다 기호가 다르기 마련이다.(有嗜羊棗者。有嗜昌歜者。有嗜芰者嗜蜜者嗜芋者。人之嗜好不同也。)"라고 하였다.
72 파사익왕婆斯匿王의 머리카락이~주름진 것: 석가모니불이 파사익왕婆斯匿王에게 본래 생멸生滅이 없음을 들어 보여 준 것이다. 『首楞嚴經』에 "파사익왕이 말하기를 '내가 세 살 적에 모친께서 나를 데리고 기파천耆婆天에 가면서 이 물을 경과했는데 그때도 이것이 항하수恒河水인 줄 알았소.' 하자, 부처는 말하기를 '너는 지금 머리털이 하얗고 얼굴이 주름살 잡힌 것을 슬퍼하는 모양인데, 지금 이 항하를 볼 때에 아이 때 본

것과 다름이 있느냐?' 하자, '그렇지 않다.'고 하였다. 부처는 말하기를 '주름살 진 것은 변한 것이요, 주름살 잡히지 않은 것은 변하지 않은 것이다. 변하는 자는 없어지기 마련이거니와 저 변하지 않는 것은 본래 생멸이 없느니라.(皺者爲變。不皺非變。變者受滅。彼不變者。元無生滅。)'라 했다."고 하였다.

극암집 제3권
克庵集 卷三

성전암 장명등 서

내가 순환의 이치를 보건대, 낮을 주관하고 밤을 주관하여 소멸하고 늘어남이 쉬지 않아 조금도 차이가 없는 게 일월이다. 새벽이나 밤을 물론하고 느림과 빠름, 길고 짧음이 뜻대로 절로 있는 게 등촉燈燭이다. 그러나 등촉에 종류가 많아 첨등添燈은 탑묘塔廟를 비추고, 참등饞燈[1]은 잔치 자리를 비춘다. 그 나머지 시등詩燈과 서등書燈·방적등紡績燈 등 계속해서 끝이 없어, 검은 밤을 밤이 아니게 하고, 이루離婁[2]의 눈으로도 보지 못하는 것을 보게 하며, 징공澄公의 손바닥으로도 비추지 못하는 것을 비추어 주니,[3] 아름답다 등촉이여. 하물며 장명등長明燈이 또한 불상 앞을 밝히는 것임에랴.

강녕사江寧寺의 장명등[4]과 보융사寶融寺의 장명등[5]은 책에 기록되어 있어서 후인들이 보고 듣는다. 우리 동방의 『선원청규禪院淸規』 같은 데서는 이것을 일러 제1등 복전福田이라고 한다. 상고시대에 연등불燃燈佛이 원을 세워, 나의 심광心光이 등촉처럼 두루 비추어 중생으로 하여금 무명을 깨뜨리고 심지를 밝게 하며 또한 중생으로 하여금 수명이나 자손이나 부귀영화가 바라는 대로 반드시 이루어지도록 기원했다. 사람들이 비록 그 이유를 모르더라도 세상에서 불공드리는 자는 비유할 때 등촉을 끌어온다. 점등하는 공양뿐만 아니라 또한 연등불 공양이니 믿음 또한 높아진다. 그러나 세월이 흘러 인심이 해이해져 연등공양이 이전에 비해 점차 줄어드니, 탄식하지 않을 것인가.

본 암자의 형세로 연등 물품을 구비하기 어려워 새벽과 밤마다 한탄하였다. 연일후延日侯 박인순朴仁淳은 지성으로 기도하다가 여기에 와서 등촉이 없음을 안타까이 여겨 70민緡[6]의 돈을 주니, 샘을 파 물이 흐르게 하듯 영원토록 길이 밝도록 하였다.

아, 연등불이 도와주사 공의 마음을 밝게 비추시고, 공의 조상으로 하여금 모두 연등불 있는 곳으로 왕생하게 하고, 또한 공의 자손들은 복락을 영원히 누리어 등촉의 불빛처럼 무궁하게 성대하리라.

聖殿庵長明燈序

余觀循環之理。主晝主夜。而消長不息。毫末無差。日月也。毋論晨夕。遲速長短。隨意自在。燈燭也。然而燈有多種。添燈照塔廟。饌燈照宴席。其餘詩燈書燈紡績燈。相續無盡。能使黑夜不夜。而離婁之目所不覩覩之。澄公之掌所不照照之。美哉燈乎。況謂長明燈亦佛前所點也。江寧寺之長明。寶融寺之長明。於傳有之。後人所見所聞。至若我東禪規。稱此爲第一等福田。上古有燃燈佛立願。願我心光。如燈徧照。使衆生破無明。明心地。又使衆生壽命也。子孫也。榮華富貴。隨願必遂。人雖不知其由。世有供佛者。比言引燈。非但點燈供養。亦以燃燈佛供養。信且崇矣。世降人懈。燃燈供養。比前漸少。可不歎哉。本庵勢難辦燃燈之資。晨夕咨嗟。延日侯朴仁淳。以祈誠來斯。悶此燈闕。惠以七十緡金。立泉取流。使長明於永歲。噫燃燈佛加佑。熒熒照於公之心地。而使公之先人。咸往燃燈佛所。亦以公之子孫。永享福樂。與燈光無窮盛矣乎。

불조보세계 서

옛날 부처가 세상에 응하여 계속해서 다함이 없었는데 고찰할 수 없다. 『불명경佛名經』[7]을 보면, 과거와 현재 두 겁의 일천 여래와 칠불[8]을 기록하였으나 소목昭穆[9]이 상세하지 않다. 『아함경阿含經』에는 "칠불의 정진력으로 빛을 발해 어둠을 멸하니 각각 나무 아래 앉아 거기에서 정각을 이루셨다."고 한다.[10] 칠불은 과거 장엄겁莊嚴劫 삼존三尊과 현재 현겁賢劫 사위四位이니, 제7위가 대각세존大覺世尊[11]이시다.

원래 조사祖師의 법인法印인 정법안장正法眼藏[12] 무위無爲의 도를 이렇게 가섭迦葉에게 전하고, 가섭은 이것을 아난阿難에게 전하고, 아난은 이것을 전하여 28세世 달마達摩에 이르게 했고, 달마가 서쪽에서 와서 휘장을 세우고 주미麈尾[13]를 떨치니 무수한 문도들이 모여 영산靈山[14]에 비견할 만했다. 정통을 혜가慧可[15]에게 전하고, 혜가는 승찬僧璨[16]에게 전하고, 승찬은 도신道信[17]에게 전하고, 도신은 홍인弘忍[18]에게 전하고, 홍인은 혜능慧能[19]에게 전하니 바로 육조六祖이다. 계속해서 5세 황벽黃檗[20]에 이르니, 황벽의 문하에서 임제臨濟[21]가 나오고, 조사의 도가 부흥하여 20세 석옥石屋[22]에 이르렀다.

고려 말 동국東國의 태고 국사太古國師[23]가 중원 하무산霞霧山에 들어가 임제종 석옥의 도통을 이어서 돌아와 환암幻庵[24]에게 전했다. 환암은 받아서 구곡龜谷[25]에게 전하고, 10세를 거쳐 영파影波[26] 화상에게 전했다. 화상은 청허淸虛 존자 문하의 함월涵月[27] 노스님의 법자로서 불초不肖(나)의 6세 조사가 된다.

현묘한 풍취를 크게 떨쳐 선교禪敎가 중흥하니, 후손들이 면면히 이어져 수십 명이 되는데 각기 설법을 듣고 크게 기뻐하였다. 비록 성 밖의 것이 아니라도 법유法乳는 법유이니[28] 바다의 짠맛이 한가지이듯 끝내 변함이 없다. 지금 우리 문중의 오이덩굴처럼 무수한 무리들[29]은 미륵불이 오실 때까지 세세토록 무궁하리라.

佛祖譜世系序

蓋古佛應世。綿歷無窮。不可考。按佛名經。紀過現二刼千如來。曁于七佛昭穆未詳。但七佛載譜。阿含經云。七佛精進力。放光滅暗冥。各各坐諸樹。於中成正覺。七佛過去莊嚴刼三尊。現在賢劫四位。第七位大覺世尊也。元來祖印正法眼藏無爲之道。以是傳之迦葉。迦葉以是傳之阿難。阿難以是傳之以及二十八世達摩。達摩西來。堅幢振塵。濟濟門徒。比擬靈山也。嫡傳慧可。慧可傳之僧璨。僧璨傳之道信。道信傳之弘忍。弘忍傳之慧能。卽六祖也。繼傳五世黃檗。黃檗門出臨濟。祖道復興。傳至二十世石屋。麗末東國太古國師入中原霞霧山。嗣臨濟宗石屋道統之傳而來。傳幻庵。幻庵受之以傳龜谷歷十世。傳影波和尙。和尙。淸虛尊者下涵月老爺法子。而不肖之六世祖師也。大振玄風。禪敎中興。後裔綿綿。數以十百。各飫法喜。雖非城外。乳則乳矣。鹹海一味。終以不變。今吾門庭之詵詵瓜瓞。待至彌勒佛。世世無窮云爾。

승보 서

태극이 비로소 갈라짐에 만물이 모두 생겨나 각기 그 이름이 부여되고 모두 하나의 근원에서 나왔는데, 그중에 사람이 가장 귀하다. 그래서 성인이 예를 제정하사 사람들에게 고하여 소목昭穆을 분명히 하고 친소親疎를 나열하여 할아버지부터 손자에 이르기까지 그 속한 무리들로 하여금 친목을 돈독히 하고 길흉을 묻게 하였으니, 실로 성인이 인정의 자연스러움을 토대로 만든 것이다. 그런데 세상의 도가 쇠퇴함에 사람들이 욕심을 마음대로 하고 예에 어두워지니, 같은 친족이라 하더라도 멀리 떨어져 살게 되면 평소에 찾아보지 않고 슬프고 기쁜 일이 있어도 서로 알지 못하며 경조사에도 문안하지 않아 타인과 다름이 없게 되고 금수와 차이가 별로 없게 되었다.

아아! 승려 문중은 의로 맺어졌지만 살아서 봉양하고 죽어서 장례 지냄에 효를 다하고 슬픔을 다해 복제服制가 3년, 1년, 공功과 시마緦痲[30]에 이르니, 천륜과 같다. 한 문중에 살면서도 혹 영원히 서로 보지 못하고 이름도 모른다면, 말을 할 수 있겠는가? 그래서 내가 승보를 만들었으니, 문중 사람들로 하여금 할아버지와 손자, 삼촌과 조카, 형과 아우의 정의를 알게 하고, 효성과 우애의 마음이 자연스레 발휘되어 근심스런 일에 서로 위로하고 경사스런 일에 서로 축하하여 타인처럼 되는 지경에 이르지 않도록 함이라.

僧譜序

太極始分。萬類咸生。各錫其名。皆由一源。而人惟最貴。故聖人制禮。以詔于人。明昭穆。叙親疎。自祖至孫。使其支屬。尙敦睦。問吉凶。寔聖人因人情之自然而爲之者也。世遠道衰。人私其欲。昧其禮。雖是同族。相居夐然。則尋常不相見。憂喜而不相知。慶吊而不相問。無異路人。不同禽獸者無幾矣。嗚呼僧門。雖爲義結。生養死葬。盡孝盡哀。而服制三年。朞年以至功緦麻。是同天倫也。一門之生。或永世不相見。名亦不知。可勝言哉。肆余圖成一譜。使諸族。知其祖孫叔侄昆弟之誼。油然發孝悌之心。有憂相吊。有慶相賀。毋至路人之境也。

연죽와 서

무릇 사람의 뜻과 행위는 선을 행함에 있어 동일하지만, 그 방편은 동일하지 않아서 또한 각기 마음가짐(操執)과 노력(向尙)이 어떠한가에 있으니, 혹은 사물에서 취하고 혹은 말에서 취한다. 혹은 지명에서 취하여 거처를 이름 짓고 처마에 건다. 이런 까닭에 산과 물과 바위와 풀과 나무에 대해 그 맑은 것, 높은 것, 특별한 것, 기이한 것들은 현인과 군자가 취하여 호를 삼지 않음이 없다. 그래서 뜻을 이름에 맞추고 이름을 뜻에 맞추어 스스로 경계하고 힘쓰고 닦고 지키는 방법을 드러낼 뿐이다.

이제 연죽옹然竹翁은 그 천성이 화평하고 의지(意操)가 청아하여, 곧으면서도 세속과 떨어진 적이 없고 화평하면서도 바람에 스러진 적이 없다. 그 뜻이 그러하며 그 행위가 그러하고 그 말이 그러하여, 사람을 대함에 그렇지 않은 사람이 없고, 일을 처리함에 그렇지 않은 일이 없다. 그 거처함에 무리지어도 항상 쓸쓸하고, 그 집안은 향기로우면서 항상 담담하다. 스스로 평생을 돌아보아도 가리켜 이름 지을 수 없어서 '연죽然竹'이라 하였다.

연然이란 그러하다는 말이다. 죽竹이란 '연然'에 붙은 말이다. 그러함이여, 그렇게 할 수 있음이다. 대나무여, 대나무처럼 할 수 있음이다. 그렇고 그런 중에 그렇지 않은 그러함이 있고, 대나무 중에 대나무 아닌 대나무가 있다. 무릇 대나무의 맑은 것, 곧은 것은 특별한 것이다. 그 줄기가 비록 직선이어도 바람이 불면 좌우로 흔들릴 때가 있다. 그 절개가 비록 굳세어도 잡으면 굽어지는 형세가 있다. 그렇다면 대나무 또한 그러한가? 대나무는 진정 대나무 아닌 적이 없다. 그렇다면 또 그러한가? 그렇다면 진정 그렇지 않은 적이 없다. 이것이 그러함을 그렇다 하고 대나무를 대나무라 말하는 뜻이다.

然竹窩序

夫人之志與行。爲善一也。其方不同。亦各有操執向尙之如何。則或取諸物。或取諸辭。或因其地名。以名其室。以揭其軒。是故於山於水於石於草於木。其淸者高者。特者異者。莫不爲賢人君子之所取而爲號。則以情稱號。以號稱情。以見其自警自勉自修自守之方也已。今然竹翁。其資性和平。意操淸雅。貞而未嘗絶於俗。和而未嘗靡於風。其志以然。其行亦然。其言亦然。接人無不然之人。處事無不然之事。其居也。羣而常蕭蕭然。其門也。薰而常澹澹然。自顧平生。無以指名。遂以然竹爲號。然然辭也。竹然之賡辭也。然乎可然爲也。竹乎可竹爲也。然然之中有不然之然。竹之中有不竹之竹。夫竹木之淸者貞者。特者也。其榦雖直。風之而有左右之時。其節雖勁。操之而有委曲之勢。然則竹亦然乎。竹固未嘗不竹也。然亦然乎。然固未嘗不然也。是謂然其然竹其竹之義哉。

학계 서

스승의 도에 있어서 처음에는 폐물을 잡고 나아가니, 옥과 비단이나 날짐승을 모두 예법에 맞게 한다.³¹ 마칠 때는 심상心喪³² 3년을 하니, 이것은 사賜³³가 공자 상례를 지낸 것이다. 예에 대한 계契는 들어 본 적이 없다. 계는 무슨 뜻인가. 옛사람들은 이웃에 이어져 시내와 바위 사이에 모여서는 그 정을 펼치고 그 일을 기록하여 후인들에게 고사古事가 되게 하였으니, 진晉나라 왕우군王右軍³⁴이 그렇다. 위백양魏伯陽이 『참동계參同契』³⁵를 지은 것은 진정 그 법은 알 수 없지만 그러나 또한 세상에 이름이 났다. 평범한 속류들이 할 수 있는 일이 아니다.

근래 불가(桑門)를 보면 수계修契(계 모임)하는 일이 많다. '공부'니 '계율'이니 '참회'니 하는 것이 모두 스승을 섬기는 마음의 만에 하나에서 나온 것이다. 이름을 나열하고 돈을 모아 이자를 취함은 스승을 섬기는 데 유감이 없게 하고자 함이다. 나는 집지執贄³⁶할 줄도 모르고 속수束脩³⁷를 대신할 줄도 모른다. 불가에서 스승 장례는 부모상처럼 하는 것이니 진정 또한 절로 다해야 한다. 어찌 유독 백세 생전에 봉양하고서 돌아가신 지 3년 동안에 장례를 다하지 않겠는가. 이로써 말하자면 심상에 그칠 뿐만이 아니다.

아, 이 계는 비록 옛사람의 수계하는 뜻은 아니나 스승을 섬기는 도리에서 나왔으니 한갓 입과 배의 탐욕만 즐겨 한도가 없이 일삼는 것과는 거리가 멀다.

學契序

蓋師道之始也。執其贄而進。玉帛禽鳥。皆合於禮數。終焉爲心喪三年。此惟賜也喪乎夫子也。若契於禮。未聞焉。而契何意也。古人連諸隣。曲集于泉石之間。叙其情。記其事。作後人古事。如晉之右軍是也。若魏伯陽作參同契。固未識其法。然而亦有名於世。非尋常俗流之所能也。近觀桑門。多修契事。曰學曰戒曰懺。皆出於事師之萬一。列書名合。餕取息謀。所以無憾於事師。余未知爲執贄乎。爲之代束脩乎。桑門喪師如親喪。固亦自盡也。何獨養生於百歲之生前。不盡喪死於三年之身後乎。以是而言之。不惟心喪而已也。吁。此契雖非古人修契之意。旣出於事師之道。則與徒事口腹耽醼無度者。相去遠矣。

동화사[38] 부도암 독락대 중수기

암자 서쪽에 독락대獨樂臺가 있으니, 옛사람들이 시를 읊조리던 곳이다. 숲이 그 위를 덮고 시내가 그 주위를 둘러 있으니, 무더위에도 사람을 시원하게 해 준다. 건물을 지은 날에 응당 여럿이 즐거워했거늘, 특별히 '독락'이라고 한 것은 무슨 까닭인가. 돌을 쌓아 대臺를 만들었으니 피로한 몸을 쉴 수 있다. 샘물을 끌어다 못을 만들었으니 마음의 티끌을 씻을 수 있다. 나무들을 이어 그늘을 만들었으니 열기를 물리칠 수 있다. 이것이 여럿이서 같이 즐길 수 있는 것이지만, 여럿이 즐기는 가운데 따로 혼자 즐기는 것이 있다. 주인이 그 즐거움을 즐기는 것을 다른 이들은 모른다.

주인이 간 후에 대臺는 비고, 경물은 주인이 없어졌다. 이제 내가 이 암자 정사精舍에 있다. 옛사람이 노닐던 곳이 토끼나 개구리가 뛰노는 마당이 됨을 애석하게 여겨 여러 학도들과 돌을 보완하여 대를 수리하고, 시냇물을 대서 못을 보수했다. 못과 대의 훌륭한 모습은 처음 만들어질 때와 비슷한 듯하다. 아, 옛사람의 자취가 다시 오늘날 선장選場[39]이 되었음을 누가 알겠는가.

무릇 사물의 흥폐는 사물의 이치이니, 슬퍼할 것이 없다. 그저 깊이 아쉬운 것, 대가 파괴됨은 다시 재건할 날이 있지만 사람은 가 버리면 물이 가서 돌아오지 못함과 같다. 조물주는 왜 사물에는 관대하고 사람에게는 편협한 것인가. 조물주의 이치는 어찌할 수 없다. 뒷사람들이 이 대를 보수하고 이 못을 수리하면서 이것을 이어 없어지지 않게 한다면 낙대樂

臺의 이름은 동강桐岡 아래에 영원히 남을 것이다.

桐華寺浮圖庵獨樂臺重修記

庵之西。有獨樂臺。古人舒嘯之地也。樹林覆其上。溪澗繞其傍。雖炎熱。使人意淸凉也。粤始之日。應有衆樂。而特謂之獨樂者何也。築石爲臺。可以休身勞。引流爲池。可以濯心塵。聯樹爲陰。可以斥熱海。此衆人之所同樂。而衆樂之中。別有自樂者。而衆不知主人之樂其樂也。主人去後。臺空而景物無主矣。今余在是庵精舍。惜其古人遊後之跡。廢爲兎蹄蛙戲之場。與多少學徒。補石以修臺。灌溪以治池。池臺勝狀。怳如初成。噫。誰知古人陳跡。復爲今人邃場。而安知今人邃場。不爲後人陳跡耶。夫物之興廢。物之理也。不足爲悲。而秪所深恨者。臺之廢壞。復有再興之日。而人之去歸。如水逝不返。何造物者之寬於物。而偏於人也。造物之理。莫如之何。而後人修斯臺。治斯池。踵此而不廢焉。則樂臺之名。庶可長存於桐岡之下矣。

파계사 성전암 중수기

무릇 일의 공적은 반드시 때와 사람에게서 나온다. 때와 사람이 아니라면 어찌 일을 이룰 수 있겠는가. 이 암자는 옛날 숙종 때에 현응玄應[40] 화상이 지으신 것이다. 당시 화상이 나라 위해 칠원군七元君[41]에 정성을 다해 수만 년 가도록 아름다운 운명을 나라에 융성하게 했다. 그리고 자미궁紫微宮을 지어 여기에 사는 이들에게 임금의 수명이 무궁하도록 기도하게 하였다. 암자의 기반은 임방壬方을 등지고 병방丙方으로 향했으며,[42] 뒤는 감싸고 앞은 트였다. 멀리 비슬산琵瑟山을 삼키고 평평하게 금호琴湖를 당기니, 여러 곳의 읍들이 바둑판처럼 벌려 있어 굽어보면 거둘 수 있을 듯하다. 세속 자취가 이르지 않고 시냇물이 달고 정결하니, 과연 팔공산의 절경이로다.

그러나 창건한 지 오래되어 재목이 썩고 기와가 부스러져 사람이 살 수 없는 지경이다. 지내는 이가 처마를 돌며 탄식하기를, "앞사람의 공적이 거의 사라지게 되었구나."라고 하였다. 이러한 사정을 보니 차마 마음이 재 같고 혀가 나무 같을 수 있겠는가. 즉시 일신하자고 논의하여 함께 암자로 나아갔다. 형월亨月은 공무에 급한 이인데 서로 형제(塤篪)이니 삼가 대중에게 알렸다. 연월蓮月은 재물을 모았고, 봉욱奉郁은 일을 주관하여 근면했고, 덕송德松은 일꾼들을 잘 움직였다. 한 자 남짓 작은 것도 곡진하게 하니, 건물의 모습이 이전보다 한층 나아졌다.

이해 맹춘(1월)에 시작하여 계하季夏(6월)에 이르러 일을 마치고서 암자에 사는 상화常華가 그 전말을 갖추어 부도정사浮圖精舍로 나를 방문하여 기문을 부탁하였다. 나는 상화에게 말하였다. "암자가 새롭게 된 것은 아름답지만 기문을 짓는 것은 잘못입니다. 이 경치라면 유람객의 눈에 드러날 것이요, 이 공적이라면 거처하는 이의 마음에 있을 것인데 또 어찌 기문이 필요하겠습니까."

상화의 말은 이러했다. "암자의 흥폐는 모두 때와 사람에 관계됩니다. 뒷사람이 오늘을 살핌이 또한 오늘 옛사람을 살피는 것과 같지 않겠습니까? 감히 이 때문에 청합니다."

그래서 이 말을 따라 이렇게 기록하여 보낸다.

把溪寺聖殿庵重修記

凡諸事功。必由時與人。若非時與人。豈可以濟事耶。是庵。昔我肅廟時。玄應和尙之所刱。而當時和尙。爲國致誠於七元君。紹隆邦家於萬年休命。仍建紫微宮。使居斯者。祝聖壽於無疆者也。庵之基。壬背而丙面。後擁而前通。遠呑琵瑟。平挹琴湖。而達邑諸土。列若碁置。俯之可收。塵跡不到。泉脉甘潔。果乎八公之絶勝也。然而創來年遠。材朽瓦缺。人不堪居。居人巡簷咨嗟曰。前人之功。幾至顚仆。見此情境。忍灰心木舌哉。卽日圖新渾議。惕然進庵。亨月急於公務者也。相爲塤篪。謹愼腷衆。蓮月屢鳩財穀。奉郁幹蠱黽勉。德松善運衆工。而盈尺曲盡。屋之形制。比前徙矣。是年孟春始手。以至季夏。告功。庵人常華。袖其顚末。訪余於浮圖精舍。請余而記。余進華而謂曰。庵之新則燉矣。而記則繆矣。以景則現於遊人之目。以功則在於居者之心。又安用記爲。華之言曰。庵之廢興。皆關時與人。則豈非後之視今。亦猶今之視昔乎。敢以是爲請。遂從其言。而記此以送。

양주 도봉산 회룡사 중수기

우리 동방의 사찰이 창건되고 중수됨은 간혹 국가의 상서로운 운명을 여는 것과 관련되는 경우가 있다. 안변安邊 설봉산雪峯山 같은 경우는 우리 태조 대왕께서 무학無學 화상[43]에게 가서 꿈을 해몽한 곳이니, 등극(飛龍)한 초기에 사찰을 짓고 비석을 세워 그 상서로운 운명을 연 징조를 표시한 것이다. 그래서 화상이 머문 곳에 펼친 것으로 비석에 세 가지 기록이 있으니, 모두 열성조列聖朝 임금의 글이다. 우리 정조(正宗) 대왕의 기문에는, "내가 듣기에, 임금의 복은 자기가 닦아야 하늘에서 받는다고 한다. 그래도 신명이 돕고 영험한 가르침이 보호하심을 기다리지 않음이 없는데, 축사祝史[44]를 번거롭게 하지 않아도 큰 봉록이 절로 이르렀다."[45]라고 하였다. 이는 임금의 마음으로 돌아보심을 볼 수 있고, 온 나라가 우러러 공경하는 바이다.

그러한즉 도봉산의 회룡사回龍寺 또한 우리 태조 대왕께서 행차를 멈추고 복을 빌던 자리로서 무학 화상이 머물며 선을 닦아 득도한 자리이므로, 역시 설봉산 석왕사釋王寺에 비견할 수 있다. 다만 창건한 때가 신라·고려 시대라서 그 전후로 수백 년 지나는 사이에 몇 번 무너지고 몇 번 수리했으며, 몇 번 수리하고 몇 번 무너졌다. 또 이 수리를 주장한 이가 어떠한 사람의 연유로 보전한 것인지 알 수 없는데, 석왕사에 세운 비석처럼 국가에서 공적을 보답하는 베풂에서 연유한 게 아닌지 어찌 알겠는가. 그러나 세월이 이미 오래되어서 무너지지 않을 수 없으니, 지나가는 이들이 옛 모습을 회복하지 못함을 개탄한 게 하루 이틀이 아니다.

이제 우리 조사 혜봉慧峯 화상이 무인년(1878)에 망월사望月寺에서 옮겨와 송경誦經을 하니, 상궁 박씨가 마침 여기에 와서는 사찰 모양이 피폐해짐을 민망히 여겨 즐겁게 보시하는 선심을 발휘하여 임금께 아뢰니, 특별히 만금을 부조하라는 명이 내려졌다. 이에 화상은 일을 감독하여 즉시

도료장都料匠(건축 책임자)을 불러 기둥 위 도리(欂櫨)와 짤막한 기둥(株櫨), 지도리(樞臬)와 문설주(枯楔)⁴⁶ 등이 안개·구름처럼 성대한 거리(霧肆雲市) 같게 하도록 했다. 메고 짊어지고 끌고 당기는 일들에 땀이 비 오듯 하였고, 곱자와 먹줄의 교묘함은 영인郢人의 도끼에 바람이 일듯 하였다.⁴⁷ 백룡白龍 대장大壯의 달(음력 2월)에 시작해서 국화(黃花) 피는 중양重陽⁴⁸의 날짜에 회향하였다. 빛나는 새 모습은 이전에 비해 사치스러울 정도다.

불법佛法이 한나라 명제明帝 때에 시작하여 비로소 중화中華에 전파되었고, 점차 제나라·양나라·진晉나라·당나라를 물들였다. 천하의 사찰은 이 당시보다 성대한 때가 없었다. 시인의 입을 빌려 전파되기를, "남조南朝의 사백팔십 개 사찰, 수많은 누대가 안개비 속에 잠겼구나."⁴⁹라고 하였다. 우리 동방의 신라와 고려는 중화의 제나라·양나라에 해당한다. 여덟 가람과 오백 선찰,⁵⁰ 삼천 비보裨補⁵¹를 지었으며, 여기에 그치지 않는다. 『삼국유사』에 유명한 것은 중화에 뒤지지 않는데, 지금은 하나 둘도 남아 있는 게 없다. 중화의 사찰들은 폐허가 되지 않았다고 누가 알겠는가. 동태사同泰寺⁵²와 귀종사歸宗寺⁵³·경산사經山寺⁵⁴ 등은 모두 당대에 크고 아름다웠는데 또한 폐허가 되고 말았다. 아, 사물의 성하고 쇠함과 시대의 흥하고 망함은 예로부터 그러했다. 사업을 이루는 것은 사람에게 말미암는 것이로다. 화상의 법력과 상궁의 믿음과 국가의 돌봄이 아니었다면 이 사찰이 다시 이 사찰이 됨을 알 수 없으리라.

마칠 때 축원을 올려 위로는 국가의 무강한 복을 맞이하고, 아래로는 상궁과 화상의 수고한 공적을 보답해야 한다. 드디어 기록을 마쳐 후인이 낱낱이 알 수 있도록 예비하노라.

楊州道峯山回龍寺重修記

我東寺刹之創建修廢。或緣國家之肇祥啓運而爲者。如安邊之雪峯。即我太祖大王。就無學和尙占夢之地。而飛龍之初。因寺之碑之。以表底肇祥啓運之徵。乃發於和尙之所在。而碑有三記皆列聖朝宸章也。我正宗大王記文中曰。予聞帝王之福。修之在我。膺之自天。而猶不能無待於神祇之幽贊。靈敎之冥護。祝史無煩。景祿自至。此可見宸衷之所眷。一邦之所顒仰也。然則道峯之回龍。亦我太祖大王駐蹕祈福之地。無學和尙棲禪得道之所也。亦可以等夷於雪峯之釋王。而但創在羅麗之際。其前後千百載之間。幾廢幾修。幾修幾廢。又主張是修廢者。未知爲如何人然由來保全。安知不由於國家報功之施。而如釋王之堅碑乎。然而歷歲已久。不能無頹廢。過者之慨然於不復舊觀者。非一日。今吾祖師慧峯和尙。歲戊寅。自望月移憩誦經。尙宮朴氏。適來于玆。悶寺樣之凋殘。因發樂施之善心。上達天陛。特下萬金之助。而於是乎和尙。董其役。卽招都料匠。樽櫨株橋。根枲枯楔。若霧肆雲市。而擔負引挽之役。齊汗成雨。規矩繩墨之巧。郢斧生風。權輿於白龍大壯之月。回向於黃花重陽之日。奐焉新制。比前侈矣。佛法濫觴於漢明。始傳於中華。漸漬於齊梁晋唐之間。天下寺刹。未有盛於此時。而藉傳騷人之口曰。南朝四百八十寺。多少樓臺烟雨中。我東羅麗。卽中華之齊梁也。建八伽藍。五百禪刹。三千神補。不惟止此。有名於三國遺史不讓於中華。於今無一二存焉。安知夫中華諸刹。不爲邱墟乎。同泰歸宗經山等。皆以當時壯麗。亦爲隨廢。噫。物之盛衰。時之興替。從古然矣。而濟事成功。由於人也歟。若非和尙之法力。尙宮之誠信。國家之眷護。此寺之復爲此寺。未可知也。當終時祈祝。上而迓國家無疆之福。下而報尙宮與和尙勞虔之功矣。遂爲之記。以備後人之歷擧云爾。

결제[55] 상단[56] 축찬

우러러 생각건대, 여래께서 손가락 굽히고 촉지인觸地印을 드리워 만물을 내신 근본을 보여 주시고, 보살의 방편 법설로 복을 받는 이유를 열어 보이셨습니다. 바라기만 하면 대번에 메아리처럼 응답하여 바람이 허공(太虛)을 운행하듯 하고, 구하면 반드시 그림자처럼 따르니 달이 창해에 비치는 듯합니다.

아래로 어리석은 정성을 옮겨 위로 성인의 귀를 더럽혀 받드노니, 황제폐하께서는 천체天體[57] 평안하사 보록寶籙[58]이 하늘처럼 영원하시고 큰 복이 대지처럼 지속되소서. 봉력鳳曆[59]이 멀리 창성하사 임금의 수명이 영목影木[60]보다 늘어나고, 금구金甌[61]는 더욱 견고하여 나라의 운명이 뽕나무 떨기에 맨 듯[62] 굳건할 것입니다.

항후, 폐하께서는 곤체坤體[63] 평안하사 덕망이 천지에 짝하고 은혜는 하해보다 깊어서 종사螽斯[64]와 인지麟趾[65]의 경사를 송축하니 수명은 언덕(崗陵)의 송백松栢처럼 장수하소서.

태자 전하께서는 옥체 평안하사 성대한 덕이 닮으시어 아름다운 실마리가 영원히 이어져 삼천대천세계가 한 나라가 되고 주옥 같은 기틀이 산처럼 편안하며, 8백 세를 봄(春)으로 여기어 바다처럼 장수하소서.

태자비 전하께서는 보체寶體 평안하사 복이 칡넝쿨처럼 이어지고 수명은 모래알처럼 많으시고 지극히 존귀한 용의 씨를 배태하사 신선(仙人赤脚)의 후손을 안아 보내소서.

태황후 폐하께서는 성체聖體 평안하사 거북이와 학처럼 장수하시고 비와 이슬처럼 적시는 은혜로 장수하는 선리仙李⁶⁶처럼 늙지 마시고 여요女堯⁶⁷의 성덕聖德을 널리 베푸소서.

선황先皇과 선황후先皇后 열위선가列位仙駕는 황금수레로 받들어 맞이하노니 연대蓮臺⁶⁸에 오르사 즉시 보리의 정인正因⁶⁹을 마치시고 속히 여래의 대과大果를 증득하소서.

제궁諸宮의 종실宗室과 문무백료文武百僚(신하들)는 임금께 충성으로 간언하여 은혜가 백성에게 미치고 사해를 둘러 모두 태평세상(壽域)이 되게 하고, 만백성이 모두 낙원을 얻도록 하여 천지가 화기애애하고 만물이 번성하여 백성이 늘어나 국가의 기반이 반석 같게 하소서.

성스런 해가 하늘에 있고 남은 물결에 적시는바, 살아 있거나 죽은 스승(師親)과 크고 작은 시주자들, 법계法界의 유정(含識)과 오랜 세월(廣劫) 인연 있는 이들은 오늘 닦은 선인善因으로 내생에 즐거운 과보(樂果)를 얻기를 바라나이다.

우러러 오묘한 도움을 받아 깊은 은혜를 감사히 받듭니다.

結制上壇祝贊

仰惟。如來屈指坎連。洒示生物之本。菩薩方便法說。爰開膺福之由。願輒響應。如風行太虛。求必影從。若月印滄海。俯輸愚悃。仰瀆聖聰。奉爲皇帝陛下。天體安寧。寶籙天長。鴻祚地久。鳳曆遐昌。聖壽增於影木。金甌益固。國運繫于苞桑。皇后陛下。坤體安寧。德配乾坤。恩深河海。頌叶螽斯。麟趾之慶。壽享崗陵。松栢之齡。太子殿下。玉體安寧。盛德克肖。休緖永綿。混三千界爲一國。珠基山安。迎八百歲爲一春。鶴筭海量。太子妃殿下。寶體安寧。福履葛藟。壽筭塵沙。胚胎龍種上尊之子。抱送仙人赤脚之嗣。太皇后陛下。聖體安甯。獻龜鶴壽。沾雨露恩。不老仙李之長春。博施女堯之聖德。先皇先皇后列位仙駕。金輦奉迎。蓮臺儼御。卽了菩提之正因。速證如來之大果。諸宮宗室文武百僚。忠諫聖明。澤及黎庶。環四海摠爲壽域。盡萬姓爰得樂方。天和地仁。物阜民殷。國基磐石。聖日中天餘波所潤。存亡師親。大小檀越。法界含識。廣劫有緣。聊將今修善因。願得來生樂果。仰蒙妙援。感戴深恩。

결제 중단[70] 축찬

그윽이 생각건대, 법을 수호하는 성중聖衆들이 과거에 비로자나 인지因地[71]에서 서원誓願을 세우고 현재 난야蘭若(사찰) 도량에서 옹호하니, 굽이 도는 산과 움직이는 바다처럼 신이한 변화는 생각하기 어렵고, 힘준 눈과 숙인 눈썹에 위엄과 자비가 함께 펼쳐집니다. 영험한 살핌을 특별히 내리시사 미미한 정성을 곡진히 살피소서.

엎드려 축원하건대, 황제 폐하께서는 천체天體 평안하시고 수명은 천지와 나란하사 삼왕三王[72]의 인자함을 겸하시고 일월의 밝음을 더하시며 오제五帝[73]의 덕을 뛰어넘으소서.

황후 폐하께서는 곤체坤體 평안하시고 서왕모西王母[74]의 수명을 누리시어 달력(蓂莢)이 늘 봄을 담고 있으며, 태임太妊처럼 인자하심을 칭송하노니 자손(瓜瓞)[75]이 영원히 성대하리로다.

태자 전하께서는 옥체 평안하사 「주고周誥」의 억만 년을 받으시어 편안하고 즐겁게 기주箕疇의 아홉 번째 오복五福[76]인 '장수'와 '평안'을 누리소서.

태자비 전하께서는 보체 평안하사 수명이 늘어나시어 금지金枝에 열매를 맺으시고 아름다운 언행이 드러나 옥엽玉葉으로 상서로움을 맺으소서.

태황후 폐하께서는 성체 평안하사 해옥첨주海屋添籌[77]하사 서왕모처럼 장수하시고 밝은 덕은 일월과 같아 마야摩耶[78]부인의 아름다운 모범과 같으소서.

제궁의 종실과 문무백료文武百僚들께서는 지경을 굳게 유지하여 하늘을 받들고 해를 받드는 충성을 함께 바치고 관청에서 시간을 아껴(籌漏院) 문무로 경영하는 방법을 다시 진술하여, 전쟁이 그치고 억조 백성들이 편안하며, 비와 해가 조화로워 온갖 곡식이 풍년 들게 하소서.

한편 바라건대 모든 대중들께서는 수복壽福이 모두 온전하고 인덕을 갖추어 육신(四大)이 굳건하고 육근六根이 청정하여 때마다 재해가 없고 날마다 상서로움이 있으소서.

회향回向⁷⁹하여 공덕의 산을 쌓고 마침내 일체지(薩波若)의 바다에 깨달아 들어가소서.

結制中壇祝賛

切以護法諸聖。過去誓願於遮那因地。現今擁護於蘭若道場。回山轉海。神變叵思。努目低眉。威慈并施。特傾靈鑑。曲照微忱。伏祝皇帝陛下。天體安寗。壽齊兩儀。而仁兼三王。明踰二曜。而德勝五帝。皇后陛下。坤體安寧。獻王母之壽。裳莢載長春。頌太妊之仁。瓜瓞盛永世。太子殿下。玉體安寧。膺周誥之億萬年。斯安斯樂。享箕疇之九五福。曰壽曰康。太子妃殿下。寶體安寧。壽筭增而金枝結果。徽音著而玉葉凝祥。太皇后陛下。聖體安寧。寶壽沾海屋筭王母享齡。明德齊日月。侔摩耶懿範。諸宮宗室。文武百僚。固維域而幷奏擎天奉日之忠。籌漏院而更陳文經武緯之術。干戈息而兆民安堵。雨暘和而百穀豊穰。抑願合院大衆。壽福兼全。仁德具足。四大堅康。六根淸淨。時無災害。日有吉祥。回向積聚功德山。究竟證入薩波海。

꿈 풀이 찬

나는 병술년(1886, 51세) 봄에 세 가지 꿈을 얻었다. 하나는 큰 자루의 붓으로 여러 되의 먹을 찍어 종이를 펴고 글자를 쓰되, "가고 오는 것이 한결같이 편하구나.(去之來之一如安。)"라고 했다. 둘째는 궁궐 뜰에서 소대召對[80]하여 상서로운 일을 하려 하니, 새가 울어 만 년 장수를 축원한 것이다. 셋째는 붉은 해가 품속으로 떨어졌다. 아홉 가지 조짐 중에서 이는 족히 길몽에 부합한다. 고인이 꿈으로 점치는 뜻을 사용하여 그 의미를 해석하고, 아래와 같이 찬贊을 짓는다.

가고 오는 것이 한결같이 편하구나
산을 보러 가고 물을 즐기러 오며
마음이 가는 대로 하여
산수 사이에 이 몸을 편히 하도다

상서로운 새가 만 년 장수를 축원하네
숲에 깃들여 나라 위해 제례 지내니
울며 날아서 나를 방문한 것은
만 년 가지 위의 태평조太平鳥로다

붉은 해가 품속으로 떨어지니
하늘을 잡고 해를 받듦이 절로 그 때가 있도다
원만한 세계 가운데
부상扶桑[81]에 의지해 웃노라

夢解贊

余於丙戌春。得三夢。其一取大杠毫數斗墨。展紙成字曰。去之來之一如安。其二召對彤墀。思做他祥。禽鳴賀萬年壽。其三紅日落抱懷中。九兆之中。此足以愶吉。乃用古人占夢之義。因解其義。爲之贊如左。去之來之一如安。觀山而去。樂水而來。惟意所適兮。山水中間此身安。祥禽鳴賀萬年壽。入棲叢林。爲國齋醮。飛鳴而過余者。萬年枝上太平鳥。紅日落抱懷中。摸天擎日。自有其時。圓滿界中。倚扶桑兮解顏。

문
文

환성사[82] 응향각 상량문

서술하노니, 차지한 땅의 좋고 나쁨에 따라 툭 트인 비보裨補를 베풂은 일행一行[83]으로부터 말미암았고, 각지고 둥근 담장을 계획하여 규모 있는 가람을 건립함은 백장百丈[84]에게서 비롯되었다. 세상이 타락하여 옛스럽지 않아 사찰을 혁파하여 암자가 되었다.

이 환성사環城寺 경치를 둘러보니 실로 조선(鰈域)[85]의 유명한 사찰이다. 원룡元龍[86]이 서려 있어 북쪽을 등지고 남쪽을 향한 터가 되었고, 안대案對[87]가 낮게 돌아 서쪽은 막히고 동쪽은 열린 형국이 되었다. 옛날에는 방들이 즐비하게 많았는데, 현재에는 쓸쓸한 암자만이 홀로 있다. 염라대왕(冥王)을 중단中壇으로 옮겨 봉안하니, 사찰 운명이 몹시 쇠퇴함을 알 만하다.

원료圓寮가 그래서 응향각凝香閣을 지으니 사람들 계획이 마음에 맞음을 본다. 그러나 괴겁壞劫이 문득 돌아오니 대들보가 훼손하지 않아도 절로 넘어지고, 길한 운수가 아직 오지 않으니 서까래가 다른 사물 없이 새롭게 되기 어렵도다.

다행히도 조희식趙熙植 수령(侯)께서 부임한 지 2년 만에 십 리 밖에 있는 사찰을 방문하시어 아름다운 산천을 관람하시고 쓸쓸한 사찰 건물에 대해 탄식하사 권화勸化[88]의 경영을 하게 하사 물금체勿禁帖[89]를 특별히 내려 주셨다.

사람들이 화목하니, 집집마다 다투어 먼저 문을 열어 주고, 시기가 도래하니 곳곳에서 늦지 않게 은혜를 베풀었다. 따스한 봄이 다리 달린 듯 오고, 주옥이 다리 없어도 오니, 즉시 좋은 일꾼을 맞아 도모하고 길일을 가려 일을 시작했다. 청동의 출납을 전담한 덕월德月 노장의 근면함, 흰쌀의 들어옴(入下)를 일임한 혜문惠文 승려의 분명함이여.

새 건물은 열 배나 화려하나 어긋나지 않았으니 실로 주장한 이의 지혜가 대단하다. 옛 재목에 썩은 부분이 많아도 버리지 않은 것은 자인梓人[90]의 솜씨다. 일꾼들을 나눠 지휘하여 도끼질하고 톱질하여 건물을 우뚝하게 세우니 날아갈 듯하다.[91]

이에 고운 비단을 펼쳐 오묘한 곡조를 나열하네.

  들보 동쪽으로 던지네
  학 봉우리가 뾰족하게 하늘로 솟았고
  천고의 하양河陽[92]에 물색이 선명하니
  복사꽃 등 온 성의 꽃들이 춘풍을 기리네

  들보 남쪽으로 던지네
  금강의 비구름이 산 이내를 머금고
  우리 임금의 은택은 고르게 미치니
  들판에 푸릇푸릇한 보리에 단비로다

  들보 서쪽으로 던지네
  높은 봉우리에서 제사 지내니 해가 낮아
  혹시 은나라 왕이 기우제를 지낸 곳이라
  하늘이 구름으로 은미하게 봉한 것인가

  들보 동쪽으로 던지네

상원암은 기우제 지내는 단 옆에 있고
암석들이 병풍처럼 거듭 늘어서니
높이 뾰족한 봉우리는 북두칠성에 닿으리

들보 위로 던지네
별과 달리 푸르게 빛을 발하는
광대한 하늘 마음을 누가 알까
볕이 났다가 비가 오는 등 말하기 어렵네

들보 아래로 던지네
지세가 낮아 큰 들판이 펼쳐지니
벼가 잘 자라 해마다 흉년 없네
태평한 가무를 자주 보노라

엎드려 바라건대, 들보 올린 후에 재앙은 사라져서 큰 화로에 눈 녹듯 하소서. 승려는 흥성하고 사찰은 부유하여 하늘 가득한 여름 구름 보듯 하소서. 나라의 수명은 대춘大春[93]이 봄이 되고 가을 됨보다 끝이 없게 하소서. 백성들은 즐거워 거리에서 '경작하네', '땅을 파네' 등의 노래를 부르게 하소서.

環城寺凝香閣上樑文

逖夫占地臧否。設裨補之爽塏。蓋由一行。畫堵方圓。建伽藍之規模。始於百丈。降世不古。革寺爲庵。顧茲環城勝區。實爲鰈域名刹。元龍盤屈。爲坎坐离向之基。案對低廻。作西鎭東開之局。伊昔多房之櫛比。現今單庵之凋零。冥王移奉中壇。可知寺運之衰甚。圓寮仍構香閣。蓋見人謀之愜中。壞刦遽回。棟樑不毀而自仆。吉運未到。椽桷無物而難新。何幸趙侯熙植下車二年。訪寺十里。壯觀山川之明麗。齎咨寺宇之蕭條。敎以勸化之營。特下勿禁之帖。人之和矣。家家開爭先之門。時亦到兮。在在捨不後之惠。陽春有脚行也。珠玉無脛至。而卽邀良工而謀爲。遂涓吉日而擧事。靑銅出納專掌。德月老之勤愼。白粲入下一任。惠文師之分明。新制加十倍華而無乖。實主者之智巧。舊材有數尺朽而不棄。乃梓人之才良。分衆工而指揮。斧彼鉅彼。構一閣而突兀。飛斯革斯。遂敷精絹。追列妙曲。抛樑東。鶴峀尖尖挿半空。千古河陽餘物色。一城桃李頌春風。抛樑南。錦江雲雨帶山嵐。吾王聖澤均沾處。野色靑靑麥雨甘。抛樑西。醮禮峯高日易低。倘有殷憂禱雨所。天封其處鎖雲迷。抛樑北。上元庵在雩壇側。重重巖石列如屛。峯勢高尖干斗極。抛樑上。星月蒼蒼光蕩漾。廣大天心孰可知。乍陽乍雨難言狀。抛樑下。地勢低平開大野。禾黍登登歲不凶。頻見泰和歌舞者。伏願上樑之後魔退災消。可謂洪爐點雪。僧與寺富須見滿空夏雲。國壽無疆於大春之爲春爲秋。民樂有謠於康衢之曰耕曰鑿。

파계사 금당암 칠성전 상량문

엎드려 생각건대, 사람들과 의논해서 터를 잡으니 동서남북 상중하의 위치요, 하늘에 걸려 있다가 전각으로 내려오니, 하나 둘 셋 넷 다섯 여섯 일곱의 별자리라. 수시로 자루를 움직여 사람들에게 복을 내려 주네. 우뚝 솟아 '공악公岳'(팔공산)이라 칭하니 진정 칠십 고을의 경치가 되고, '파계把溪'라 표명하니 수천 년 고찰이로다. 천향각天香閣 발돋움하여 높이 우러르니, 임금께서 수레 타고 오셔서 하사하신 누각이요,[94] 이끼 낀 바위 사이 길을 뚫어 여니, 유명한 신하들이 수레 타고 와서 진리 찾던 암자로다.

돌아보건대, 이 칠성전의 터는 시방十方의 근원으로부터 왔고, 기도하면 반드시 응답이 있으니 정말 잊을 수 있겠는가. 보시의 자량은 선남자가 살아갈 방도요, 연감蓮龕[95]은 여래如來께서 계시기에 타당한 곳이다. 흥하고 폐함에 운수가 있으니 이전 선사의 겨를 없었음을 개탄하고, 통하고 막힘은 사람에게 달렸으니 오늘 여전히 늦음에 이르렀도다.

이에 오백 년 돌아오는 운수에 의거하여 두세 명과 같이 모의하여, 선갑先甲에게 징을 쳐서 지휘하여 온 사찰 안에 근면하게 하고, 일꾼들을 감독하여 나무를 베어 사방 산에서 소리 나게 하였다. 규측圭測[96]을 매달아 곡면의 모양새를 살피고, 거북점이 찬성하고(龜從)[97] 한데 모이니 수고하는 장인(意匠)들의 경영이로다. 법우法雨에 섞여 담과 추녀를 쌓고 팔방의 창을 통하게 하고, 복전福田을 열어 서까래 등을 채색하니 여러 길 찬란하도다.[98] 왼쪽 층계와 오른쪽 평지가 실로 동인同人[99]의 힘에 의지했고, 위 대들보와 아래 서까래 배치는 대장大壯[100]의 점괘를 취했네.

이에 밝으신 치성대여래熾盛大如來[101]를 봉안하여 사리闍梨[102]와 화상和尙들의 평소 정성에 보답하네. 일광과 월광을 보필하니 강림하는 정령精靈을 보겠고, 별들이 채색한 감실에 찬란하니 미묘한 조화造化를 누가 살피랴. 천념千念[103]의 구슬로 마음을 보니 도를 닦는 방법이요, 식사를 삼시에 공양하니 복을 비는 정성이 아니겠는가.

　재물을 가볍게 여겨 희사하니 아름다운 저 염부閻浮[104] 권성화權聖和의 선한 마음이요, 장인(料匠)과 감독하니 봉월峯月 송연광松蓮光의 일처리로다. 위대하도다. 물 흐르고 꽃이 피니 공空이 색色임을 깨우침을 증명하고, 눈이 맺히고 풀어지니 현상이 때가 있음을 보여 주네. 영험한 터를 진압하니 숲과 물의 귀신이 경내를 넘보지 못하고, 부처 나라의 지위로서 강림하니 천룡팔부天龍八部[105]가 모두 건물에 나열하네.

　낭랑하게 좋은 노래 불러 찬란함을 장식하노라.

　　들보 동쪽으로 던지네
　　연암鷰巖(제비바위)과 용악龍岳(용봉우리)이 푸르게 솟은
　　유리로 된 팔천의 땅[106]에
　　솟아오르는 해가 한 줄기 붉게 빛나네

　　들보 남쪽으로 던지네
　　선재가 53선지식을 따라 참례하듯[107]
　　굽이치는 금호강의 차가운 함월[108]이
　　늦은 이내 낀 비슬산에 비추네

　　들보 서쪽으로 던지네
　　높이 솟은 호산虎山에 낮은 호암은
　　청정한 미타[109]세계에서 왔으니
　　한 송이 연꽃이 만고에 동일하도다

　　들보 북쪽으로 던지네
　　별들이 둘러 있고 봉우리들 곧게 솟았으니

성군의 수명은 아아, 만만년 이어 가시고
바라건대 무량한 덕을 성취하소서

들보 위로 던지네
보배 건물이 어이 그리 웅장한가
구름과 비 걷히니 달 높이 걸려
한 조각으로 적막한 공색空色[110]의 모양이라

들보 아래로 던지네
떠난 이는 자갈 같고 오는 이 기와 같은데[111]
즉시 자비의 보리심 잡으니
이름난 집안이 청려한 마음 내도다

엎드려 바라건대, 들보 올린 후에 승려(玄徒)가 몰려들어 백업白業(선업)이 날로 빛나고, 수월水月[112]의 세계에 의거하여 경전을 연설하면 천신이 음악을 연주하고, 연화도량에 들어가 계율을 들으면 지신이 상서로움을 드리리라.

把溪寺金塘庵七星殿上樑文

伏以謀於人而點基。東西南北上中下之位置。麗乎天而降殿。一二三四五六七之星躔。隨時運杓。應人錫祉。屹然稱公岳。允爲七十州勝區。表以各[1)]把溪。儘是數千年古刹。天香簷瞻。高仰列聖朝輦屏寵錫之閣。苔巖穿路。中開諸名卿冠蓋尋眞之庵。顧玆七星之殿基。自來十方之根例。禱必輒應。誠或敢忘。檀田善男子之所以資生。蓮龕諸如來之展矣妥帖。興廢有數。慨前師之未遑。通塞在人。迄今日之尙晚。於是乎。爰據五百年回運。乃有二三子同謀。令先甲而擊金指揮。勤於一寺。董畚丁而伐木呼耶。聲於四山。圭測槩懸。審曲面之體勢。龜從鳩聚。勞意匠之經營。和法雨而築堵軒角。通於八牕。拓福田而畫宮榱題。煥於數仞。左城右平。實賴乎同人之力。上棟下宇。蓋取諸大壯之占。玆奉熾盛大如來明昭。俾報闍梨諸和尙素悃。日月光於輔弼。宛覩精靈之降臨。星宿爛於畫甍。熟察造化之微妙。珠千念觀心。自是鍊道之法。飯三時供禮。孰非祈福之誠。輕物兒而施捨。猗彼閻浮權聖和之善心。與料匠而董監。幸玆峯月松蓮光之敦事。偉歟。水流花開。驗空色之頓悟。雪凝乳化。示現像之有時。鎭靈基而呵護。林魅水魖不敢窺於門庭。位佛國而儼臨。天龍八部咸得列於宮府。朗唱善頌。試粧奐侖。抛樑東。薦巖龍岳碧叢叢。最是琉璃八千土。曈曨瑞日一光紅。抛樑南。善財從叅五十三。逶迤琴水寒涵月。掩暎琵山晩帶嵐。抛樑西。虎山高削虎巖低。由來淸淨彌陀界。一朶蓮花萬古齊。抛樑北。星辰拱列峯彎直。聖壽於戱萬萬年。願言成就無量德。抛樑上。瓊殿玉樓何盪漾。雲收雨散月高懸。一片寥寥空色相。抛梁下。去人如礫來人瓦。卽把慈悲菩薩心。名門利宅旋淸灑。伏願上梁之後。玄徒輻湊。白業日章。據水月界而演經。天神奏樂。入蓮花室而聽戒。地祇呈祥。

1) ㉠ '各'은 '名'의 오자인 듯하다.

동화사 금당[113] 탑전 상량문

　위치를 목안木鴈[114] 사이에 차지하게 한다면 봉황은 벽오동 가지에 자리를 택할 것이요, 암자를 단림檀林[115]에 일으키면 다듬은 돌에 금강의 뼈를 숭고하게 간직할 것이다. 공양간이 마련되지 않아서 음식을 공양하는 데 불편하여 항상 부끄러웠다. 연탑蓮榻을 마련하니, 편하게 예배함을 보게 되었다. 당간지주는 여유 있고, 십홀十笏[116]은 좁지 않다.
　옛일을 상고해 보건대, 구담瞿曇(석가모니)께서 서축西竺(인도)에 현현하시어 도덕을 존중하였고, 대성大聖(공자)이 중국에 임하여 인의에 힘쓰셨다. 절차에 맞게 제기를 진설하고, 향과 꽃을 높이 올린다. 이리하여 연대蓮臺를 쌓고 이로써 존안을 안치한다.
　회응晦應[117]과 보담普曇이 시주를 이끌어 내니 재물이 원근에서 몰려들었다. 용은庸隱과 의운義雲은 일을 주관하여[118] 힘을 쓰니[119] 경영이 근면하게 이루어졌다. 보탑을 중수하니 영험한 빛이 검은 밤에 비치고, 법전을 세우니 당시 공훈이 영원히 기록된다. 녹나무를 취하여 재목을 만듦[120]은 장인이 애쓴 기교요, 터를 닦아 기초를 늘어놓음은 대지 또한 때를 만남이라. 자르고 깎으니 찬란하도다. 『시경』의 〈사간斯干〉[121]을 노래하니 새가 놀라고 꿩이 날아가는 듯 화려하며,[122] 『주역』(羲圖)의 대장괘大壯卦를 본 뜨니 위로 대들보요 아래로 서까래로다. 보고 듣는 수희隨喜[123]의 종류대로 팔난八難[124]을 뛰어넘을 것이요, 크고 작은 일에 힘을 쓰니 모두 구품九品[125]에 오르리라.
　그저 짧은 노래를 읊어 기다란 무지개(長虹, 대들보)에 올리노라.

　　들보 동쪽으로 던지네
　　바닷속의 산에 봄빛이 용궁(波宮)에 비치니
　　신룡이 불법을 수호하여 조회하는 곳이라

해를 진압하는 영험한 바람이 창공에 가득하네

들보 남쪽으로 던지네
금호강의 물은 쪽빛보다 푸르고
경쇠 소리 바람에 맑아 멀리 들리며
향 연기 아른거리며 연감蓮龕에 스미네

들보 서쪽으로 던지네
나무들 들쭉날쭉한데 햇빛 고르고
온 계곡에 안개연기 다 사라져
가까운 산 높고 푸르러 먼 산은 낮게 보이네

들보 북쪽으로 던지네
삼각산 봉우리 아스라이 푸른빛 떠 있고
천부금성天府金城[126]이 또 굳건하게 둘렀으니
영원히 나라 운명은 끝이 없으라

들보 위로 던지네
상제께서 밝게 임하시는 천일天一[127]의 땅
그중에 해와 달이 사심 없이 비추니
화복이 조금도 어긋날 수 없어라

들보 아래로 던지네
봉황문 바깥에 거마를 멈추는데
어여쁜 제비가 가사를 더럽히네
사시四時에 외출 금하니 때는 하안거라

엎드려 바라건대, 들보 올린 후에 사찰의 운수 크게 형통하고 사람은 더욱 부유하소서. 성군은 산등성이보다 장수하시어 솔과 잣나무처럼 늘 푸르고,[128] 나라의 복록은 산과 강이 숫돌과 띠처럼 되도록 오래 갈지어다.[129]

桐華寺金堂塔殿上樑文

曰若地占於木鳶。飛鳳擇棲碧梧之枝。庵起於檀林。鍊石崇藏金剛之骨。香厨未開。常慊飯供之不便。蓮榻始設。可見禮拜之斯安。一竿有餘。十笏不窄。稽古以來。瞿曇現於西竺。道德維尊。大聖泣於中華。仁義孔務。旣陳俎豆之品節。肆崇香花之獻酬。是以迺築蓮臺。從擧璿額。晦應普曇。貪緣檀那。物兒從於遠近。庸隱義雲。幹蠱晶昴。經營成於勤勞。寶塔重修。靈光放於幽夜。法殿新建。時功載於永年。取其楠而成材。匠巧得意。拓其基而列礎。地亦逢時。斲之削之。奐也侖也。頌斯干於毛傳。鳥革而翬飛。象大壯於羲圖。上棟而下宇。見聞隨喜之種。頓超八難。大小使役之勞。咸登九品。聊吟短藻。爰擧長虹。抛樑東。海山春色暎波宮。神龍護法來朝地。鎭日靈風滿碧空。抛樑南。錦江之水碧於藍。磬響引風淸遠落。篆香裊裊襲蓮龕。抛樑西。樹影叅差日影齊。一洞烟雲晴盡處。近山高碧遠山低。抛樑北。三角崔嵬浮翠色。天府金城固又環。永存邦籙傳無極。抛樑上。上帝昭臨天一壤。有中日月照無私。禍福不能毫髮爽。抛樑下。鳳凰門外駐車馬。可憐新舊汚袈裟。禁足四時時結夏。伏願上樑之後。寺運泰亨。人數益富。介聖壽於岡陵。之松之栢。期國籙於帶礪。如河如山。

영파 화상의 비각을 중수하는 회문

엎드려 고합니다. 선사先師의 비각을 공손히 보노라니 그리움이 더욱 깊어만 가고,[130] 후손들을 공경히 움직여 단선壇墠[131]을 중수하기를 논의했습니다. 세상에 드문 분이 가셔서 텅 비니 중생의 마음이 슬프기만 합니다.

한 조각 거북이 머리는 그저 바람에 쓸려 비에 젖게 하고, 세 칸 검은 기둥(烏柱)의 건물은 담이 이지러지고 이끼 낌을 면하지 못했습니다. 세월이 변하지만 앞서 계획한 사업을 소홀히 하여 날을 보낼 수는 없고, 자손이 널리 퍼지니 이 일은 경건하게 받들어 마음을 같이해야 합니다. 이에 짧은 글을 지어 동족에게 크게 고합니다.

우선 의연금을 내니 떳떳한 천성으로 함께하는 것이요, 이제 일을 도모하니 마땅히 힘을 다해 늦추지 말아야 합니다. 이 일에 대해 누가 소홀히 할까? 권면을 기다리지 않고 즐거이 하리이다. 승속이 함께 오니 완연히 천 개의 강에 달이 비치는 것과 같고, 단청이 장관을 이루니 열 길(丈) 금신金身을 보는 듯합니다. 만 년 동안 이 산문山門[132]에 있어, 온갖 복이 우리 씨족을 도우리라.

影波和尙碑閣重修回文
伏以恭瞻先閣。思益深於羹墻。敬捫後裔。議重修於壇墠。曠世寥廓。衆心悲忉。一片龜頭。空使風磨而雨洗。三間烏柱。未免墻缺而苔荒。光陰變遷。先事不可悠泛而度日。子孫廣布。是役宜其虔奉而共心。玆構短辭。誕告諸族。爲先出義。是秉彝之所同。迨此謀工。宜殫力而不緩。疇玆事而或忽。不待勉而樂爲。緇素幷臨。宛對千江月影。丹艧壯觀。如瞻十丈金身。萬年鎭此山門。百福助我氏族。

기우제문

삼가 시절 음식을 갖추고 몇 줄의 고달픈 말로 천지신명께 고합니다.
사람의 형체를 받고서 어찌 한 생각 짧은 순간이라도 소홀히 함이 있겠습니까? 위로 분명히 포진하고 아래로 빽빽하게 늘어서 있습니다.[133] 사람이 몸을 움직이고 생각을 함에는 참됨과 거짓에 대해 반드시 따져 보아 조금도 의심을 두지 말아야 합니다. 각자 스스로 경중이 다르니 사람을 따름에 소홀히 하겠습니까? 다만 지금 백성들의 사정은 날로 간사해져서 아첨하면 편리를 얻고 청렴하면 모욕을 당하며, 약자는 강자에게 먹히고 순리대로 사는 이는 거스르는 이에게 능멸을 당합니다. 이 때문에 이와 같은 재앙이 있는 것입니까?

모내기를 하지 못하고 그렇게 여름이 끝나고 가을이 왔는데 가뭄이 한결같이 이렇게 혹독합니다. 온갖 하천이 타들어 가고 사방 들판에 푸른 빛이 없습니다. 아아, 백성들의 근심이 거리에 넘치는데 은하수는 하늘에 있고, 산천이 말라 버리니[134] 농사는 어떻게 되겠습니까. 대지에 가득한 생령生靈(백성)들은 살 방도가 없습니다. 자신이 지은 죄는 피할 수 없음[135]을 알지만 혹 쓰다듬고 양육해 주시는 큰 은혜로써 빌려주고 은혜를 베풀어 주신다면 또한 지금부터는 훌쩍 변화할 것입니다.

바라건대 아향阿香(벼락)과 병예屏翳(비)의 무리에게 천둥과 번개를 지휘하여 바람과 구름을 불러 모아 단비를 쏟아부어 물이 도랑에 가득하게 하신다면, 파종하여 아직 나지 않은 곡식들을 구할 수 있을 것이요, 억조창생들의 보전하지 못하는 목숨을 건질 수 있을 것입니다. 성심으로 이와 같이 비니, 두터운 덕을 가득하게 하소서.

祈雨祭文
謹具時羞。以數行苦語。薰告于天地神祇。曰賦是人之形骸。而豈可有忽於一念造次哉。上焉昭布。下焉森列。凡人之運體動念。曲直情僞。有必質之。不遺一銖。而各自以輕重。從之人而不忽乎。第今民情。日益狡詐。諂必得便。廉必見侮。弱爲强食。順爲逆凌。以是有致災厄之若此乎。移秧不得。而因循夏已。而秋及旱魃之威。一何酷也。百川焦殢。四野無靑。嗚呼。民愁溢巷。雲漢在天。山川滌滌。農務何歸。滿地生靈。無以存活。固知自作之難逭。倘以撫育之弘恩。有貸且惠。則亦可自今而翻然也。願以阿香屛翳之屬。指揮雷霆。招集風雲。斯傾甘霈。水滿溝瀆。則以救代播未生之穀。庶濟億兆不保之命。誠心如是厚德漫漫。

다축문

도의 바른 위치로는 천지가 동일한 으뜸이요, 산에는 뿌리가 있고 물에는 근원이 있네. 혁혁한 불조佛祖와 성대한[136] 후손들이여. 소목昭穆을 분명히 함에 족보가 존재하네. 과거 셋과 현재 넷 가운데 일곱 번째인 석가모니(迦文)께서[137] 영취산에서 크게 법회를 여니 법운法雲이 가득했네. 대보살과 연각緣覺·성문聲聞·음광飮光[138]·경희慶喜[139] 등이 선禪과 교教로 분리되어, 교는 목탁을 울리고 선은 무딘 도끼[140]를 갈았네. 분파가 멀어져도 빛을 잇고 발자취를 이어 침체되지 않게 하고 끝없이 많이(無央數)[141] 변화시켰네. 법을 주고받을 때에 천고에 이르도록 한결같았네. 28번 전하여 달마대사가 서쪽에서 이르렀으니, 큰 바다를 갈대 하나와 잎사귀(葉杯)로 건넜다. 묵언으로 깃발을 세워 영재들에게 깨우침을 보이니, 조사의 도가 융성해져 황매黃梅[142]가 피어나고 보림寶林[143]에 봄빛이 퍼졌다. 조계曹溪[144]의 물이 이어져 주옥 같은 글이 기회 따라 널리 알려졌네. 연꽃이 법해法海에 생기고 달이 의천義天에 명랑하여, 등불마다 뒤를 비추고 바루마다 앞에서 받았네. 염화미소 계승하고 귀한 인연(龜木)[145] 이어지니, 실낱같은 조사의 운명은 하늘에서 되풀이한 듯하네. 법은 그 법이요 사람 또한 그 사람이라, 몹시 추모하여 다과를 삼가 진설하네.

茶祝文

道之正位。天地一元。山有其本。水有其源。赫赫佛祖。振振後昆。蓋明昭穆。世譜攸存。過三現四。第七迦文。大會靈鷲。彌漫法雲。諸大菩薩緣覺聲聞飮光慶喜。禪教以分。教鳴木鐸。禪磨鈍斧。分派遠流。續輝繩武。勿替引之。化無央數。於授受也。一揆千古。廿八傳次。達摩西來。乘涉大海。一蘆葉杯。默言堅幢。示悟英才。祖道隆盛。花發黃梅。寶林春暢。曹溪水連。玉軸琅凾。隨機以宣。蓮生法海。月朗義天。燈燈照後。鉢鉢受前。拈花繼承。龜木相因。懸絲祖命。自天若申。法是其法。人亦其人。追慕羹墻。茶果謹陳。

천황제문

천황天皇이 즉위한 목덕木德 원년에 달성읍 북쪽 팔공산 꼭대기에 우뚝한 나무가 있어 노장들이 서로 전하네. 제단이 되고 굴이 있어 사물마다 꿈틀대니 나무꾼이 베지 못하여 하늘(先天)에 우뚝 섰네. 이에 위패(靈位)를 놓으니 허물없음을 흠향하소서.

화엄의 중해衆海¹⁴⁶가 그 자리에 참여하고, 가람을 옹호하여 서원을 굳게 세우니, 신통을 헤아리기 어려워 실제를 숨기고 임시방편을 드러내도다. 맹수와 악귀가 어찌 힘을 쓰리오. 그늘이 비구(苾蒭)를 덮어 주니 은택이 그저 그렇지만은 않네. 반드시 공경하여 법식대로 주선하여 제사 지내노니, 복을 받음이 시냇물 같고, 벽돌과 구역은 기울어짐이 없네. 좋은 때 길일에 큰 무리가 함께 정성 들여 영원히 폐하지 않으리니 천만 년 이어지리라.

天皇祭文

天皇卽位。木德元年。達邑之北。公山之巔。亭亭有樹。古老相傳。旣壇旣隧。物物蠕蠕。樵夫勿剪。特立先天。爰置靈位。庶格無愆。華嚴衆海。乃粢其筵。擁護伽藍。立願也堅。神通莫測。隱實現權。猛獸惡鬼。鷄¹⁾能一拳。覆蔭苾蒭。澤不徒然。必恭敬止。式是周旋。以享以祀。受嘏如泉。惟塼惟域。無陂無偏。良辰吉日。大徒共虔。永年勿替。肆萬肆千。

---
1) ㉮ '鷄'는 '奚'의 오자인 듯하다.

세가 자서 世家自敍

나무는 뿌리가 없이 뻗어 나갈 수 없고, 물은 근원이 없이 흘러 나갈 수 없다. 스스로 서술하기 꺼려지지만 태사공도 그렇게 했다.

나는 자호를 극암克庵이라 하니, 자기 사욕을 없애 버린다는 뜻을 취한 것이다. 달성 서씨 출신으로 속명은 병조炳朝다. 동고東皐 선생에 대해 8세손이 된다. 부친은 영간榮榦, 모친은 전주 이씨 두표斗杓의 따님이다. 헌종 병신년(1836) 정월 27일 신해 술시戌時[147]에 옥산리玉山里 집에서 태어났다. 조부는 성복星復, 증조부는 광숙光淑, 고조부는 도추道樞로서, 이상이 세보에 함께 실려 있다. 관작과 좌훈佐勳은 또한 세보에 실려 있는데, 이러한 세속의 맥락은 서술하지 않는다.

아아, 나는 자질이 넉넉하지 못하고 하늘의 도움을 받지 못해 태어나 겨우 6세에 부친이 돌아가시고, 9세에 입학하였으나 배움을 이루지 못하였고, 14세에 모친께서 또 돌아가셨다. 스스로 생각건대 무료하여 가슴에 근심스러웠다. 집안의 전통은 다행히 형이 있으니, 16세에 떠돌다가 산에 들어와 삭발하고 학암鶴巖 화상께 구족계를 받고, 하은霞隱[148] 화상께 법을 받고, 혼허混虛 화상께 불경을 배웠고, 만파萬波 화상께 글쓰기를 배웠다. 법명은 사성師誠이고, 자字는 경래景來이다.

고려 시대 국사 태고太古 화상께서 중원 하무산霞霧山에 들어가 임제종 20세 석옥石屋[149]의 도통을 전해 받고 돌아와 환암幻庵, 구곡龜谷, 벽계

碧溪, 벽송碧松, 부용芙蓉, 청허淸虛, 편양鞭羊, 풍담楓潭, 월담月潭, 환성喚惺, 함월涵月, 영파影波, 청담淸潭, 경월鏡月, 호월湖月, 혜봉慧峯, 하은霞隱에게 전해지니, 이것이 불가(法家)의 연원이다.

이제 전통의 차례가 나에게 있는데 내가 어찌 자임하겠는가. 다만 나이 들어 병 또한 심하다. 상좌(嗣佐) 혼원混元이 불행히도 단명하고 하늘 또한 나를 버리시니 황량하고 적막한 가운데 어찌 책을 펼쳐 눈물이 솟지 않을 수 있겠는가. 그러나 혼원의 법자法子 석응石應이 자못 글자를 안다. 약간의 문집을 어찌 후대에 전하고 싶으리오마는 그에게는 중요하지 않을 수 없다. 그래서 삼가 손수 기록하고 대략 서문을 써서 맡긴다.

世家自叙

木未必無根而達也。水未必無源而流也。自叙雖嫌。太史公有之。余自號克庵。蓋取克去己私也。系出達城徐。俗名炳朝。於東皐先生。爲八世孫。考榮稶。妣全州李氏斗杓女。以純祖[1]丙申正月二十七日辛亥戌時。生某于玉山里第。祖星復。曾祖光淑。高祖道楓。以上俱載世譜。官爵佐勳。亦載譜中。不書此俗家的脉也。嗚呼。某稟不得饒。爲天不吊。生甫六歲。嚴君見背。九歲入學。學未盡成。十四歲。慈母又棄。自念無聊。耿耿于腎。故家傳統。惟幸兄在。年十六漂流。入山祝髮。受具于鶴巖和尙。受法于霞隱和尙。經學于混虛和尙。筆學于萬波和尙。法名師誠。字景來。前朝國師太古和尙。入中原霞霧山。嗣臨濟宗二十世石屋道統之傳而來。傳幻庵龜谷碧溪碧松芙蓉淸虛鞭羊楓潭月潭喚惺涵月影波淸潭鏡月湖月慧峯霞隱。此法家淵源也。今傳次在余。余詎敢自任。但僅劫日下。而年病且斃。嗣佐混元。不幸短命。天又喪我。安得不披書釀淚於荒凉寂寞之中耶。然混元法子石應。頗識字者。所集若干。豈欲傳後。於渠不爲不重。勤手書之。略叙以付之。

---

1) 역 '純祖'는 '憲宗'의 오기인 듯하다.

[부록]

가장家狀[150]

　화상의 법명은 사성師誠이고 호는 극암克庵, 자는 경래景來이다. 연사蓮史와 금거琴居는 모두 별호別號이다. 속성은 서씨徐氏, 관향은 달성達城이다. 부친은 영간榮幹, 모친은 전주 이씨 두표斗杓의 따님이시다. 헌종 병신년(1836) 정월 27일에 옥산리 저택에서 화상을 낳으셨다. 교주敎主(석가모니)께서 강생하신 지[151] 2,937년 경술년(1910) 11월 30일에 팔공산 파계사에서 입적하셨다. 세수世壽 75세, 법랍(夏臘)[152] 60세다. 속가의 맥은 이전 왕조(勝國) 달성군 진晉이 비조가 되고, 동고東皐 선생 사선思選이 화상께 8세조가 되신다. 나머지는 자서에 기록되어 있으니 적지 않는다.
　불가(法家)의 연원을 보자면, 고려 시대 국사 태고 화상이 중원 하무산霞霧山에 들어가 임제종 석옥石屋의 도통을 전해 받고 돌아와 환암幻庵, 구곡龜谷, 벽계碧溪, 벽송碧松, 부용芙蓉, 청허淸虛, 편양鞭羊, 풍담楓潭, 월담月潭, 환성喚惺, 함월涵月, 영파影波, 청담淸潭, 경월鏡月, 호월湖月, 혜봉慧峯, 하은霞隱에게 전했으니, 하은은 실로 화상의 법사法師이시다. 학암鶴巖은 은사恩師, 혼허混虛는 경사經師, 만파萬波는 필사筆師이시다.
　화상은 나면서 총명하고 영특한 자질을 받았고, 자라서는 네 분 스승의 가르침을 엄하게 받아 덕과 기량이 성취되어 대중과는 크게 달랐다. 총림 해탈의 문에 몸을 맡겨 패엽貝葉(불경)의 현묘한 이치에 잠심하여 교해敎海(대장경) 삼장을 남김없이 열람하고 남은 힘으로 유학 서적도 공부하니, 경전과 역사서·여러 사상가들의 책을 널리 읽어 통했다. 병이 들어 피곤해도 손에서 책을 놓지 않았다. 이치가 아닌 일은 조금도 하지 않았고, 부정한 곳에는 잠시도 머물지 않았다. 성품 또한 가르침을 베풀어 인도하는 데 근면하여 원근의 승속(緇白)들이 경전을 들고 와서 물으면 기뻐하면서 친절하게 저녁이 되도록 게으르지 않았다. 마을 젊은이들(卅弁)이 와서 배우는 경우도 많았다.

  산속에 있어도 상위象魏(대궐)에 대한 정성이 간절했다. 일찍이 장릉莊陵(단종 능)에 나아가 통곡하고 돌아왔다. 마음을 다스리길 장엄으로 스승을 삼고 타인을 대하길 자비로써 위주로 했다. 부귀에 아부하지 않았고 빈천을 소홀히 하지 않았다. 생애는 담박하여 조금도 저축한 게 없이도 편안하여 근심하지 않았다. 사람들이 혹 위로하면 웃으며 금호강을 가리켜 말했다. "강물은 다할 때가 없으니 인생에 어찌 복록이 없을 이치가 있겠는가." 아름다운 산수를 더욱 좋아하여 오대산과 풍악楓嶽(금강산) 꼭대기를 다녀왔고, 총석정 바다 물가에 배를 띄워 장관의 경치를 충만히 채우고 돌아왔다. 왕왕 관리·선비들과 시를 읊조리며 주고받으니, 이에 명성이 경상도(山南)에 대단했다. 나무꾼과 목동이라도 모두 소문을 듣고 다투어 만나고 싶어 했다. 그래서 화상 쪽에서 온 승려라도 있으면 화상의 안부에 대해 묻곤 하며 후하게 대접하였으니, 세상에 중하게 여겨짐이 대개 이와 같았다.

  화상께서는 항상 "사람 목숨은 무상하여 한번 쉬고 오지 않으면 즉시 내생이니, 적조寂照[153]를 본분사로 삼아야 한다."라고 말씀하셨다. 만년에 이르러서는 더욱 독실하셨다. 하루는 멀리 있는 무리들을 불러서 말하길, "나에게 남은 날이 많지 않으니, 너희는 멀리 가지 마라."라고 하셨다. 얼마 되지 않아 작은 질병이 생겼는데 병이 깊어졌지만 정신은 평상시와 같으셨는데, 밤이 되어 달현達玄이 앉아서 자는 것을 보고는 손으로 흔들고 석장으로 깨워서는 붓을 잡아 "행한바 회포를 다했다.(所爲盡懷抱)"라는 다섯 자를 써서 보이셨다. 진시辰時[154]에 이르러 편안히 가셨다. 평소에 스스로 닦으시고 증명하신 힘이 이에 과연 징험되었다.

오호, 화상이시여. 말세에 태어나 덕행이 빛나게 드러나고, 진속眞俗을 융회하시어 배우는 이로 하여금 글을 통해 오입悟入[155]하게 하지 않음이 없으시며, 지혜의 생명(慧命)을 이어 삿된 풍속을 잠식시키니, 어찌 숙세宿世(전생)의 발원이 현생에 드러난 것이 아니겠는가. 저술하신 시문이 수백 편에 이르렀는데 태반이 울유아鬱攸兒(화재)의 시기를 받았다. 흩어진 구절과 필적이 시인과 문인의 입을 통해 전해졌으니, 이는 전하지 않은 전함으로써, 이루 다 적을 수 없다. 남은 약간의 글들이 있어 문도들에게 널리 도모하여 각기 정성과 힘을 다해 판각하는 이에게 맡겨 불은佛恩을 만에 하나라도 갚고자 한다.

신해년(1911) 중춘仲春 기묘일에 불초 법손法孫 석응 달현石應達玄이 눈물을 닦으며 삼가 적다.

附家狀

和尚諱師誠。號克庵。字景來。蓮史琴居。皆別號。俗姓徐。貫達城。考諱榮榦妣全州李氏。諱斗杓女。以純祖[1])丙申正月二十七日擧和尚于玉山里第。以敎主降生。一千九百二十七年庚戌十一月二十日。示寂丁八公山把溪寺。世壽七十五。夏臘六十。俗家的脈。以勝國達城君。諱晋。爲鼻祖。東皐先生。諱思選。於和尚爲八世祖。餘在自叙中。不書。法家淵源。前朝國師太古和尚。入中原霞霧山。嗣臨濟宗石屋道統之傳而來傳幻庵龜谷碧溪碧松芙蓉清虛鞭羊楓潭月潭喚惺涵月影波清潭鏡月湖月慧峯霞隱。霞隱。實和尚法師也。鶴巖。恩師也。混虛。經師也。萬波。筆師也。和尚生而禀聰慧英邁之姿。長而蒙四師敎導之嚴。德器成就。大異衆人。寄命於叢林解脫之門。潛心於貝葉玄妙之理。敎海三藏。探閱無隱。行餘之力。兼治儒書。經史百家。博涉洞解。雖病且困。手未嘗釋卷。非義之事。絲毫不行。不正之處。頃刻不留。性又勤於施化。遠近緇白。執經來質。欣欣懇懇。竟夕不懈。閭閻之卍弁來學者亦多。雖處山林。尙切象魏之忱。嘗詣莊陵。痛哭以歸。治心以莊嚴爲師。待人以慈悲爲主。不阿付於富貴。不疎忽於貧賤。生涯澹泊。瓶無儲粮。晏如也。不戚戚焉。人或慰之。則笑指琴湖江曰。江水無可盡之期。人生安有無祿之理乎。尤好佳山水。嘗飛錫於五臺楓嶽之巓。泛槎於叢石瀛海之渚。壯觀景物。充然而歸。迬迬與縉紳章甫。諷詠酬唱。於是名動山南。雖樵牧皆聞風而爭欲一識。有僧自和尙邊來者。輒問和尙起居。待之款厚。其見重於世。蓋如此。和尙常言。人命無常。一息不來。卽是來生。以寂照爲本分事。而至於晚年益篤。一日召遠在徒衆曰。吾餘日無多。汝勿遠去。居未幾。示微疾。筋力沈綿。精神如常。至夜見達玄坐睡。手以攬之。杖以警之。執筆書示。所爲盡懷抱五字。至辰時。恬然而逝。平日自修自證之力。於是果驗。嗚呼和尙。生於叔世。德行昭著。眞俗融會。使學人無不因文悟入。續慧命而息邪風。豈非宿世之願。著見於今生歟。所著詩若文。多至數百篇。而太牛入於鬱攸兒所猜。散句零墨。藉傳於詩人騷客之口。是不傳之傳也。不可殫記。而以所存若干篇。博謀於族黨門徒。各殫誠力。俾付剞劂氏。以報佛恩之萬一云爾。

　辛亥仲春己卯。不肖法孫石應達玄抆淚謹撰。

1) ㉑ '純祖'는 '憲宗'의 오기인 듯하다.

극암집克庵集 발跋

 문과 시는 도에 대해 말단에 해당한다. 그러나 도가 가운데 쌓여서 언어로 발휘되는 것이 문이요, 영화英華(아름다움)에 도달하면 시이다. 나무에 뿌리가 있어서 가지로 뻗어나가고 마침내 꽃과 잎사귀를 볼 수 있는 것과 같다.
 극암공께서는 어릴 때 도량이 넓어서 산에 들어가 수도하여 견성見性하셨다. 팔공산은 그분의 도량이다. 성품은 준엄하면서 넓어 영재를 많이 교육하셨다. 또한 선비를 사랑하여 혜원공慧遠公에 대해 도연명陶淵明 같은 이들이 많았다. 공의 성은 서씨徐氏로서 달성에서 명망이 있었다. 나에 대해서는 항렬이 높은데 40여 년 동안 애초에 일면식이 없다가 갑오년(1894) 가을에 성전암聖殿庵[156]으로 공을 찾아뵈었다. 선풍도골을 보니 과연 세상 밖으로 해탈하는 모습이 있었다. 불경들은 당연히 소유한 바이고 유가 서적에 대해서도 또한 자세하게 통달하셨다. 사람이 궁구하면 기술이 견고해진다고 하더니 그 이치에 귀결됨을 속일 수 없다.
 병오년(1906) 가을에 옥산서숙玉山西塾으로 나를 방문하셔서 고향의 친분을 나누셨고, 이야기는 도에 이어져 흥미진진했다. 다만 나의 발이 차지遮地에 이르지 못하여 차지를 말해도 알지 못하였다. 그러나 남기신 게송 가운데 "겨자씨 같은 인연, 파초잎 소식(芥緣蕉信)" 네 글자에 대해서는 비슷하게 엿볼 수 있었다. 그 후 나는 옥계玉溪로 돌아와 머물고, 공께서

는 또 천주사天柱寺[157]에 머무셨다.[158]

기유년(1909) 봄에 다시 공께서 계신 곳에 찾아가 뵈었다. 나이와 모습이 상하셔서 이전과 달라졌는데 마음만은 굳건해서 젊은이들에게 양보하지 않으셨다. 시문(咳唾)[159]을 조금 얻어 보았다. 이것이 손제자 석응石應에게 거듭 전하여 모아졌으니, 문과 시가 함께 있다. 이는 공을 가늠할 수 있는 게 아니지만, 후인에게는 또한 족히 남겨진 눈썹(遺睫)을 보고 돌아가는 학[160]을 생각하는 자료가 된다.

아아, 태고太古 대사의 맥이 서산西山 대사로부터 공에게 미쳤다. 적전嫡傳(제자) 혼원混元이 비록 일찍 세상을 여의었으나 이후 더욱 명망이 있으니, 석응石應이 존재함을 알게 되었다.

이해(1909) 2월 10일 속세의 족질族姪 한기翰基가 삼가 발문을 쓴다.

克庵集跋

文若詩之於道也。抑末也。然道之積於中。而發之言語。則文也。達之英華。則詩也。如木之有本。而發達於柯條。則花葉終可見也。克庵公某。早年磊落入山修道。因以見性。公山蓋其道場也。性峻而弘。多育英才。且愛士。如遠公之於淵明者多。公姓徐。望達城。於吾上行。而自四十餘年。初無一日雅。歲甲午秋。謁公於聖殿庵。見仙風道骨。果有解脫塵外之狀。貝葉諸經。固其所有。而至於儒家書。殆亦曲暢旁通。人窮而工固。其理也歸。尙不能諼。丙午春。顧我於玉山西塾。叙舊鄕敦誼。畢談及道娓娓。但我脚不到遮地。遮地說不得。然就他䨐偈中。芥緣蕉信四箇字。得以覰得彷彿。越後。余纔玉溪還棲。而公又駐札天柱矣。己酉春。再謁於公在所。見年貌俱傷。殆非前日。而惟心力堅剛。不遜少壯。得見咳唾若干。乃重傳孫石應收集也。而文若詩俱在。此不足爲公輕重。而其在後也。亦足爲見遺睫。而想歸鶴之資矣。於乎太古師的脈。自西山師。而及於公。嫡傳混元。雖早世。然從後優望。乃知石應在也。是年二月十日。俗族侄翰基。謹跋。

극암집克庵集 후서後叙

 옛날에 뜻을 품고서도 명과 어긋난 경우에는 답답하고 실심하여 불교에 왕왕 은거하여 세상을 마치는 경우가 있었다. 팔공산의 도사 극암 또한 그러하다. 극암은 우리 고향 사람이다. 명문가에서 태어나 청명한 기운이 있고 큼직한 재주를 안아서 크게는 사방을 경영할 만하고 작게는 가문의 지위를 잃지 않을 수 있는데, 불행히도 어려서 고아가 되고 흩어져 의지할 데 없어서 출가하여 산에 들어갔다. 그리하여 법사에게 경전 공부를 하고 현묘한 이치를 통달하여 선정에 들었다. 선사의 이전 의지사依止師[161]는 근원이 있고 후에는 극암만이 있을 뿐이다.
 내가 기성箕城[162]을 다스릴 때[163]에 천주사天柱寺에 유람 갔더니, 70여 세 되는 한 노인이 빛나는 얼굴과 흰 이로 길진야복葛巾野服을 한 채 늠름하게 문에서 맞았다. 그 모습을 보니 마른 매미가 허물을 벗고 학이 이슬을 경계하는[164] 듯하여 세상 사람의 모습이 아니었다. 물어보니, '극암'이라고 하며, 팔을 잡아끌어 인연(素舊)[165]을 말하였다. 자리를 잡고 앉아 사육신 일에 이야기가 미쳤는데 극암은 『노릉지魯陵誌』[166]를 매우 익숙하게 암송하였다. 그리고는 슬픈 표정을 지으며 눈물을 흘리고 목이 메어 했다. 나는 내 상태로 사람을 짐작하니, 어찌 이유 없으리오. 아, 감동한 것은 충성스런 분노니, 임금 위한 의리다. 감격한 것은 신세이니, 나를 위한 탄식이다.

시문 몇 편이 있으니 신이함과 기운이 있어 세련되고 정묘했다. 팔공산의 산천초목과 구름, 바위, 새와 짐승들 등 각각 형상을 갖춘 것들을 마음에 얻어 시에 부친 것이니, 시에 어찌 속세(烟火)의 말투가 있겠는가. 애석하다. 극암공은 어려서 고아 되어[167] 집안을 잊었으니, 이 팔공산과 함께 잊은 것인가. 몸에 피차가 없으니, 여기서 오래 머무른 것인가, 장차 고향으로 돌아갈 것인가. 나는 조금 늦게 관직을 그만두고 일엽편주와 짚신으로 내키는 대로 산과 강을 다닐 텐데, 극암공이 보고 싶으면 팔공산 난야정사蘭若精舍(사찰)에서 찾으면 볼 수 있을까.

기유년(1909) 황화절黃花節[168] 상완上浣[169] 주당籌堂 박해령朴海齡이 제오헌制五軒 달 아래에서 쓴다.

克庵集後叙

古之有懷其志而畸於命者。侘傺坎壈。迍邅隱於浮屠以終世。公山道士克庵亦是已。克庵。吾鄕人也。生裔名家。負淸明之氣。抱奇偉之才。大可以經營四方。小之不失爲門戶地。而不幸少孤窮俹離無所依。出家入山。受經於法師。通玄入定。師之前止師。而爲源脈。後惟克庵也。余守箕之秋。游天柱寺。一老人年七十餘。華顔皓齒。葛巾野服。凌兢而迎于門。見其貌如枯蟬蛻塵。瘦鶴警露。非人世上色相。問之。曰克庵。把臂道素舊。定坐。語及六臣古事。能誦魯陵誌。甚習。因愀然含悲。睫涕梗咽。吾以吾中人。其豈爲無從。而惡夫所感者。忠憤也。爲君義也。所激者。身世也。爲我歎也。有詩文若干篇。神來氣來。工緻精妙。八公山山川草木雲石鳥獸之各一具象者。得之心。而寓之詩。詩豈烟火口氣歟。嗟哉。克公弱喪而忘其家。抑與此公山而幷忘乎。身無彼此。其久留於斯乎。將歸去兮故山乎。余當小晩休絞。扁舟草屨。隨意於山水之間。思欲見克公。覓之於八公蘭若精舍。可得也否。

歲己酉黃花節上浣。籌堂朴海齡書于制五軒月下。

주

1 참등饞燈 : 물고기의 기름을 달여서 그것을 등유燈油로 사용하여 켜는 것을 말한다.
2 이루離婁 : 황제黃帝 시대에 시력이 매우 좋았던 사람을 가리킨다.
3 이루離婁의 눈으로도~비추어 주니 : 당나라 고매高邁의 「長明燈序」에 "离婁之目。處闇室。或不能覩燈處之皎如也。澄公之掌。在玄夜。或不能照燈在之了如也。"라고 한 것을 활용한 표현이다. 『禪門諸祖師偈頌』.
4 강녕사江寧寺의 장명등 : 당나라 위현韋絢의 『劉賓客嘉話錄』에 "수문제가 본 강녕사의 진장명등은 또한 푸르고 뜨겁지 않았다.(隋文帝所見江寧寺晉長明燈. 亦復靑而不熱)"고 했고, 이 기록이 『五洲衍文長箋散稿』 「火辨證說」에 인용되어 있다.
5 보융사寶融寺의 장명등 : 당나라 고매高邁의 「長明燈序」에 "我邑中有俊傑。主此燃燈。精進成就於寶融寺經藏院。"이라 했다.
6 민緡 : 1민은 1천 냥이 꿰어 있는 돈꿰미이다.
7 『불명경佛名經』 : 부처님의 명호를 수록한 경전으로 『過去莊嚴劫千佛名經』과 『現在賢劫千佛名經』의 두 역본이 있다.
8 칠불七佛 : 석가모니 붓다 이전에 출세했던 일곱 부처님, 곧 과거장엄겁 중에 출현한 비바시불毘婆尸佛(vipaśyin-buddha), 시기불尸棄佛(śikhin-buddha), 비사부불毘舍浮佛(viśvabhū-buddha), 현재현겁 중에 출현한 구류손불拘留孫佛(krakucchanda-buddha), 구나함모니불拘那含牟尼佛(kanakamuni-buddha), 가섭불迦葉佛(kāśyapa-buddha), 석가모니불釋迦牟尼佛(śākyamuni-buddha)을 말한다.
9 소목昭穆 : 사당에서 신주를 모시는 차례로 왼쪽 줄의 소昭, 오른쪽 줄의 목穆을 통틀어 일컫는 말이다.
10 옛날 부처가~이루셨다고 한다 : 『佛祖歷代通載』를 인용한 것이다. 원문은 다음과 같다. "古佛應世綿歷無窮。不可以周知悉數也。世尊有云。我以如來知見力故。觀彼久遠猶若今日。故按佛名經。紀過711二劫千如來。曁于釋迦但標七佛。阿含經云。七佛精進力。放光滅暗冥。各各坐諸樹。於中成正覺。"
11 대각세존大覺世尊 : 도를 크게 깨달아 세상에서 존숭尊崇을 받는 사람이라는 뜻이다.
12 정법안장正法眼藏 : 진리를 볼 수 있는 지혜의 눈으로 깨달은 법. 선종에서 스승으로부터 제자에게 전하는 불법을 의미한다.
13 주미麈尾 : 고라니 꼬리. 큰 사슴을 주麈라 한다. 노루 무리들은 고라니가 꼬리를 흔드는 대로 따라간다 하며, 자루에 꽂아 먼지 터는 데에 쓰는데 진晉의 명사名士들이 청담淸談을 할 때 손에 쥐고 이리저리 흔들며 이야기했다. 『晉書』 「王衍傳」.
14 영산靈山 : 기사굴산耆闍崛山이라 하며, 영취산靈鷲山, 취봉영산鷲峰靈山이라고 번역한다. 중인도 마가다국의 서울 왕사성王舍城 동북쪽 10리 지점에 있다. 부처님이 그 산에서 『法華經』을 설법하신 것으로 유명하다.
15 혜가慧可(487~593) : 북위北魏와 수隋나라 때의 고승高僧. 선종의 2대 조사祖師이다.
16 승찬僧璨(?~606) : 수나라 때의 승려. 저서에 『十種大乘論』이 있고, 총화사總化寺에서 강의한 것을 정리한 『十地論』 2권이 있다.
17 도신道信(580~651) : 수당隋唐 시대의 고승高僧. 그의 선법禪法은 좌선하여 오로지

자신이 본래 갖추고 있는 청정한 본성을 주시하는 일행삼매一行三昧와 하나를 응시하면서 마음을 가다듬어 움직이지 않는 수일불이守一不移로 요약될 수 있다.

18 홍인弘忍(601~674) : 당나라 초기의 선승禪僧. 호북성 황매현黃梅縣 출생. 동산東山에 살았기 때문에 교단을 동산법문東山法門이라 불렀다.

19 혜능慧能(638~713) : 당나라 승려. 속성俗姓은 노씨盧氏. 그의 설법을 기록한 『六祖壇經』이 있다.

20 황벽黃檗(?~850) : 황벽산에서 입적해 황벽 희운黃檗希運으로도 불린다. 저서에 『黃檗山斷際禪師傳心法要』 1권이 있다.

21 임제臨濟(?~867) : 당나라 때 선승으로 법명은 의현義玄이다. 제자 혜연慧然이 엮은 『臨濟錄』은 그의 언행들을 담고 있다.

22 석옥石屋(1272~1352) : 석옥 청공石屋淸珙. 원나라 때 승려로 임제종의 법을 이었고, 태고 보우에게 법을 인가하여 발우를 전했다. 저서에 『石屋詩集』이 있다.

23 태고 국사太古國師(1301~1382) : 보우普愚. 고려 말 고승으로 불교 개혁에 힘쓴 승려이다. 호는 태고太古 · 보허普虛이며, 속성은 홍씨洪氏이고, 시호는 원증圓證이다.

24 환암幻庵(1320~1392) : 경기 남양주 출신. 자字는 무작無作, 법명은 혼수混修이다. 12세에 계송繼松에게 출가하고, 1341년에 선선禪選에 급제한 후 금강산에서 수행하였다. 오대산 신성암神聖庵에 머물 때 고운암孤雲庵에 있던 나옹 혜근懶翁惠勤(1320~1376)을 자주 찾아가 법요法要를 물었다. 우왕이 국사國師에 봉하고, 공양왕이 다시 국사에 봉하였다. 청룡사靑龍寺에서 입적하였다. 시호는 보각普覺이다.

25 구곡龜谷 : 고려 31대 공민왕恭愍王 때의 승려 각운覺雲의 호. 보우의 법통法統을 이어 남원 만행산萬行山 승련사勝蓮寺에 있었는데 학덕學德이 높고 필법이 우수했다.

26 영파影波(1728~1812) : 조선 영조 · 순조 때 승려. 법명은 성규聖奎이다. 함월의 법을 이어받은 제자이고 환성의 손제자이다.

27 함월涵月(1691~1770) : 전주 이씨. 자는 천경天鏡이고, 법명은 해원海源이다. 함경남도 함흥 출신이다. 지안 대사志安大師에게서 종문宗門의 깊은 이치를 얻어 법맥을 이었다. 삼장三藏에 해박하였으며, 특히 『華嚴經』과 『拈頌』에 밝았다. 제자들이 고향의 명찰인 석왕사釋王寺에 탑을 세우고, 화엄대회의 도량인 대둔산大芚山에 영의정 김상복金相福의 글을 받아 비를 세웠다. 저서로는 『天鏡集』 2권이 전한다.

28 성 밖의~법유法乳는 법유이니 : 『金剛般若波羅蜜經五家解』의 "경전 주석에서 거짓이 참과 섞여서 성 밖의 우유 아닌 것처럼 많으니(又於經疏以僞濫眞。乳非城外者頗多。)"를 활용한 표현이다.

29 오이덩굴처럼 무수한 무리들(詵詵瓜瓞) : 선선과질詵詵瓜瓞은 『詩經』 「大雅」 〈綿〉의 "綿綿瓜瓞。"과 『詩經』 「周南」 〈螽斯〉의 "螽斯羽。詵詵兮。"를 합한 표현이다.

30 공功과 시마緦麻 : 대공大功은 9개월, 소공小功은 5개월, 시마는 3개월간 상복을 입는다.

31 폐물을 잡고~맞게 한다 : 『左傳』 장공莊公 24년조에 "남자의 폐물은 크게는 옥과 비단이요 작게는 날짐승이니, 신분의 귀천을 나타낸 것이다.(男贄。大者玉帛。小者禽鳥。以章物也。)"라고 하였다.

32 심상心喪 : 상복을 입지는 아니하나 상중喪中과 같이 처신하는 행위를 말한다.

33 사賜 : 공자의 제자인 자공子貢의 이름. 성은 단목端木이다. 공문십철의 한 사람으로

재아宰我와 더불어 언어에 뛰어났다고 한다. 공자가 73세를 일기로 세상을 하직하자 제자들은 모두 3년간의 심상을 하였고, 자공만은 홀로 남아 여막廬幕을 짓고 3년을 더 시묘侍墓했다고 전한다.

34 왕우군王右君 : 왕희지王羲之를 가리킨다. 우군右君은 벼슬 이름이다. 그는 내사內史 재직 중이던 353년(영화 9) 늦봄에, 회계의 난정蘭亭에서 있었던 유상곡수流觴曲水의 연회에 참석하였다. 그때 모인 41인 명사들의 시를 모아 만든 책머리에 그는 스스로 붓을 들어 서문을 썼다. 이것이 「蘭亭序」라는 일대의 걸작이니, 거기에 "修禊事也"라는 구절이 있다.

35 『참동계參同契』: 『周易參同契』(3권)의 약칭. 후한 시대의 위백양魏伯陽 찬으로 전하나, 찬자의 경력에 대한 의문이 많으며 실재를 부정하는 학자도 있다. 책이름에서 보면 위서緯書의 일종으로 생각되는데, 일찍부터 도교 연단練丹의 대표적인 전적으로 중시되어 왔다. 특색은 한대 상수역象數易의 이념에 의해 연단의 방법을 설한 데 있다.

36 집지執贄 : 제자가 스승을 처음 뵐 때에 예폐禮幣를 가지고 가서 경의를 표하는 것이다.

37 속수束脩 : 수脩는 육포肉脯로서, 속수는 열 개의 육포 묶음을 말한다. 제자가 스승에게 처음으로 가르침을 청할 적에는 반드시 폐백이 있어야 하는데, 속수는 폐백 중에서 가장 약소한 것이다.

38 동화사桐華寺 : 대구광역시 동구 도학동 팔공산에 있다.

39 선장選場 : 과거 시험을 가리키는데, 여기서는 공부하는 곳이란 의미로 사용한 듯하다.

40 현응玄應 : 서산 대사의 자字.

41 칠원군七元君 : 북두칠성.

42 임방壬方을 등지고 병방丙方으로 향했으며 : 임방은 북쪽에서 서쪽으로 15도, 병방은 남쪽에서 동쪽으로 15도이다.

43 무학無學 화상(1327~1405) : 법명은 자초自超이며, 속성은 두씨杜氏이다. 법호가 무학이고 당호는 계월헌溪月軒이다. 절에서 서까래 셋을 등에 지고 나오는 꿈을 꾸었다는 이성계의 꿈 이야기를 듣고 장차 왕이 될 꿈이라고 해몽하여 이성계와 인연을 맺고, 조선 왕조가 개국하면서 이태조의 부탁으로 왕사가 되었다.

44 축사祝史 : 신을 모시는 일을 직업으로 하는 사람을 가리킨다.

45 내가 듣기에~절로 이르렀다 : 『朝鮮王朝實錄』 정조 14년(1790년) 8월 21일자에, 석왕사에 비석을 세우도록 명했다는 기록이 있고, 『弘齋全書』 권15에 「安邊雪峯山釋王寺碑」가 전하는데 인용문과 원문의 문장 순서가 다르다. 원문은 다음과 같다. "祝史無煩. 景祿自至. 若是其如幾如式也. 予聞帝王之福. 修之在我. 膺之自天. 而猶不能無待於神祇之幽贊. 靈敎之冥護."

46 기둥 위~지도리와 문설주 : 원문 "박로주누欂櫨株檽 외얼침설梡杌枯楔"은 당나라 한유韓愈의 「進學解」 "欂櫨侏儒根闑扂楔. 各得其宜 以成室屋者. 匠氏之功也."에서 유래한 표현이다.

47 영인郢人의 도끼에~일듯 하였다 : 『莊子』「徐無鬼」에, 장석匠石이 바람 소리가 나도록 도끼를 휘두르면서(運斤成風) 영인의 코끝에 묻은 흙을 떼어 냈다는 이야기가 실려 있다.

48 중양重陽 : 음력 9월 9일로 중구重九라고도 한다. 중양이란 양수 즉 홀수가 겹쳤다는

뜻으로 3월 3일, 5월 5일, 7월 7일도 중양이 되나 대개 9월 9일을 가리킨다.
49 남조南朝의 사백팔십~속에 잠겼구나 : 당나라 시인 두목杜牧의 시 〈江南春〉의 구절이다.
50 여덟 가람과 오백 선찰 : 신라 시대 아도阿度 화상이 공주의 병을 고쳐 주자 법흥왕이 기뻐서 팔대 가람八大伽藍과 오백 선찰五百禪刹을 건립하였다. 『東師列傳』「阿度和尙傳」.
51 삼천 비보裨補 : 도선 국사道詵國師가 국내 산천의 기운을 살펴서 악기惡氣가 있는 곳에 절이나 탑을 세우고, 못을 파거나 숲을 만들어 화禍가 생기는 것을 막게 한 것을 말한다.
52 동태사同泰寺 : 양나라의 무제武帝가 수도인 건강建康(南京)에 세운 사찰. 521년에 공사를 시작하여 527년에 완성하였다. 무제가 행행行幸하여 사신捨身하고 공양을 열심히 하였다.
53 귀종사歸宗寺 : 동진東晉의 왕희지王羲之가 별장으로 사용하다가 한 승려에게 기증했던 여산廬山의 사찰이다.
54 경산사徑山寺 : 경산사徑山寺. 저장성浙江省 항저우(杭州)에 있는 절이다. 중국 오대사五大寺의 하나이며, 임제종의 대도량으로 당나라 때 창건하였다.
55 결제結制 : 입제入制라고도 한다. 승려들은 안거라고 하여 일정 기간 동안 외출을 하지 않고 한데 모여 수행을 하는데, 하안거夏安居의 첫날인 음력 4월 16일과 동안거冬安居가 시작되는 음력 10월 16일에 행하는 의식을 결제라고 한다.
56 상단上壇 : 불상을 모신 곳.
57 천체天體 : 임금의 몸을 하늘에 빗댄 표현.
58 보록寶籙 : 전설에 봉황이 전후로 황제黃帝와 요제堯帝에게 가져다 주었다는 도록圖籙을 가리키는 말로, 왕위를 계시啓示하는 천명天命을 상징한다.
59 봉력鳳曆 : 봉황은 천시天時를 안다는 뜻에서 '달력(冊曆)'을 달리 이르는 말이다.
60 영목影木 : 부상扶桑의 다른 이름. 동쪽 바다의 해가 뜨는 곳에 있다고 함. 오랜 시간에 걸쳐 숙성된 사물이나 사건을 비유한다.
61 금구金甌 : 금으로 만든 사발로 흠이 없고 견고하다 하여 흔히 강토에 비유된다. 양무제梁武帝가 무덕각武德閣에 이르러 혼잣말로 "나의 국토는 오히려 금구와 같아 하나의 상처도 흠도 없다.(我家國猶若金甌。無一傷缺)"고 말했다는 고사에서 유래한 것이다. 『梁書』 권56 「侯景列傳」.
62 뽕나무 떨기에 맨 듯 : 원문 "繫于苞桑"은 『周易』「否卦」에서 유래한다.
63 곤체坤體 : 왕후의 몸을 대지에 빗댄 표현이다.
64 종사螽斯 : 메뚜기・베짱이・여치를 통틀어 이른다. 여치가 한 번에 99개의 알을 낳는 데서, 부부가 화합하여 자손이 번창함을 비유적으로 이르는 말이다. 『詩經』「周南」의 편명.
65 인지麟趾 : 기린의 발이란 뜻으로 『詩經』「周南」의 편명. 주나라 문왕이 후비后妃의 덕으로 자손이 많고 현명했다는 것으로, 인후한 후비를 살아 있는 풀은 절대로 밟지 않는다는 인수仁獸 기린에 비유한 것이다.
66 선리仙李 : 노자老子의 별칭. 이씨를 가리키기도 한다.
67 여요女堯 : 송나라 영종英宗의 고황후高皇后가 매우 어질어 사람들이 '여중요순女中

堯舜'이라고 했던 데서 온 말이다.『宋史』권242「英宗宣仁聖烈高皇后傳」.
68 연대蓮臺 : 연꽃 모양으로 만든 불상의 자리.
69 정인正因 : 물물과 심심의 제법諸法을 내는 직접적인 원인.
70 중단中壇 : 불교를 수호하는 신중神衆을 모신 단壇.
71 인지因地 : 불과佛果를 얻기 위하여 수행하는 지위.
72 삼왕三王 : 하夏나라를 세운 우왕禹王, 상商나라를 세운 탕왕湯王, 주周나라를 세운 문왕文王과 무왕을 가리킨다.
73 오제五帝 : 중국의 전설상의 황제인 복희伏羲·신농神農·황제黃帝·소호少昊·전욱顓頊을 가리킨다.
74 서왕모西王母 : 곤륜산崑崙山에 사는 선계의 성스러운 어머니로 장생을 약속하는 신비의 복숭아를 관장한다.
75 자손(瓜瓞) : 『詩經』「大雅」〈綿〉의 "면면과질綿綿瓜瓞(오이가 잇달아 열려 끊이지 않다)"에서 나온 말이다.
76 기주箕疇의 아홉 번째 오복五福 : 기주는 기자箕子가 지었다는 홍범구주洪範九疇를 말한다. 홍범구주의 9조목은 오행五行·오사五事·팔정八政·오기五紀·황극皇極·삼덕三德·계의稽疑·서징庶徵 및 오복五福과 육극六極이다. 그중에 오복은 수壽·부富·강녕康寧·유호덕攸好德·고종명考終命을 말한다.
77 해옥첨주海屋添籌 : 장수를 기리는 말. 옛날 세 노인이 함께 만난 자리에 어떤 자가 나이를 묻자, 모두 이루 셀 수 없을 정도로 많이 먹었다고 대답하였는데, 그중 한 사람은 말하기를 "바다가 뽕밭으로 변하면 그때마다 산가지 한 개를 놓았는데 지금까지 내가 하나씩 놓은 산가지가 열 칸 집에 이미 가득 찼다."고 하였다.『東坡志林』권2.
78 마야摩耶 : [S] māyā의 음사. 싯다르타의 어머니. 카필라(kapila) 성과 인접해 있던 천비성天臂城의 성주城主인 선각왕善覺王의 딸이다.
79 회향回向 : 자기가 닦은 선근의 공덕을 다른 중생에게 돌아가도록 한다는 뜻이다.
80 소대召對 : 왕명으로 임금과 대면하여 정사에 대한 의견을 상주하던 일을 말한다.
81 부상扶桑 : 동쪽 바다의 해가 뜨는 곳에 있다는 신성한 나무를 가리킨다.
82 환성사環城寺 : 경상북도 경산시 하양읍 사기리 팔공산에 있다.
83 일행一行 : 당나라 초기의 밀교 승려로 성은 장가張哥이다. 이도 상서의 벼슬을 지냈고 지리학에 정통하였다. 도선 국사道詵國師가 당나라로 유학을 가 일행 선사를 만나 풍수지리학에 대한 가르침을 받았다고 전해지는데 서로 시기가 맞지 않는다.
84 백장百丈 : 백장 회해百丈懷海. 당나라 중기의 선승으로 향존암鄉尊庵(백장사)을 창건하여 선풍을 일으켰다.『百丈清規』를 제정하여 교단의 조직이나 수도 생활의 규칙 등을 성문화한 업적을 남겼다.
85 조선(鰈域) : 접역鰈域은 가자미 모양으로 생긴 지역이라는 뜻이다. 또는 가자미가 많이 난다고 하여 한때 우리나라를 일컫기도 했다.
86 원룡元龍 : 정룡正龍·간룡幹龍이라고도 한다. 산의 중심부를 뻗어 내려온 산을 말한다.
87 안대案對 : 안산이 병풍처럼 띠를 두르고 있는 것을 말한다.
88 권화勸化 : 권유하여 부처의 가르침으로 인도하는 것이다.
89 물금체勿禁帖 : 관부에서 일정한 일에 대한 제제를 내리는 명령 문서이다. 이 물금체를

지닌 사람에 대하여는 관부에서 금지하는 일이나 활동을 금하지 못하도록 되어 있다.
90 자인梓人 : 목수의 우두머리. 도편수.
91 날아갈 듯하다 : 원문 "비사혁사飛斯革斯"는 춘추시대 주周나라 선왕宣王이 즉위하여 무너진 궁실을 다시 짓고 낙성을 알리니, 사람들이 송축하여 읊기를 "새가 놀라 낯빛을 변함과 같으며, 꿩이 날아가는 것과 같으니, 군자가 올라가서 정사를 다스릴 곳이로다.(如鳥斯革。如翬斯飛。君子攸躋。)"라고 한 구절에서 나온 말이다.『詩經』「小雅」〈斯干〉.
92 하양河陽 : 경상북도 경산 지역의 옛 지명.
93 대춘大椿 : 대춘大椿을 가리킨다. 매우 장수하는 전설상의 나무로 1만 6천 년을 1년으로 삼는다고 한다. 조선 이태조의 조부 이름이 춘椿이므로 이를 피하여 글자를 바꾼 것이다.『莊子』「逍遙遊」에 "아침 버섯은 그믐과 초하루를 알지 못하고, 여름 매미는 봄과 가을을 알지 못한다.(朝菌不知晦朔。蟪蛄不知春秋。)"라고 하였고 "까마득한 옛날 대춘이란 나무가 있어, 8천 년을 봄으로 삼고, 8천 년을 가을로 삼는다.(上古有大椿者。以八千歲爲春。以八千歲爲秋。)"라고 한 데서 유래하였다.
94 임금께서 수레~하사하신 누각이요 : 정조 1년(1777)에 '천향각天香閣'이라 쓴 어필 편액이 하사되었다고 한다.
95 연감蓮龕 : 부처를 모셔 놓은 감실龕室.
96 규측圭測 : 규표圭表로 재다. 규표는 천상天象을 관측하던 기구.
97 거북점이 찬성하고(龜從) : 거북 껍질로 점을 치니 찬성하는 점괘가 나왔다는 뜻이다.『書經』「洪範」.
98 서까래 등을~길 찬란하도다(畫宮榱題。煥於數仞。) : "堂高數仞 榱題數尺"이란 표현이『孟子』「盡心章句下」에 나온다.
99 동인同人 : 뜻을 같이하는 사람. 괘 이름이기도 하다. 천화동인괘天火同人卦.
100 대장大壯 : 크고 장성하다는 뜻. 뇌천대장괘雷天大壯卦.『周易』「繫辭下傳」에 "상고시대에는 굴에서 살고 들에 거처했는데 후세 성인이 궁실로 바꾸어 위로 대들보를 얹고 아래로 서까래를 얹어 비바람을 피하게 했으니 대장괘에서 취한 것이다.(上古穴居而野處。後世聖人易之以宮室。上棟下宇。以待風雨。蓋取諸大壯。)"라고 하였다.
101 치성대여래熾盛大如來 : 치성광여래熾盛光如來. 불교의 구요九曜 신앙의 주불이다.
102 사리闍梨 : 아사리阿闍梨의 약칭이다. 승도僧徒의 스승을 일컫는다. 그 뜻은 정행正行이니, 능히 제자의 품행을 규정糾正할 수 있다. 또는 궤범사軌範師라고도 한다.
103 천념千念 : 일천팔백 개의 구슬을 꿴 긴 염주.
104 염부閻浮 : 염부제閻浮提. Ⓢ jambu의 음사. 인간세계.
105 천룡팔부天龍八部 : 불법佛法을 지키는 신장神將, 곧 천天·용龍·야차夜叉·건달바乾闥婆·아수라阿脩羅·가루라迦樓羅·긴나라緊那羅·마후라가摩睺羅伽의 여덟 신장을 말한다.
106 유리로 된 팔천의 땅 : 동방에 약사여래가 주관하는 유리광정토세계瑠璃光淨土世界를 가리킨다.
107 선재가 53선지식을 따라 참례하듯 :『華嚴經』에서 선재동자가 문수보살의 안내를 받아 보리심을 발하고 선지식을 찾아 마지막 보현보살에 이르기까지 53선지식을 만나 구법의 순례를 하게 된다.

108 함월涵月 : '젖은 달'이란 뜻의 법호.
109 미타彌陀 : 아미타불. 서방 극락정토의 주인이 되는 부처.
110 공색空色 : '공즉시색공卽是色'의 의미인 듯하다.
111 떠난 이는~기와 같은데 : 자갈과 기와는 하찮은 사람이라는 의미이다.
112 수월水月 : 수월관음. 관음보살의 응신 가운데 하나이다. 관음보살이 '수월관음'을 응현하는 까닭은 마치 하늘에 떠 있는 달이 여러 곳에 있는 맑은 물에 비치는 것처럼, 관음보살이 어려움에 처한 사람들의 부름에 응하여 구제해 주기 때문이다.
113 금당金堂 : 본존불을 안치하는 가람의 중심 건물이다.
114 목안木鴈 : 고목과 기러기인데, 고목은 무능하여 오래 사는 사람에 비유되고 기러기는 재주가 없어 일찍 죽임을 당하는 사람에 비유된다. 장자莊子가 산속을 가다가 큰 고목을 보고 "이 나무는 재목이 못 되기 때문에 천수를 누릴 수 있었다."고 하고, 친구의 집에 들러서는 친구가 자신을 대접하기 위해 잘 울지 못하는 기러기를 죽이는 것을 보고 "나는 재주 있음과 재목이 되지 못함 사이에 처하겠다."고 하였다. 『莊子』「山木」.
115 단림檀林 : 총림叢林. Ⓢ vindhyavana. 전단栴檀의 숲이란 뜻으로 불사佛寺의 존칭으로 사용된다. 전단은 인도에서 나는 향나무이다.
116 십홀十笏 : 홀笏 열 개를 이어 놓은 방의 길이, 곧 사방 1장丈(10척尺)되는 작은 방을 뜻한다. 유마거사의 방에서 유래하며, 대개 방장이 거처하는 곳을 말한다.
117 회응晦應 : 1890년대 동화사에서 강백講伯을 맡은 스님의 법명이다.
118 일을 주관하여(幹蠱) : 간고幹蠱는 간부지고幹父之蠱의 준말로, 문젯거리가 되었던 정치나 사업을 맡아 잘 처리한다는 뜻이다. 곧 자식이 부모의 사업을 이어받아 잘 조처하여 바로잡는 것을 말한다. 『周易』「蠱卦」.
119 힘을 쓰니(贔屭) : 비희贔屭에 대해 "음은 피희避戲인데 힘을 쓰는 모양이다. 또한 암자라(雌鼈)를 비(贔)라 한다."고 『五洲衍文長箋散稿』「經史篇」〈小學〉에 나온다.
120 녹나무를 취하여 재목을 만듦 : 녹나무는 성장은 더디나 커서 크게 쓰이는 재목으로 유명하다.
121 〈사간斯干〉: 『詩經』「小雅」의 편명. 새 궁실의 낙성을 축하한다는 내용이다.
122 새가 놀라고~듯 화려하며 : 원문 "조혁이휘鳥革而翬飛"는 〈斯干〉편의 "如鳥斯革。如翬斯飛。"에서 온 것이며, 건물의 크기와 처마의 화려함을 가리킨다.
123 수희隨喜 : Ⓢ anumodanā. 남의 좋은 일을 보고 함께 기뻐하고, 남의 선행을 칭찬한다는 뜻이다.
124 팔난八難 : 여덟 가지의 재난으로, 배고픔・목마름・추위・더위・물・불・칼・병란兵亂을 말한다. 또는 부처를 보지 못하고 불법佛法을 들을 수 없는 여덟 가지의 곤란으로, 지옥地獄・축생畜生・아귀餓鬼・장수천長壽天・맹롱음아盲聾音啞・울단월鬱單越・세지변총世智辯聰・생재불전불후生在佛前佛後를 말하기도 한다.
125 구품九品 : 구품왕생九品往生・구품정토九品淨土・구품연대九品蓮臺의 약칭. 아홉 종류의 극락세계를 가리킨다.
126 천부금성天府金城 : 하늘 창고와 쇠처럼 견고한 성. 비옥하면서 주위가 험준한 곳이다. 『史記』「留侯世家」 "夫關中左肴函。右隴蜀。沃野千裏…此所謂金城千裏。天府之國。天下之脊。中原龍首。"에서 유래한다.

127 천일天一 : 별자리 이름. 자미원紫微垣에 속하는 것으로 현재의 용龍자리의 한 별이다.
128 산등성이보다 장수하시어~늘 푸르고 : 『詩經』「魯頌」〈閟宮〉 "三壽作朋。如岡如陵…徂徠之松。新甫之柏。"에서 가져온 표현이다. 그러나 소나무와 잣나무 부분은 문맥이 잘 맞지 않는다. 시에서는 "조래산의 소나무와 신보산의 잣나무를 베어다 자르고 쪼개서 길고 짧게 재어 커다란 소나무 서까래로 하여 덩그렇게 정침을 지었다.(徂徠之松。新甫之柏。是斷是度。是尋是尺。松桷有舄。路寢孔碩。)"고 하여 건축 재료로 나온다. 여기서는 장수와 관련되므로 '늘 푸르다'는 의미로 풀었다.
129 산과 강이~오래 같지어다 : 산하가 숫돌과 띠가 된다는 것은 한고조漢高祖 유방劉邦이 개국 공신들을 책봉하면서 "황하가 변하여 끈처럼 되고 태산이 바뀌어 숫돌처럼 될 때까지, 그대들의 나라가 영원히 존속되어 후손들에게 전해지도록 할 것을 맹세한다.(使河如帶。泰山若礪。國家永寧。爰及苗裔。)"라고 말했던 고사에서 유래한다. 『史記』 권18 「高祖功臣侯者年表」.
130 그리움이 더욱 깊어만 가고(思益深於羹墻) : 갱장羹墻은 국과 담장의 의미로, 경모敬慕하고 그리워함을 이른다. 『後漢書』「李固傳」에 "옛날 요임금이 죽은 뒤에 순임금이 3년 동안 사모하여, 앉았을 적에는 요임금이 담장(墻)에서 보이고 밥 먹을 적에는 요임금이 국(羹)에서 보였다."고 한 데서 유래한다.
131 단선壇墠 : 단壇은 흙을 쌓아 높다랗게 한 것이고, 선墠은 땅을 청소하여 깨끗하게 한 것으로, 제사 지내는 장소를 일컫는다. 여기서는 비각을 가리킨다.
132 산문山門 : 사찰로 들어가는 문으로, 한 줄로 세운 기둥 위에 맞배지붕 양식으로 되어 있는 일주문一柱門과 사천왕四天王을 모신 천왕문天王門과 둘이 아닌 절대의 경지를 상징하는 불이문不二門을 말한다. 여기서는 사찰을 가리킨다.
133 위로 분명히~늘어서 있습니다(上焉昭布。下焉森列) : 한유韓愈의 「與孟簡尙書書」의 "天地神祇。昭布森列。"을 활용한 것이다.
134 산천이 말라 버리니(山川滌滌) : 『詩經』「大雅」〈雲漢〉의 "滌滌山川"에서 유래한다.
135 자신이 지은~수 없음(自作之難逭) : 『書經』「太甲」과 『孟子』「公孫丑」의 "自作孽不可逭"에서 유래한다.
136 성대한(振振) : 진진振振은 『詩經』「周南」〈螽斯〉에 나오는 구절이다.
137 과거 셋과~번째인 석가모니께서 : 과거·미래·현재의 삼세에 각각 천불千佛이 출현하는데, 전 삼불三佛은 과거장엄겁의 천불의 마지막 삼불, 후 사불四佛은 현재현겁의 천불 중 최초의 사불이라고 한다.
138 음광飮光 : 가섭迦葉. 석가모니 십대제자의 한 사람이다. 마가다국(magadha國) 출신으로, 엄격하게 수행하여 두타제일頭陀第一이라 일컬었다. 불멸佛滅 후에 제자들 집단을 이끌어 가는 영도자 역할을 해냈다.
139 경희慶喜 : 아난타阿難陀 또는 아난阿難이라고 한다. 석가모니의 종제從弟로서 십대제자의 한 사람이며, 십육나한의 한 사람이기도 하다. 견문이 넓고 기억력이 좋아 불멸佛滅 후에 경전의 대부분을 결집한 공로가 있다.
140 무딘 도끼(鈯斧) : 당나라 청원淸源이 석두石頭로 하여금 남악 회양南嶽懷讓 선사에게 서신을 전하게 하면서 말한 "돌아오는 날엔 그대에게 무딘 도끼(鈯斧子) 하나를 주어 이 산에서 살게 하리라."라고 하였다. 『五燈會元』.

141 끝없이 많이(無央數) : 무앙수無央數는 아승기阿僧祇(⑤ asamkhya), 무한대의 큰 수를 나타낸다. 항하사의 일만 갑절이나 되는 무한대의 수 또는 수량으로 계산할 수 없는 많은 수를 말한다.
142 황매黃梅 : 노란 매화. 육조 혜능六祖慧能이 호북湖北 황주부黃州府 황매산黃梅山에 가서 5조 홍인 대사弘忍大師를 뵈었다.
143 보림寶林 : 보배 숲. 혜능이 중수重修하고 설법하였던 절이다. 현재 광동廣東 소관韶關 남화사南華寺이다.
144 조계曹溪 : 광동성廣東省 소주韶州의 땅 이름. 이곳에 선찰인 보림사가 있다.
145 귀한 인연(龜木) : 귀목龜木은 '맹귀우목盲龜遇木'의 준말. 『열반경涅槃經』에 눈먼 거북이가 바다에서 백 년마다 한 번씩 물 위에 나오는데 우연히 구멍 뚫린 나무로 머리가 나온다는 이야기가 있으니, 만나기 어려움을 비유한 말이다.
146 중해衆海 : 바다같이 많은 대중을 일컫는다.
147 술시戌時 : 오후 7시에서 9시 사이.
148 하은霞隱 : 법명은 응상應詳으로, 사불산화파四佛山畵派를 이끌던 수화승首畵僧으로 오늘날까지 사불산 불모佛母로 회자되고 있다.
149 석옥石屋 : 석옥 청공石屋淸珙을 가리키는데, 본문에선 임제종 20세라 하였는데 대개는 18세라고 한다.
150 가장家狀 : 집안 조상과 형제의 행적에 관한 기록.
151 교주教主께서 강생하신 지 : 북방 불기에 따르면 불생년을 주나라 소왕昭王 24년 갑인(B.C 1027)으로 한다.
152 법랍(夏臘) : 하랍夏臘은 하안거夏安居를 지낸 횟수이다.
153 적조寂照 : 산란한 마음을 가라앉히고 지혜로써 모든 현상의 모습을 있는 그대로 응시하는 것이다.
154 진시辰時 : 아침 7시에서 9시 사이.
155 오입悟入 : 도를 깨달아 실상實相의 세계에 들어가는 것이다.
156 성전암聖殿庵 : 대구 팔공산 파계사의 암자.
157 천주사天柱寺 : 경상북도 칠곡군 동명면 남원리 팔공산에 있던 사찰.
158 머무셨다(駐札) : 주찰駐札은 주차駐劄라고도 하며, 외지에 머물러 일을 처리하는 것을 뜻한다.
159 시문(咳唾) : 해타咳唾는 타인의 아름다운 시문을 가리킨다. 『莊子』 「秋水」.
160 돌아가는 학(歸鶴) : 고향을 잊지 못하는 사람을 비유. 한漢나라 때 요동 사람 정영위丁令威가 영허산靈虛山에 들어가 선술仙術을 배우고 뒤에 학으로 변화하여 고향에 돌아가서 성문의 화표주華表柱에 앉았는데, 한 소년이 활로 그를 쏘려 하자 그 학이 날아올라 공중을 배회하면서 말하기를, "새여 새여 정영위여. 집 떠난 지 천 년 만에 이제야 돌아왔네. 성곽은 예전 같은데 사람은 그때 사람 아니어라. 어이해 신선 안 배우고 무덤만 즐비한고.(有鳥有鳥丁令威. 去家千年今來歸. 城郭如故人民非. 何不學仙冢纍纍.)"라고 했다는 전설이 있다. 『藝文類聚』 권78, 『搜神後記』 권1.
161 의지사依止師 : 그 문하에 있으면서 학업을 받거나 이치를 탐구하며 따라 모시던 스승을 일컫는다.
162 기성箕城 : 칠곡 가산산성架山山城의 별칭이다.

163 내가 기성箕城을 다스릴 때 : 『承政院日記』 순종 4년(1910) 7월 18일조에 칠곡 군수 박해령을 상주 군수에 임명한다는 기록이 있다.
164 학이 이슬을 경계하는 : 8월이 되어 이슬이 내리면 학이 소리를 내어 울면서 살기 좋은 다른 곳으로 옮겨 가라고 서로 경계한다고 한다. 『藝文類聚』 권90.
165 인연(素舊) : 소구素舊는 오래 사귄 친구(舊交)를 뜻하는데, 여기서는 문맥상 둘이 관계된 옛 일을 말하는 듯하다.
166 『노릉지魯陵誌』: 조선 인조 때 윤순거尹舜擧(1596~1668)가 영월 군수로 있을 때, 노릉제를 마치고 군아에 소장된 『魯陵錄』을 기본으로 하여 저술한 능기陵記이다. 수양대군이 단종을 폐하고 구신들을 타도했던 전말과 단종의 분묘와 기타 문신들의 사적 등을 기록하였다.
167 어려서 고아 되어(弱喪) : 약상弱喪은 『莊子』 「齊物論」의 "죽음을 싫어하는 것이 어려서 고아가 되어 고향에 돌아갈 줄을 모르는 것과 같지 않은지 내가 어떻게 알겠는가.(予惡乎知惡死之非弱喪而不知歸者耶.)"에서 유래한 표현이다.
168 황화절黃花節 : 중양절. 9월 9일.
169 상완上浣 : 초하루부터 초열흘까지의 사이.

찾아보기

경산慶山 / 411
계남溪藍 / 367
공악公岳 / 481
교남嶠南 / 308
구산龜山 / 309, 381
극은克隱 / 394
기장機張 / 413
김도제金道濟 / 391
김성호金聲浩 / 315
김우묵金禹默 / 426
김정두金楨斗 / 393
김정로金貞魯 / 419
김준근金俊根 / 417
김준영金俊榮 / 409

낙금헌樂琴軒 / 330
노산蘆山 / 388
노호蘆湖 / 319

단산丹山 / 434
달성達城 / 305, 308
달현達玄 / 308, 497

대호大湖 / 433
덕산德山 / 326
덕송德松 / 465
독락대獨樂臺 / 463
동릉洞陵 / 352
동초東樵 / 387
동화사桐華寺 / 463, 485
두계화杜啓華 / 420

마형두馬亨斗 / 396
만파萬波 / 494, 496
만호晩湖 / 371, 390
망월사望月寺 / 467
매곡昧谷 / 439
매석梅石 / 391
매수梅叟 / 389
무학無學 / 467
미타암彌陀庵 / 306

박인순朴仁淳 / 454
박재우朴在佑 / 360
박정수朴廷秀 / 421
박제순朴齊淳 / 415
박해령朴海齡 / 503

박회도朴會道 / 344
백운白雲 / 306, 385
보담普曇 / 485
보운寶雲 / 432
봉욱奉郁 / 465
봉월峯月 / 482

상화常華 / 465
서경순徐畊淳 / 387, 436
서긍수徐兢洙 / 388, 443
석응 달현石應達玄 / 306, 336, 352, 444, 495, 498
석지錫止 / 373
석천폭포石泉瀑布 / 337
성당惺堂 / 386
성전암聖殿庵 / 453, 465, 500
소현규蘇鋧奎 / 387
송연광松蓮光 / 482
송재松齋 / 386
수석대水石臺 / 333
수옹睡翁 / 335
시광詩匡 / 409
신곡莘谷 / 395
신숙균申琡均 / 385

야엄거사也广居士 / 366
양진陽津 / 331
연월蓮月 / 465

연일후延日侯 / 454
오영석吳榮錫 / 413
용은庸隱 / 485
용호龍湖 / 431
우동식禹東軾 / 388
우항雨航 / 387, 430
운초雲樵 / 437
운파雲坡 / 309, 381
율사栗史 / 441
은선암隱仙庵 / 316
응담凝潭 / 412
의운義雲 / 485
이덕양李德養 / 382
이보인李輔仁 / 352
이상후李相厚 / 394
이순일李順一 / 395
이정상李定祥 / 386
이춘섭李春燮 / 422
이헌소李憲昭 / 411
이화상李華祥 / 306, 385
일청거사一靑居士 / 425
일허一虛 / 424

장용수蔣龍洙 / 433
전낙도全洛都 / 425
정관용鄭官容 / 389
정내조鄭來朝 / 387, 430
정현익鄭玄益 / 319
조병유趙秉瑜 / 309, 381
조장우趙章宇 / 358
조희식趙熙植 / 477

주당拄堂 / 503
중산中山 / 387, 436

채정식蔡廷植 / 371, 390
천주사天柱寺 / 501, 502
최봉성崔鳳成 / 434
최정산最頂山 / 343
최정술崔廷述 / 429
추문석秋文碩 / 366
추원秋園 / 413
축삼 사미竺森沙彌 / 377
치당恥堂 / 385

파계사把溪寺 / 306, 385, 465

하산霞山 / 388, 443
하은霞隱 / 494, 496
학산鶴山 / 375, 382
학암鶴巖 / 494, 496
현경운玄擎運 / 386
현응玄應 / 465
형월亨月 / 465
혜문惠文 / 478
혜운당惠雲堂 / 428
혼경 세영混經世映 / 355
혼원 세환混元世煥 / 306, 334, 352, 354, 495
혼허混虛 / 494, 496
홍규흠洪奎欽 / 441

한글본 한국불교전서

조·선·출·간·본

조선 1 작법귀감
백파 긍선 | 김두재 옮김 | 신국판 | 336쪽 | 18,000원

조선 2 정토보서
백암 성총 | 김종진 옮김 | 4X6판 | 224쪽 | 12,000원

조선 3 백암정토찬
백암 성총 | 김종진 옮김 | 4X6판 | 156쪽 | 9,000원

조선 4 일본표해록
풍계 현정 | 김상현 옮김 | 4X6판 | 180쪽 | 10,000원

조선 5 기암집
기암 법견 | 이상현 옮김 | 신국판 | 320쪽 | 18,000원

조선 6 운봉선사심성론
운봉 대지 | 이종수 옮김 | 4X6판 | 200쪽 | 12,000원

조선 7 추파집·추파수간
추파 홍유 | 하혜정 옮김 | 신국판 | 340쪽 | 20,000원

조선 8 침굉집
침굉 현변 | 이상현 옮김 | 신국판 | 300쪽 | 17,000원

조선 9 염불보권문
명연 | 정우영·김종진 옮김 | 신국판 | 224쪽 | 13,000원

조선 10 천지명양수륙재의범음산보집
해동사문 지환 | 김두재 옮김 | 신국판 | 636쪽 | 28,000원

조선 11 삼봉집
화악 지탁 | 김재희 옮김 | 신국판 | 260쪽 | 15,000원

조선 12 선문수경
백파 긍선 | 신규탁 옮김 | 신국판 | 180쪽 | 12,000원

조선 13 선문사변만어
초의 의순 | 김영욱 옮김 | 4X6판 | 192쪽 | 11,000원

조선 14 부휴당대사집
부휴 선수 | 이상현 옮김 | 신국판 | 376쪽 | 22,000원

조선 15 무경집
무경 자수 | 김재희 옮김 | 신국판 | 516쪽 | 26,000원

조선 16 무경실중어록
무경 자수 | 성재헌 옮김 | 신국판 | 340쪽 | 20,000원

조선 17 불조진심선격초
무경 자수 | 성재헌 옮김 | 신국판 | 168쪽 | 11,000원

조선 18 선학입문
김대현 | 성재헌 옮김 | 신국판 | 240쪽 | 14,000원

조선 19 사명당대사집
사명 유정 | 이상현 옮김 | 신국판 | 508쪽 | 26,000원

조선 20 송운대사분충서난록
신유한 엮음 | 이상현 옮김 | 신국판 | 324쪽 | 20,000원

조선 21 의룡집
의룡 체훈 | 김석군 옮김 | 신국판 | 296쪽 | 17,000원

조선 22 응운공여대사유망록
응운 공여 | 이대형 옮김 | 신국판 | 350쪽 | 20,000원

조선 23 사경지험기
백암 성총 | 성재헌 옮김 | 신국판 | 248쪽 | 15,000원

조선 24 무용당유고
무용 수연 | 이상현 옮김 | 신국판 | 292쪽 | 17,000원

조선 25 설담집
설담 자우 | 윤찬호 옮김 | 신국판 | 200쪽 | 13,000원

조선 26 동사열전
범해 각안 | 김두재 옮김 | 신국판 | 652쪽 | 30,000원

조선 27 청허당집
청허 휴정 | 이상현 옮김 | 신국판 | 964쪽 | 47,000원

조선 28 대각등계집
백곡 처능 | 임재완 옮김 | 신국판 | 408쪽 | 23,000원

조선 29 반야바라밀다심경략소연주기회편
석실 명안 엮음 | 강찬국 옮김 | 신국판 | 296쪽 | 17,000원

| 조선 30 | **허정집**
허정 법종 | 성재헌 옮김 | 신국판 | 488쪽 | 25,000원

| 조선 31 | **호은집**
호은 유기 | 김종진 옮김 | 신국판 | 264쪽 | 16,000원

| 조선 32 | **월성집**
월성 비은 | 이대형 옮김 | 4X6판 | 172쪽 | 11,000원

| 조선 33 | **아암유집**
아암 혜장 | 김두재 옮김 | 신국판 | 208쪽 | 13,000원

| 조선 34 | **경허집**
경허 성우 | 이상하 옮김 | 신국판 | 572쪽 | 28,000원

| 조선 35 | **송계대선사문집·상월대사시집**
송계 나식·상월 새봉 | 김종진·박재금 옮김 | 신국판 | 440쪽 | 24,000원

| 조선 36 | **선문오종강요·환성시집**
환성 지안 | 성재헌 옮김 | 신국판 | 296쪽 | 17,000원

| 조선 37 | **역산집**
영허 선영 | 공근식 옮김 | 신국판 | 368쪽 | 22,000원

| 조선 38 | **함허당득통화상어록**
득통 기화 | 박해당 옮김 | 신국판 | 300쪽 | 18,000원

| 조선 39 | **가산고**
월하 계오 | 성재헌 옮김 | 신국판 | 446쪽 | 24,000원

| 조선 40 | **선원제전집도서과평**
설암 추붕 | 이정희 옮김 | 신국판 | 338쪽 | 20,000원

| 조선 41 | **함홍당집**
함홍 치능 | 성재헌 옮김 | 신국판 | 348쪽 | 21,000원

| 조선 42 | **백암집**
백암 성총 | 유호선 옮김 | 신국판 | 544쪽 | 27,000원

| 조선 43 | **동계집**
동계 경일 | 김승호 옮김 | 신국판 | 380쪽 | 22,000원

| 조선 44 | **용암당유고·괄허집**
용암 체조·괄허 취여 | 김종진 옮김 | 신국판 | 404쪽 | 23,000원

| 조선 45 | **운곡집·허백집**
운곡 충휘·허백 명조 | 김재희·김두재 옮김 | 신국판 | 514쪽 | 26,000원

신·라·출·간·본

| 신라 1 | **인왕경소**
원측 | 백진순 옮김 | 신국판 | 800쪽 | 35,000원

| 신라 2 | **범망경술기**
승장 | 한명숙 옮김 | 신국판 | 620쪽 | 28,000원

| 신라 3 | **대승기신론내의약탐기**
태현 | 박인석 옮김 | 신국판 | 248쪽 | 15,000원

| 신라 4 | **해심밀경소 제1 서품**
원측 | 백진순 옮김 | 신국판 | 448쪽 | 24,000원

| 신라 5 | **해심밀경소 제2 승의제상품**
원측 | 백진순 옮김 | 신국판 | 508쪽 | 26,000원

| 신라 6 | **해심밀경소 제3 심의식상품 제4 일체법상품**
원측 | 백진순 옮김 | 신국판 | 332쪽 | 20,000원

| 신라 12 | **무량수경연의술문찬**
경흥 | 한명숙 옮김 | 신국판 | 800쪽 | 35,000원

| 신라 13 | **범망경보살계본사기 상권**
원효 | 한명숙 옮김 | 신국판 | 272쪽 | 17,000원

| 신라 14 | **화엄일승성불묘의**
견등 | 김천학 옮김 | 신국판 | 264쪽 | 15,000원

| 신라 15 | **범망경고적기**
태현 | 한명숙 옮김 | 신국판 | 612쪽 | 28,000원

| 신라 17 | **대승기신론소기회본**
원효 | 은정희 옮김 | 신국판 | 536쪽 | 27,000원

| 신라 18 | **미륵상생경종요 외**
원효 | 성재헌 외 옮김 | 신국판 | 420쪽 | 22,000원

| 신라 19 | **대혜도경종요 외**
원효 | 성재헌 외 옮김 | 신국판 | 256쪽 | 15,000원

| 신라 20 | **열반종요**
원효 | 이평래 옮김 | 신국판 | 272쪽 | 16,000원

고·려·출·간·본

고려1 일승법계도원통기
균여 | 최연식 옮김 | 신국판 | 216쪽 | 12,000원

고려2 원감국사집
충지 | 이상현 옮김 | 신국판 | 480쪽 | 25,000원

고려3 자비도량참법집해
조구 | 성재헌 옮김 | 신국판 | 696쪽 | 30,000원

고려4 천태사교의
제관 | 최기표 옮김 | 4X6판 | 168쪽 | 10,000원

고려5 대각국사집
의천 | 이상현 옮김 | 신국판 | 752쪽 | 32,000원

고려6 법계도기총수록
저자 미상 | 해주 옮김 | 신국판 | 628쪽 | 30,000원

고려7 보제존자삼종가
고봉 법장 | 하혜정 옮김 | 4X6판 | 216쪽 | 12,000원

고려8 석가여래행적송·천태말학운묵화상경책
운묵 무기 | 김성옥·박인석 옮김 | 신국판 | 424쪽 | 24,000원

고려9 법화영험전
요원 | 오지연 옮김 | 신국판 | 264쪽 | 17,000원

고려10 남명천화상송증도가사실
□련 | 성재헌 옮김 | 신국판 | 418쪽 | 23,000원

※ 한글본 한국불교전서는 계속 출간됩니다.

용담집

용담 조관龍潭慥冠
(1700~1762)

자는 무회無懷, 속성은 김씨金氏이며, 본관은 남원南原이다. 어려서부터 영특하여 15세 이전에 유가의 공부를 마쳤고, 19세에 감로사의 상흡尙洽 스님에게 머리를 깎고 태허太虛 스님에게 구족계를 받았다. 영·호남을 두루 다니며 훌륭한 스승을 참방하였고, 후학을 가르쳤다. 모습은 의연하고 성품과 도량이 넓어, 일을 처리하는 데 부드럽고 대중을 대할 때 너그러웠으며, 어떠한 일에도 구애받지 않았다. 실상사實相寺에서 세수 63세, 법랍 44세로 입적하였다.

옮긴이 성재헌

동국대학교 불교학과를 졸업하였고, 동국역경원에서 근무하였으며, 현재 한국불교전서 번역위원으로 활동하고 있다. 역서로 『자비도량참법집해』·『사경지험기』·『가산고』 등이 있다.

증의

박재금(이화여자대학교 한국문화연구원 연구교수)

극암집

극암 사성克庵師誠
(1836~1910)

자는 경래景來이고, 별호는 연사蓮史·금거琴居이다. 어려서 부모를 모두 여의고 떠돌다가 16세에 학암鶴嚴 화상께 구족계를 받고 하은霞隱 화상께 법을, 혼허混虛 화상께 불경을, 만파萬波 화상께 글쓰기를 배웠다. 경전과 역사서, 여러 사상가들의 책을 널리 읽어 통했고, 관리·선비들과 시를 읊조리며 주고받아 명성이 경상도에서 대단했다. 팔공산 파계사把溪寺에서 입적하였다.

옮긴이 이대형

연세대학교에서 『금오신화의 서사방식 연구』로 박사학위를 받았다. 현재 동국대학교 불교학술원 교수로 재직중이다. 논문으로 「김시습의 잡저 연구」 등, 저서로 『금오신화 연구』, 역서로 『상산삼매』 등이 있다. 이외에 『옛편지 낱말 사전』을 공동 집필하였고, 『한국 고소설 관련자료집』을 공동 편역, 『(한국한문소설집 번역총서 1)요람』 등을 공동 번역하였다.

증의

박상준(전 동국대학교 불교학술원 전임연구원)